基于技术价值投资的创业孵化网络创新研究

黄紫微 著

中国财经出版传媒集团

经济科学出版社
Economic Science Press

图书在版编目（CIP）数据

基于技术价值投资的创业孵化网络创新研究/黄紫微著．
—北京：经济科学出版社，2018. 12
ISBN 978 - 7 - 5141 - 9895 - 9

Ⅰ. ①基…　Ⅱ. ①黄…　Ⅲ. ①企业孵化器 - 研究
Ⅳ. ①F276. 44

中国版本图书馆 CIP 数据核字（2018）第 246171 号

责任编辑：黄双蓉
责任校对：杨　海
责任印制：邱　天

基于技术价值投资的创业孵化网络创新研究

黄紫微　著

经济科学出版社出版、发行　新华书店经销
社址：北京市海淀区阜成路甲 28 号　邮编：100142
总编部电话：010 - 88191217　发行部电话：010 - 88191522
网址：www. esp. com. cn
电子邮件：esp@ esp. com. cn
天猫网店：经济科学出版社旗舰店
网址：http://jjkxcbs. tmall. com
固安华明印业有限公司印装
710 × 1000　16 开　16 印张　280000 字
2018 年 12 月第 1 版　2018 年 12 月第 1 次印刷
ISBN 978 - 7 - 5141 - 9895 - 9　定价：48. 00 元

目　录
CONTENTS

绪　　论

　　在第四次工业革命的大框架下，各种新技术彼此交融、相互促进形成了产品创新、商业模式创新和消费需求创新。与移动互联网革命相联系的第四次创业大潮已然来临，创新驱动创业已成为各国应对新一轮工业革命的引擎。2016 年时任国家副主席李源潮在达沃斯世界经济论坛做主旨演讲时指出："中国将抓住新一轮科技革命和产业革命交汇形成的时间窗口和第四次工业革命机遇，深入实施以科技为基础的创新驱动发展战略，推进大众创业、万众创新，探索具备'重创重包重扶重筹'功能的孵化器发展成为培育创新创业的新动能之一。"

　　在创新创业逐渐成为中国新常态经济"新引擎"的背景下，技术繁荣催生大量创业项目，激发孵化需求，能提供创业服务的孵化器是距离创业企业最近的平台，也是技术扩散的推动者。在举国推动创业创新的大环境下，"大众创业，万众创新"的春风激发了创业热情，也吹热了孵化器市场，孵化器正日益兴起并快速迭代更新。我国孵化器设立主体趋向多元，专注于新兴产业的垂直领域孵化，聚合资源连接开放孵化系统，商业模式注重价值增值，存在垂直化、机构化、基金化、专业化和社群化等多个突破性创新方向。

　　科技部统计显示：截至 2015 年底，我国共有 4800 多家孵化器或加速器（如图 1 所示），我国已初步形成了良好的孵化器创业服务链条和创新系统，呈现出创新与创业结合、线上与线下结合、孵化与投资结合的特点，能否满足创业企业不同阶段、不同层次的需求成为我国孵化器的核心竞争力；2016年针对新兴产业和传统产业各个特定细分领域，推动众创空间等孵化器商业模式创新，向产业化与专业化纵深发展。

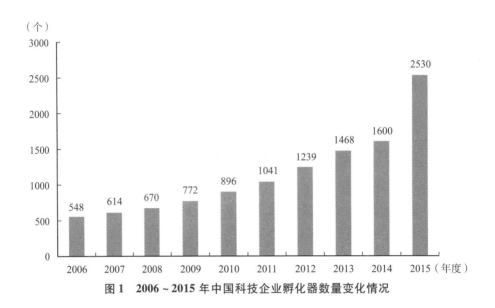

图1 2006～2015年中国科技企业孵化器数量变化情况

创新创业环境与多元投资主体共同造就了我国孵化器创业硬件基础设施的投入热潮，移动互联创业浪潮和创客产品创新又吸引了多层次资本集聚，具有创业精神的风险投资者将国外发展成熟的商业孵化器引入国内，我国孵化器由单一的公共孵化器逐渐向投资主体多样化和孵化模式商业化转变。孵化器成为社会各方的资源平台，各类主体对接孵化器孕育出了突破性创新的商业模式，例如，大企业依托产业生态链开展的创业孵化业务、依托天使和种子投资导向的商业孵化器和依托地产商成本与地理优势的联合办公空间等创新类型（如图2所示），其中后两者已经成为我国商业孵化器的主导模式。我国孵化器已经从1.0发展至4.0（如表1所示），各类孵化器正努力探寻创业企业的需求，探索在创业成本、入孵门槛、资产配置、服务质量、盈利模式等服务形态方面的实质性创新，为创业者和团队提供了各种价值的创业服务。

图 2　各类主体参与设立的孵化器

表 1		孵化器 1.0～3.0 的关键差异	
	孵化器 1.0	孵化器 2.0	孵化器 3.0
创业企业筛选	宽松	宽松	严格
孵化器角色	二房东	创业顾问	创业合作者
孵化作用	提高就业	减少创业失败	加速创业成长
硬件资源配置	大规模	大规模	轻资产
收入来源	房租	房租 + 基础服务费 + 补贴	增值服务费 + 投资回报
收支状况	公共事业	微利	长期盈利
设立主体	政府	管委会 + 开发建设公司	多层次市场投资主体
核心竞争力	房租与补贴	优惠政策	匹配创业服务的需求与供给

资料来源：根据清科研究中心公开信息整理。

　　然而，在基础设施的疯狂扩张与社会资本的火热参与的表面现象下，多数孵化器仅仅是响应政策的形象工程，孵化升值服务和投后管理等软环境建设仍困扰着整个孵化器创业生态的发展，面临着创业服务资源同质、创业服务需求供给错位、投入成本收益失衡等突出问题。这些问题迫使孵化器的建设面临着一波淘汰制的冲击。另外，受到投资者收紧与创业者冷静、供过于求、产业链上下游特征、区域创新创业环境等因素的影响，各个孵化器根据不同产业的创业需求，转向提供专业细致的创业服务，进而又影响了孵化器产业的市场结构。我国孵化器产业将通过"满足利基产业创业需求——产业结构调整——商业模式创新——市场结构调整"路径的长期循环，形成整个孵化器的创业生态可持续发展。

现如今，孵化器在我国不再局限于政府政策工具，已成长为一个具有商业本质的新兴创业服务产业。孵化器产业与其他所有的产业一样要符合经济规律，面临着产业结构、产业内竞争状态等宏观问题，然而基于企业视角的产业内部不同孵化器，在商业逻辑和盈利模式上却又呈现不一样的特征，需要理顺这些孵化器的行为、商业模式、动因和决策等微观问题。

为了探讨创新创业环境下我国孵化器产业发展面临的宏观问题和微观问题，本书将孵化器的创业孵化过程合理嵌入新兴产业的创新创业浪潮中，开展以下研究工作：

1. 新兴产业的创新导向、二次创新的困境与孵化器产业化脉络

基于创新过程模型，研究我国新兴产业创新模式的选择。集成技术成熟度曲线与 A－U 创新模型，构建 A－U 扩展模型，揭示不同产业发展的三种创新导向。分析我国传统产业当前面临的二次创新困境及产业内大企业参与创业孵化的现实应对战略。将孵化器的产业化过程嵌入 A－U 扩展模型的创新创业过程中，探讨不同产业与技术创新下的孵化器孵化对象的选择问题。基于中美两国科技产业发展与孵化器创业服务体系发展脉络的历史性分析，论证我国孵化器产业化形成的脉络。

2. 孵化器产业市场结构变化的基础动力与均衡点

孵化器产业化脉络遵循着科技产业的发展脉络，基于 A－U 扩展模型，采用实证分析方法，讨论不同创新导向的产业技术创新与孵化器市场化程度之间存在的动态交互状态；应用演化博弈方法，构建商业孵化器与公共孵化器在我国孵化器市场结构中的演化博弈模型，研究不同孵化器主体的孵化对象选择结果。

3. 商业孵化器商业模式的突破性创新

孵化器市场结构的变化推动了产业内孵化器的商业模式创新，采用多案

例分析方法，研究商业孵化器的突破性创新逻辑及价值主张，探讨商业孵化器商业模式的核心要素、创新路径及构成的框架，证明此类商业孵化器商业模式的存在性及描述框架的实用性。

4. 创客空间的商业模式创新与投资决策

创客空间是商业孵化器的商业模式突破性创新。基于创客空间与创客之间形成的协同创业关系，运用商业模式创新框架，分析创客空间参与创客创新的价值实现过程；针对互联网分布式协同创业活动，采用斯塔克尔伯格（Stackelberg）博弈模型分析法，构建创客空间与创客各自最适当的投资机制。

5. 应对二次创新困境的大企业创业孵化投资决策

大企业参与创业孵化业务是我国传统企业面对二次创新困境下的现实选择。基于新兴产业创新与我国创新创业环境的根治性背景，将技术轨道与创新创业环境导入基于内部产业因素和外部环境因素的大企业创业孵化决策中，采用实证分析方法及对比研究，揭示不同技术轨道的大企业的创业投资决策，以及各区域创新创业环境建设的差异引发的大企业创业孵化决策的差异性。

研究孵化器产业市场结构与商业孵化器突破性创新有助于拓展孵化器产业化的研究思路，可理顺我国新兴产业创新与孵化器产业的共演机制，并丰富孵化器商业模式的理论研究，而且，为了提高孵化器创业服务能力，对于我国孵化器产业的良性发展与相关运营主体也具有十分重要的意义：

1. 理论意义

（1）将创新模式与创业模型相结合，扩展了 A－U 产业创新模型。

创新模式与创业模型作为交叉学科概念，相关概念常常被提及，但却缺乏深入的分析。在我国针对产业创新模式的研究，多以主导产业为研究对象，尚未见到学者以新兴产业为研究对象，存在局限性和理论缺口。因此，本书基于对文献的阅读，结合我国现阶段新兴产业创新驱动的多样性创业形式，集成技术成熟度曲线与 A－U 产业创新模型，构造了产业生命周期创新导向模型，扩展了 A－U 产业创新模型，总结了新兴产业的一些明显创新导向和创业活动的主要特征。本书在一定程度上为孵化器的孵化对象选择提供了理论依据。

（2）基于宏观与微观视角，层层递进研究了孵化器市场结构的演化过程。

近年来，由于国内外孵化器发育形态的差异，学者们针对孵化器的具体发展需求，关注思考研究与实际问题的结合，但是国内外学者研究侧重点的差别，反映出了国内外孵化器产业特征的迥异与市场结构的差异。科技成果商业化与产业化的过程是科研机构、孵化器及政府共同作用的结果（王红梅，2003）。因此，本书基于协同演化视角解释了产业技术创新导向与孵化器市场化程度的互动演化关系，并构建了商业孵化器与公共孵化器在孵化器市场结构中的演化博弈模型，得出动态演化稳定均衡点，进一步丰富了孵化器产业市场结构的研究成果，有助于启发后续研究，可以从不同角度进一步探索与挖掘影响我国孵化器产业发展变化的原因、路径及产业政策的制定。

（3）深化了商业孵化器商业模式创新规律研究，基于"企业和商业本质"的视角解读商业孵化器的商业模式，丰富了创客空间的投资工具。

伴随商业孵化器的出现，众多学者追随商业模式研究脉络，专注研究孵化器的商业模式，并注重阐述孵化器对科技型企业与社会的贡献，但是呈个案及片段式的分类研究。因此，本书构建了基于资本与技术市场的孵化器商业模式的描述框架，为商业孵化器提供了一个理论与实践的框架来指导其设计商业模式；以创客空间这种商业模式为研究对象，探讨了创客空间的商业模式突破性创新过程及核心竞争能力，为探索不同孵化器商业模式背后共有的理论与实践框架提供了一个新视角，丰富了对于创客空间核心价值的认识。

（4）补充了我国的孵化器类型，探索了企业参与创业孵化的影响因素。

高科技创业企业是推动我国产业结构调整和升级的重要力量，企业开展创业孵化业务是应对二次创新困境的现实选择，也是对孵化器产业的补充。为大企业的创业孵化战略决策、并购战略导向选择提供了探索性的研究，补充了我国孵化器产业理论。

2. 实践意义

（1）为我国产业创新模式探索性创新提供支持。

在产业创新浪潮兴起的背景下，指出了我国传统产业二次创新模式面临的现实挑战，丰富了我国引导经济转型发展的产业创新模式。为应对二次创新困境，大企业选择的参与创业孵化业务战略，为加快传统企业开展新业务提供了可能性，也补充了孵化器产业的参与主体。

（2）为孵化器作为产业工具推动创新创业提供依据。

我国不仅要助推孵化器孵化当前的主导产业，还应以发展的眼光孕育新兴产业。我国孵化器产业化初现端倪，孵化器产业的市场结构在新一轮科技革命背景下将发生变化，加快大企业在新兴产业下转型发展。本书不仅为孵化器作为政策性工具提供了支持，也为孵化器作为产业工具参与科技交易提供了理论和指导。

（3）为社会资本投资运营方参与设立商业孵化器提供外部支持。

在各地政府关注新兴产业科技成果转化及鼓励创新创业的浪潮下，社会资本对于孵化器的广泛关注持续增加，不同运营主体对接孵化器孕育出了多种商业模式创新。本书为各类孵化器了解自身在商业模式框架中的位置、明确孵化对象、扩展孵化器投资工具等提供指导。

第 1 章

经济发展与孵化器产业

　　李克强总理在 2015 年政府工作报告中提出"大众创业，万众创新"，强调"众创空间"型商业孵化器的发展对万众创新的重要性。2015 年 11 月 23 日，国务院印发《关于积极发挥新消费引领作用　加快培育形成新供给新动力的指导意见》，指导意见中明确提出：顺应新一轮科技革命和产业变革趋势，加快构建现代产业技术体系，高度重视颠覆性技术创新与应用，以技术创新推动产品创新，培育壮大战略性新兴产业；以产业创新创业需求为导向，完善创业创新服务产业链条，鼓励和支持各类市场主体创新参与设立新型孵化器，积极打造孵化与创业投资结合、线上与线下结合的开放式服务主体，为新产品、新业态、新模式成长提供支撑。新科技革命带动新兴产业快速发展，标志着我国经济发展转向创新驱动，依靠科技创新参与科技革命抢占战略性新兴产业发展的先机和主动权。发展科技企业孵化器事业是扶植技术创新的重要载体，成为促进科技经济结合的关键环节和经济提质增效升级的重要引擎。

　　回顾历次技术革命和产业变革的产生和发展历程不难发现，每次创新浪潮都表现为：科学技术进步——新产品问世——社会需求扩大——新产品的产业部门兴起——形成新产业，同时也会伴随着一些"创新型国家"的诞生或发展（郭俊峰等，2013）。任何主导产业都是发展壮大于新兴产业，但新兴产业并不必将发展成为主导产业。考虑到资本优势、市场空间和关键核心科学技术鸿沟以及政治文化差异等因素，处于不同发展阶段的新兴产业，发展方式和发展瓶颈具有较大的差异性。

产业变革存在着一条与产业创新的并行浪潮，孵化器作为一种特殊的组织形式，科技创新是基础，产业发展与制度变迁是外部环境，孵化器建设的初衷是推动产业创新能力和提高创业成功率。为满足不同创新导向产业的创业服务诉求，孵化器创业服务体系逐渐演化发展，形成创业服务产业。近年来，学者们已逐渐开始结合战略性新兴产业发展趋势、企业发展阶段、技术发展周期及孵化器创业服务，基于创业企业个体需求，阐述了孵化器在促进高科技成果转化、新技术产业化和实现科技创新中的重要性。

但是，在孵化器与产业创新的伴生关系中，对于孵化器的个体组织层面创新过于专注，凸显了对产业、技术本身及其发展对孵化器创业服务要求的关注较少。因此，有必要从新兴产业的技术创新与创业出发，着眼于驱动产业发展的技术本领，引入技术创新和技术创业的基本特征，交代清楚技术创新、技术创业和孵化服务共同推动产业创新的过程，这会在很大程度上影响我们对孵化器产业化的理解。

1.1 技术与经济发展

2013 年，党的十八大明确提出"科技创新是提高社会生产力和综合国力的战略支撑，必须摆在国家发展全局的核心位置"，强调要坚持走中国特色自主创新道路、实施创新驱动发展战略。实施创新驱动发展战略，孵化器是必不可少的重要助推器；孵化器是科技与政策的高度结合，是经济社会发展到一定阶段的产物；经济的进一步发展必须依靠科技创新时，孵化器才会应运而生，同时，孵化器也需要科技资源和政策资源积累到相当程度才能有效实施，而这些积累与一定的社会经济发展水平是高度相关的。党的十八大提出我国经济的进一步发展需要依靠自主科技创新，在表明我国经济发展进入了一个新阶段的同时，实际上也对孵化器工作提出了更高的要求。本章从经济发展理论出发，探讨我国创新驱动发展战略背后的理论逻辑，并结合经济发展史和世界主要国家的先进经验，对科技和孵化器结合的内涵、规律、特点及其与经济发展的互动机制进行剖析，以进一步厘清孵化器工作的根源；此外，本章还将总结国内外主要国家和城市的发展态势与现状，以期为找到一条促进重庆市科技和孵化器有效结合的路径提供有益的借鉴。

1.1.1　创新驱动发展理论

从理论层面来讲，特别是从十八大提出转变经济发展方式这个角度来看，创新是一个经济学的概念。熊彼特（Schumpeter）在 1911 年完成了德文版的《经济发展理论》（The Theory of Economic Development），此书在 1934 年被译成英文时，使用了"创新"（innovation）一词；在 1928 年的首篇英文版文章《资本主义的非稳定性》（Instability of Capitalism）中，他首次提出了"创新推动经济发展的核心力量"，认为"创新是一种内在要素要求的结果，经济发展是这种来自内部的、自身创造性的对于经济生活的一种变革"；并在 1939 年出版的《商业周期》（Business Cycles）一书中比较全面地提出了创新理论，以"创新"作为核心概念来解释经济发展。

经济发展理论旨在为经济增长的源泉以及世界上不同国家和地区之间的经济增长的差异提供合理的解释。一种经济发展方式的形成和维持会受到要素禀赋结构、发展环境、政府政策等多种因素的影响。到目前为止，在经济发展理论的发展过程中，主要涌现了如古典经济理论、内生增长理论、统一增长理论等；各个理论对经济增长的源泉及经济增长差异的原因的解释各有侧重。

随着第一次工业革命序幕拉开，英国的政治、社会、经济环境处在大变革时期，经济学家须对工业资本主义的运行方式、基本促进因素予以科学解释，古典经济增长理论随之产生，代表性人物包括亚当·斯密（Adam Smith）和大卫·李嘉图（David Ricardo）。亚当·斯密斯密认为，促进经济增长有两种途径：一是增加生产性劳动数量，二是提高劳动效率，劳动效率对经济增长更具促进作用。李嘉图的理论主要有两点：一是经济增长最终将趋于停止，二是将收入分配与经济增长联系起来。古典经济增长理论指出经济增长的规模性动因（资本、技术、土地），注意到自然资源在增长中的特殊性，但把增长过程简单地看作是人口增长和资源消耗与资本积累和市场扩大之间的竞争。

　　20 世纪 50 ~ 60 年代初，处于第二次工业革命中期，为探索资本主义稳定增长的条件，形成了新经济增长理论即内生增长理论，其代表人物为哈罗德（Harrod）、多马（Domar）和索洛（Solow）、斯旺（Swan）。内生增长理论的主要贡献是强调了外生技术进步在推动经济增长中的重要作用。具体来说，哈罗德—多马经济增长模型突出了资本积累在经济增长中的作用，认为政府可通过调节储蓄率水平刺激资本积累实现经济的长期增长；索洛—斯旺经济增长模型汲取了哈罗德—多马经济增长模型的优点，同时修正了哈罗德 - 多马模型的生产技术假设。索洛—斯旺模型提出，长期增长率是由劳动力增加和技术进步决定的，前者不仅指劳动力数量的增加，而且还含有劳动力素质与技术能力的提高。索洛—斯旺的长期增长模型打破了一直为人们所奉行的"资本积累是经济增长的最主要因素"的理论，向人们展示，长期经济增长除了要有资本以外，更重要的是靠技术的进步、教育和训练水平的提高。在一定程度上说，技术进步、劳动力质量的提高比增加资本对经济增长的作用更大。索洛在 20 世纪 30 年后获得诺贝尔奖前夕又对这个观点进行了进一步阐述。他表示，除了纯粹的农业国以外，这一理论对所有国家都适用。发展中国家经济的发展不能仅仅依赖于资本和劳动力的增长；发展中国家，特别是起步较晚的国家，要更多地研究如何在现有工业的基础上逐步提高劳动生产率、技术和教育进程，这样才能有效地跟上世界经济发展的步伐。许多国家都相继接受了他的理论，在中高等教育、研究与发展（R&D）等方面，政府不断增加投资和提供税收刺激措施，成效显著。20 世纪 80 年代中后期，以罗默（Romer）、卢卡斯（Lucas）等人为代表的经济学家，在对新古典增长理论重新思考的基础上，提出了一组以"内生技术变化"为核心的论文，标志着新经济增长理论的形成。罗默模型认为生产要素包括四个方面：资本、非技术劳动、人力资本和新思想。新思想是经济增长的主要因素，知识积累是现代经济增长的源泉。内生增长理论强调经济增长是经济体系内部力量作用的产物，重视知识、人力资本的研究。

　　2000 年以后，统一增长理论开始出现。它的出现是试图克服古典增长理论和内生增长理论的不足，尝试为整个人类社会发展以及经济转型提供合理的解释。美国经济学家伽罗（Galor）是统一增长理论的提出者，他于2000年提出了相对完整的统一增长理论的概念，并利用该理论解释了工业革命对人类经济社会变迁的作用等方面的独特优势。具体来说，统一增长理论模型将整个人类社会发展历史作为一个系统来进行研究，解释工业化的起因、经济转型过程中各种变量如人口、技术、人均收入、教育水平的演化过程。通常来说，统一增长理论模型包含不同的生产部门，认为这些生产部门的不同生产模式决定了不同国家和地区之间经济转型的过程差别很大。该理论对经济增长理论的贡献主要体现在以下两个方面：一是将整个人类历史统一起来，为整个人类历史发展提供解释；二是强调人口规模、技术进步和人力资本之间相互作用对经济发展和转型的重要性，为经济增长以及经济转型提供更好的微观基础。

古典增长理论和内生增长理论将技术进步从物的因素扩展到人的因素，由经济增长的外生变量转向内生变量，其发展顺应了科技进步在经济增长中作用逐渐显著的潮流，在阐述技术进步的作用方面取得了相当的成功，然而，其理论本身也存在一定的局限性。在这些理论中，技术进步被视作宏观且连续的变量，而现实中，技术进步这个变量通常是离散的技术创新的累计效应；但是，这些理论却都忽略了这点，也没有解释由这种离散的技术创新所引起的连续的技术进步及由此带来的质的、革命性的经济变革。创新理论在一定程度上弥补了这一缺陷。

创新从本源上来讲，不仅是一个技术的概念，也不是一个科学发明和发现的概念，它更多的是一个经济学的概念。熊彼特所指的创新，包括以下五种情况：引入新产品或产品的新特性、采用新的生产方法、开辟新的市场、获得原材料或半成品的新的供应来源、形成新的工业组织方式；可归纳为三大类：一是技术创新，包括新产品的开发，老产品的改造，新生产方式的采用，新供给来源的获得，以及新原材料的利用；二是市场创新，包括扩大原有市场的份额及开拓新的市场；三是组织创新，包括变革原有组织形式及建立新的经营组织。总的来说，熊彼特认为创新不是一个技术概念，而是一个以产品创新、方法创新、市场创新、原材料创新和组织创新等为内涵的经济概念；创新就是"建立一种新的生产函数"，把一种从来没有的生产要素和生产条件的"新组合"引进生产体系中；只有引入生产实际中去的发现与发明，并对原有生产体系产生震荡效应，才是创新。

　　熊彼特以"创新"作为核心概念来解释经济发展；认为所谓发展，并不是基于人口、财富的积累促使经济规模的扩大，而是经济生活内部的一种突破与变化，这种突破与变化就是整个经济社会不断实现"新组合"，而企业家是实现"新组合"的主体，负责把新的发明与技术引入生产体系，实现发明的第一次商品化，通过技术在实际生产过程的运用，创造出与众不同的东西，改变或毁灭旧的产品、企业和行业。在熊彼特看来，创新是一种创造性的破坏，即创新的过程是不断破坏旧结构、创造新结构的过程，而这种创造性的破坏是经济增长的动力和源泉。之所以如此，是因为创新一旦出现，往往会引起其他企业模仿；普遍的模仿，会引发更大的创新浪潮，造成社会对生产资料和银行的需求扩大，从而引起经济高涨；"成功使得更多的人步其后尘，直到最终创新变得众所周知及对它的接受是一种自由选择时为止"；当创新扩展到较多企业后，盈利的机会就会减少，对生产资料和银行的需求也会减少，导致经济萎缩、停滞；经济的衰退又会促使企业家进行新的创新以寻找盈利机会，从而导致下一轮经济的高涨、收缩。一批又一批老企业在创新浪潮中被淘汰，而一批又一批的新企业又在创新浪潮中崛起，具有创新能力和活力的企业不断发展，生产要素在创新过程中实现优化组合，经济由此得到不断发展。因此，只有不断创新，才能保证经济持续增长。持续创新，持续破坏，持续优化，持续发展，这就是创新的经济发展逻辑。

　　一种经济发展方式的形成和维持会受到要素禀赋结构、发展环境、政府政策等多种因素的影响。一个国家的经济发展方式是否具有足够的动力推动其持续快速增长，主要取决于它能否适应要素禀赋结构和国内外发展环境等方面的变化。当前，中国经济发展已站在一个新的起点上，呈现出新的阶段性特征，面临新的发展环境，需要实现新的发展目标。在此背景下，提出经济发展方式由要素驱动转向创新驱动具有重大意义。

1.1.2 技术—经济发展范式及其与孵化器的伴生关系

无论是经济发展理论还是创新理论，都揭示了技术对经济发展的推动作用。从人类经济发展的历史来看，技术创新与经济发展之间确实存在着紧密联系。人类工业革命的发展历史大致可划分为三个阶段，其中包括多次技术创新浪潮（如图1.1所示）：第一次工业革命以蒸汽机的出现和使用为标志，欧洲工场手工业发展飞跃到机器大生产，从农业社会向工业社会转移，由此开始了自由资本主义时期；第二次工业革命以电力的使用为标志，建立在科学基础上的新型工业，如化学工业、电力工业和内燃机等的工业得到了极大发展，这个时期的发展以资本密集型产业为主，并开始了垄断资本主义时期；第三次工业革命以微电子技术的运用为标志，主要有信息、电子技术、新材料、新能源、遗传工程和海洋生物等技术的发明和应用，这次革命被认为是迄今为止人类历史上规模最大、影响最深远的一次科技革命，极大地推动了先进国家向以知识创新为特征的后工业时代的转移。透过历次工业革命，我们可以看到，技术与经济发展的关系与经济理论的发展和研究结果相一致，存在这样一种沿革：在早期第一次技术革命时，技术与经济的关系主要表现为生产的发展推动了技术进步，进而推动科学的发展。例如，蒸汽机技术革命主要是从工匠传统发展而来，在生产经验积累的基础上摸索出技术发明，然后才总结出热力学理论。19世纪末以电力技术革命为标志的第二次技术革命是技术、经济二者关系发生变化的一个转折点，这种经济发展带动科学技术发展逐步改变为科学推动技术进步，再推动经济的发展，例如，首先主要通过科学实验探索出电磁学理论，进而促进了电力技术的革命，并最终引发电力在生产中的广泛应用。科学技术越来越走在社会经济发展的前面，开辟着经济发展的新领域，引导着生产力的发展方向。

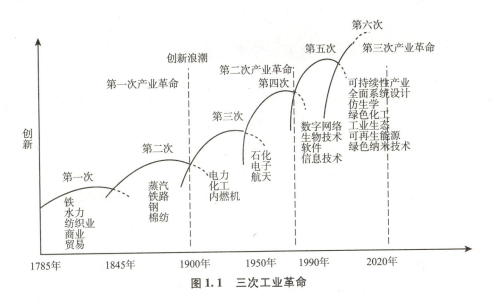

图 1.1 三次工业革命

　　然而，创新推动经济增长以及产业结构调整升级的这一过程如果离开另一主导因素——孵化器的支持，是无法实现的。卡箩塔·佩蕾丝（Carlota Perez，2002）在《技术革命与孵化器资本》中描述了技术创新与孵化器资本的基本范式：新技术早期的崛起是一个爆炸性增长时期，会导致经济出现极大的动荡和不确定性。风险资本家为获取高额利润，迅速投资于新技术领域，继而产生孵化器资本与技术创新的高度耦合，从而出现技术创新的繁荣和孵化器资产的几何级数增长。18 世纪的许多技术发明并没有点燃英国工业革命之火，相反，具有高度流动性的孵化器市场使长期的和巨大的投资成为可能。回顾历史上的产业革命和创新浪潮，每次产业和技术革命的产生都印证了技术—经济范式的存在，每次技术革命的成功财富化，都必然有孵化器发展和孵化器创新的伴生：技术进步使得劳动生产率提高，生产成本下降，但技术进步只有与孵化器革命相结合才能共同推动产业结构的高级化合理化发展。当具有高度流动性的孵化器市场能为产业发展提供必要的资金支持时，技术进步才能在产业发展中发挥作用。

1.1.3　产业变革与技术—经济发展

20世纪80年代以来，以罗默、卢卡斯等为代表的"新经济增长理论"研究证明，技术进步是经济增长的核心，是推动产业发展和升级的重要内生变量。后来的经济发展理论也进一步证明，创新持续作用于产业成长的全过程，由创新导致新产业的出现，并促使其生产规模不断扩大，成本不断降低，并逐步替代传统产业成为主导产业，从而引领主导产业的更替和有序发展，也就是说，技术进步和创新以及由此引发的生产函数的变化必然对产业间的比例关系以及产业的变革产生重要影响，从而改变产业发展的方向。所谓产业变革，其实质就是产业结构动态优化演进的过程：一方面，是通过资源在现有产业间的优化配置，实现产业结构的协调发展；另一方面，是通过创新和技术进步，推动新兴产业不断兴起壮大并发展成为主导产业，从而带动整个产业结构向更高水平演进。这一过程既包括新兴产业的兴起，成熟产业的壮大和衰退产业的退出，也包括主导产业的更替以及传统产业的技术改造和内在价值的提升。

如用横轴表示技术创新时间周期，纵轴表示创新程度，每一次技术变革周期连接形成了犹如波浪形状的曲线，看作为创新浪潮，不同时期的创新浪潮创造了不同时期的主导产业。从图1.1可以看出，正是这些由技术变革引发的产业变革，最终成为美、德、英、日等发达国家现代化进程中的极其重要的推动力量。

1.2　孵化器发展与产业变革

产业变革的核心是通过资源在各个产业之间的重新配置，实现产业结构协调发展并逐步向更高水平演进，其中，资源及其能否在产业间实现有效配置是完成产业变革的基本前提。各国工业化进程的实践已经表明，孵化器作为市场化的资源配置机制，与产业结构和产业组织具有密切的同步联动性；

产业资本与孵化器的密切配合是完成产业变革不可缺少的条件，没有孵化器资本的介入，规模经济、技术手段的大规模更新等很难完成，产业结构的优化和升级也无法顺利实现。孵化器与产业变革的联动关系可以概括为以下几个方面：

1.2.1 孵化器发展有助于创新性企业的发展和推动技术创新的实现

在一个经济体系中，创新型中小企业往往是创新型经济的先锋，但其成长通常具有较大的不确定性，特别是在其发展初期，对外源性融资尤其是股权融资有着更大的依赖性。与间接融资相比，孵化器的优势除了风险承担能力强之外，还能够给予企业良好的财务处理空间，有利于需要长期资金注入的创新型企业发展。这是因为，孵化器市场是通过股权形式进行的融资，与债权融资相比，一是资金具有长期性，无须在短时间内归还；二是没有利息负担，对现金流量相对较少、需要不断通过利润再投入进行扩展的新兴企业极为有利；三是股权可以作为一种有效的激励手段改善企业经营和提高员工创新活力。此外，孵化器市场的择优筛选功能和交易退出平台，为天使投资、风险投资提供了风险共担、利益共享的退出和增值机制，激励这些资本对创新型企业的投入，构建中小型、创新型企业的孵化器支持体系。另外，孵化器市场也给创新型企业提供了科技与资本、人才结合的平台，从而使这些企业的技术迅速产业化，从竞争中脱颖而出。

总的来说，相对于其他制度安排，孵化器市场的特有功能决定了其能够最大限度地实现科技与资本的融合，构建包括政府、银行、风险投资以及信用担保等在内的孵化支持体系，促进中小企业、创新型企业的发展，加快产业的技术进步和创新。

1.2.2 孵化器发展有助于选择并推动新兴产业的发展

随着科学技术的进步，制造技术、工艺水平的提高，新能源的开发和合理利用，众多新产品问世；而随着社会需求的扩大，生产新产品的产业部门逐渐兴起，最终形成了独立的新的产业。任何主导产业都是由新兴产业逐步发展壮大形成的，但是，并不是所有的新兴产业都能够最终发展成为主导产业，产业发展本身也存在着动态优化的过程，即在实践中不断调整自身的发展方向。

新兴产业从萌芽到形成，除需产业本身符合市场需要、具有发展的条件和潜力外，还需要外部为其提供的资本、劳动和其他物质资源，其中，资本是决定性因素。在产业发展初期阶段，由于市场前景不明朗，投资风险较大，因此其资金来源往往受到较大限制，这在很大程度上制约着新兴产业的形成和发展。新兴产业要获得发展，其所需资金往往很难通过信贷方式获得，主要以接受投资的方式筹集资金。之所以如此，主要是由于新兴产业具有高风险、高不确定性，这意味着投资者的投资回报不仅仅体现在所获的投资利润上，还要体现在产业发展潜力和产业的知识产权上，而这些都需要通过股权投资来确定其产权价值。此外，相对于信贷资本，孵化器的股权投资能够保证投资资金的长期性和连续性，从而为新兴产业的形成和扩张提供可靠的保障。而且由于具有连接技术、资金和市场的基础资源配置功能，孵化器市场往往还能够通过市场化的判断评价机制确立新兴产业发展的方向，并且通过其内在的"优胜劣汰"机制，引导资金支持具有增长潜力的新兴产业，分散其市场风险，从而降低新兴产业发展的不确定性所带来的社会成本，同时催生新兴企业的发展与壮大。

1.2.3 孵化器发展有助于促进主导产业的形成及其扩散效应的实现

虽然在经济发展的不同阶段，主导产业存在差异，但无论哪个阶段的主导产业，一般都具有很高的成长性和创新性等特征。更重要的是，由于能迅速引入技术创新，这些产业对一定阶段的技术进步和产业结构升级转换具有关键性的导向作用和推动作用，能通过其扩散效应带动其他产业的发展，进而推动整个经济的增长，因此，在经济发展过程中，选择主导产业并加以扶持，以带动整个工业化水平的提高，是加快工业化进程和经济增长的重要手段。

要有效地推动主导产业的成长，对其融资支持的关键时期是在该产业成长性充分体现之前，即某一产业的市场显性优势还没有通过系列价值指标反映出来的时期。主导产业作为产业变革中的核心部门和经济中的高增长率部门，其所需的巨额资本往往由于资本转移和风险分散无法实现而受到阻碍，进而会影响到其对其他产业的扩散效应；而孵化器能够集中投资并且分散风险，这正好适应主导产业的融资需要。进一步地，从孵化器的功能来看，孵化器的融资功能能够为产业变革提供所需的资金；孵化器的产权界定功能为资源在产业间的有效配置提供了基本前提；孵化器的风险定价功能能够为产业结构升级变革提供基本导向；因此，孵化器为技术创新提供了市场导入和资金支持，从而为新兴产业的技术创新以及逐步向主导产业过渡创造了有利条件，因而能够带动相关产业的发展。与政府对产业的行政干预机制不同，孵化器市场的融资机制能够从市场经济的内在要求出发，通过市场来体现国家的产业政策导向，实现对产业的资源配置。

1.3　技术、孵化器、产业与经济发展的互动机制

1.3.1　相关模块概念及功能简介

1. 孵化器市场

欧盟委员会 2002 年将所有为初创企业提供支持的组织，无论公益或者商业组织，都被纳入孵化器范畴中，提供了基于技术创新水平和资源支持管理能力的区分方法（Caiazza R.，2014）（如图 1.2 所示）。资源支持管理能力包括最低要求的物业管理到高度专业化的支持服务，如创业经验与建议、教育培训计划、创业团队构成、创业管理、供应链条搭建与资金链条对接等，贯穿于整个企业生命周期的创业需求。技术创新水平是指孵化器根据产

业选择不同的孵化对象并提供相关的专业化设备。

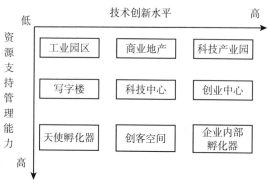

图1.2 孵化器分类

值得注意的是，不同国家的孵化器在经济发展中的角色不同，如孵化器在美国和欧洲国家是创业服务产业工具，而在亚洲国家往往是政策工具，因此布鲁尼尔（Bruneel J.，2012）在欧盟划分标准的基础上加入市场化程度指标，依据孵化器投资主体分为公共孵化器与商业孵化器。另外，大企业设立的内部孵化器及相关业务是孵化器产业的一个补充类型。

2. 科学技术市场

科学技术市场有广义和狭义之分。从狭义的角度定义，技术市场是指一定时间、一定地点进行技术商品交易活动的场所。它有一定的时间和空间限制，如技术交易会、技术商店等。从广义的角度定义，技术市场是指技术商品的一切交换关系的总和，它是同商品货币关系相联系的经济范畴。对于技术商品，根据世界知识产权组织（WIPO）所编的《技术贸易手册》解释，是指与社会生产实践和企业经营管理活动有关，能在消费使用中产生经济效益并用于交换的技术，因此技术商品是通过在生产中应用，能为使用者创造经济利益的、具有独占性并以交换或者产业化为目的、具有使用价值和价值的技术成果。从市场构成上看，技术市场包括技术市场主体、技术市场客体、技术市场中介、技术市场管理者等。技术市场主体是指具有交易技术权的自然人或法人，可以是个人、社会组织、企业、科研机构等；技术市场客体是指通过技术市场进行交换的技术商品；技术市场中介是指连接市场各主体的媒介或桥梁，如价格、竞争、市场信息、交易中介机构以及仲裁机构等；技术市场管理者主要是指政府。科学技术市场不仅仅是一个技术商品的交易场所，更是一种科技资源的配置机制，它通过市场主体、客体、中介及管理者之间的互动来实现资源的有效配置。

3. 资本市场和科技成果转化

资本市场是孵化器市场的一部分，它包括所有关系到提供和需求长期资本的机构和交易。如何将科技成果转化为现实生产力，这是自主创新面临的最重要、最关键的环节。企业科技成果产业化一般可以分为三个阶段：第一阶段，应用研究开发成技术，这时对应的企业处于种子期；第二阶段，技术资产的商品化，对应企业的初创期；第三阶段，技术产业化，对应企业的扩张期。根据企业生命周期理论，处于不同阶段的企业具有不同的融资需求，因此，如何将资本和创新有效结合，是推动创新的核心问题。国际成功经验表明，通过多层次资本市场实现企业自主创新产权、股权的转移与融资，实现高风险的分散与承担，发展资本市场是实现创新与资本结合的必由之路。

4. 技术产业化和产业升级

技术产业化是一个动态的过程。技术和产业创新的演变过程可细分为流动阶段、转换阶段、特性阶段三个发展过程。在流动阶段，某产业产品处于生命周期早期，创新需求来源于用户、顾问或者其他外界因素，面临风险较大，生产该类产品有多家企业并存，主导设计还未形成，该类产品在技术和商业上都处在试验—改进—试验的阶段。在转换阶段，某产业产品经过市场激烈竞争、企业不断地试验和改进创新后，初步形成被市场商业化而认同标准的主导设计；产品创新率大幅降低；同时，制造商为争得市场份额，开始考虑工艺创新，重点开展成本竞争。在特性阶段，某类产品在商家激烈的竞争中，经不断的改进创新后在产品的设计、制造流程等方面已形成标准化和大批量生产，商家在规模、批量较大生产情况下获得丰厚收益，此时市场竞争焦点转移到企业以工艺创新来降低成本上。特性阶段说明产品已经成熟，在现有技术条件下整个产业的发展将遇到"瓶颈"，产业转型升级已成必然。所谓产业转型升级就是产业结构的优化和调整，向更有利于经济、社会发展方向发展。产业转型升级的关键是技术进步，建立属于自己的技术体系。每一次重大的技术创新都会通过新技术扩散和普及，带来投资机会，推动产业结构升级和经济增长。

5. 科技成果证券化和资产证券化

资产证券化起源于 20 世纪 60 年代末美国的住宅抵押贷款市场，1968 年美国政府国民抵押协会首次公开发行"过手证券"，从此开启了全球资产证券化之先河。广义上，资产证券化应该是一种资产价值标准化表述的过程。所谓资产价值标准化表述就是资产证券化后使得原来的资产的经济特性从自然固化状态（流动性差的状态）分离出来转变成容易可分割、组合的有价证券，增加其流动性的过程，是资产价值形态的转变。狭义的资产证券化就是一般意义上的资产证券化，指发起人将缺乏流动性，但又可以产生稳定可预见未来现金收入的资产或资产组合（即基础资产），出售给特定的发行人，或者将该基础资产信托给特定的受托人，通过创立以该基础资产产生的现金流为支持的一种孵化器工具或权利凭证（即资产支持证券），在孵化器市场上出售变现该资产支持证券的一种结构性融资手段。

科技成果证券化是广义上的资产证券化，既包括科技成果入股企业以及证券投资基金入股科技企业在资本市场定价等股权意义上的资产证券化，也包括利用能产生未来稳定现金流的科技成果（如知识产权）为基础资产，发行资产支持证券（主要是债券）的债权意义上的资产证券化。科技成果与未来现金流具有固定的契约性特征的信贷资产不同，其产生的未来现金流具有浮动的契约性特征，转化过程中风险大，价值不易确定，所以科技成果的证券化需要更多专门法律制度等配套设计。

6. 熊彼特租金

熊彼特主张通过新商业、新技术、新供应源和新的组织模式的创新来获得企业经济租金，这种企业经济租金被称为"熊彼特租金"；由于企业一般是通过创造性破坏或创新打破现有企业的竞争优势来获得这种租金的，因此这种租金也可以说是由于企业家的创新而产生的经济租金，故也被称为"企业家租金"。

熊彼特租金是基于创新的租金，应归于创新者赚得。该租金通常发生在一项创新的引入和成功扩散之间；由于创新很快就会被模仿，在被成功模仿之前，创新者将赚取熊彼特租金。这种租金与李嘉图租金的显著区别在于：李嘉图租金是长期的，而熊彼特租金是短暂的。李嘉图租金来源于那些难于或不可能被模仿的要素，如独特的地理位置、复杂的组织程序或长期的企业声望。熊彼特租金是由具有特殊知识与技能的企业在一个不确定性很高的复杂环境中承担风险并形成独创的洞察力而获得的，而这个独特的洞察力实际上就是企业通过配置整合资源所建立的独特的能力体系。由于企业所建立的能力体系是动态的，可以不断适应企业情况变化，不断进行自我调整与超越，从而形成持续的创新能力，来维持企业的竞争优势。因此，企业可以通过能力构筑与能力学习来获取熊彼特租金。

1.3.2 技术、孵化器、产业与经济的互动机制

在技术、孵化器、产业和经济四者的互动机制中，存在着两条路径，我们称之为"正向路径"和"反向路径"。

正向路径中，我们以科技成果的产生直到产业化作为主线。这条主线为：科技成果的产生→科技成果资产化→科技成果证券化→科技成果产业化（产业升级）→经济发展。在这条路径中的每一个阶段都有相应的市场实体在相应的市场环境中参与。

科技成果一般产生于企业和科研机构（如大学），是一种智力产物，是人类为了探索自然和社会奥妙及规律，为解决人类自身发展需要过程中的问题，运用已有的科学知识，通过调查、观察、试验或辩证的思维活动，所取得的对社会进步、经济发展具有学术意义或使用价值的创造性智力劳动的结果。科技成果一般不能直接在市场上交易和转化，在交易和转化之前需进行科技成果评估。科技成果评估就是对成果水平和效果的评价，以服务于成果

转化、成果产业化和技术交易为目的，是一种政府宏观指导下的市场行为。评估后的科技成果就可以在科学技术市场上进行交易了，这时的科技成果已经成为技术资产，具有直接转化为现实生产力的可能，实现了科技成果的资产化。企业在技术市场上获得技术资产，由企业家对包括技术在内的要素进行重新"组合"，形成具有投资前景的科技项目。在这一阶段，产品已基本成型，关键技术已基本解决，企业需要更大规模的产业化资金，由于产品尚未批量生产，市场认同度低，技术风险也未完全释放，因此银行资本支持有限，又不符合主板上市的条件，而科技项目的证券化将为上述问题提供一条有效的解决途径。在科技项目的证券化过程中，创业投资可以通过普通股、优先股、可转换证券或股票期权等其他复合工具进行对企业的投资，企业也可以科技成果为基础，以该项目资产的未来收益为保证，通过在资本市场上发行证券筹集资金。通过科技成果的证券化企业不仅可以获得发展所需的资金，而且可以获得专业的管理支持以及有效地分担各种风险，大大加快科技成果产业化的进程。当一个行业的主导设计形成时，主导设计为消费者所接受，市场对该产品的需求进入了一个稳定期，此时可认为科技成果已成功实现产业化。而当一种技术达到其物理极限时，整个产业将进入衰退期，为了继续发展，企业必须进行不断的技术创新，形成新的主导设计，推动产业转型升级，最终促进经济发展。当然在正向路径的各个阶段分别有不同层次的融资需求，主要的融资方式有自有资金和股权性融资（如风险投资、政策性资金投入等）以及债券性融资（如发行债券、更大的长期借款额度、融资租赁等）等。

在反向路径中，主要存在四种反馈机制：

1. 经济发展对孵化器市场的反馈作用

随着经济的发展，由于投资资金规模的扩大以及孵化器中介之间竞争的激烈，导致固定成本和孵化器中介单位成本的下降，这能激励个体积极参与孵化器活动。随着越来越多的人参与孵化活动，孵化生态系统得以更大的发展。经济发展促进国民收入增加，从而提供给孵化器市场的资金量也随之增加，经济发展形成的财富效应还会形成足够的正向激励推动孵化器创新，增强孵化器市场的活力。

2. 经济发展对科学技术市场的反馈作用

经济不断发展说明科技成果转化为现实生产力是成功的，这将提高技术研发主体企业以及科研机构的收益率，从而形成有效的正向激励，促使他们投入更多的资源进行技术研发。同时，经济发展增加政府财政收入，使得政府对技术研发提供更多的资金支持。

3. 经济发展对企业及企业家的反馈作用

经济发展的本质是企业的发展。随着经济发展，企业的销售收入也不断增加，企业收入的增加带来的熊彼特租金会促进企业家加大对企业技术创新的投入，从而推动企业进行新一轮的发展。同样，经济发展带来的政府财政收入增加将会给企业的技术研发提供更多的补贴。

4. 经济发展对科技成果产业化及产业升级的反馈作用

经济发展对科技成果产业化及产业升级的反馈并不是直接的，而是间接通过孵化器市场、政府及企业的相互作用来实现的。首先，经济的发展会给整个社会带来收益，孵化器市场、政府及企业受经济发展的激励，动用各种资源及政策来促进科技成果的产业化。其次，当经济增长乏力，各要素成本增加，产品市场面临萎缩时，政府将制定相应的产业政策促进产业转型升级，当然最重要的还是企业，为了长远的发展，企业必将不断地进行技术创新，加快产业转型升级。

1.4 孵化器产业发展

1.4.1 孵化器的内涵

20 世纪 80 年代初，信息技术革命推动了各国政府重视孵化器建设，作为帮助创业企业跨越"死亡之谷"的创业支持平台（陈粟等，2007），截至 2015 年，我国共有 1468 家孵化器，并以每年 20% 的增长率持续增长。孵化器的迅猛发展引起学者们的关注，逐渐形成一个经济学、经济地理学、环境资源理论、创新理论和创业理论等学科理论的交叉融合的跨学科研究领域。作为应对技术、资源和资金低效率匹配的市场机制缺陷的资源配置平台（Bøllingtoft A. et al.，2005），孵化器在国内外研究中虽然尚没有统一明确的定义，但所具备的创业支持这一基本特征并没有变化（Smith D. J.，2012）。

国外孵化器研究开始于 1980 年，早期孵化器侧重于探寻这一新型社会经济组织形式的功能作用、类型与组织特征等不同层面，如阿尔伯特等（Albert P. et al.，2000）描述了孵化器的工作范围、工作目标、工作伙伴及工作对象；费尔德曼等（Feldman，M. P. et al.，2003）定义了孵化器是有利于新企业创建、生存和早期阶段成长的外部环境；伴随孵化器商业化的兴起，尤其孵化器具备了解决信息不对称的无形服务能力后，无形资源作为重要组成部分被纳入孵化器定义中。哈克特等（Hackett S. M. et al.，2004）提出孵化器是拥有管理者和员工的行业资源和专业服务网络的提供商。

在此基础上学者们发掘了孵化器的商业本质，它不仅是基础设施和公共服务支持者，更应该是具备资源、信誉和可持续业务能力的企业（Grimaldi R. et al.，2005；Durão D.，2005），如：海伦等（Helen et al.，2006）提出孵化器是一种为创业活动提供专业资源并参与技术创业的商业组织；哈勒姆等（Hallam et al.，2009）认为孵化器是具备一系列业务支持资源和服务的加快创业活动发展和提高创业成功率的经济发展工具；奥凯（Oakey R. P.，2012）描述孵化器是为支持新兴公司并参与创业的服务集团。

孵化器的概念最终从工业园区的概念中区分出来，并引入了社会网络和社会资本等概念研究孵化器效率及内部运作管理模式，如巴顿（Patton，2009）提出孵化器的孵化对象应伴随创业需求的变化发生改变；Creso Sá 和 Hana Lee（2012）研究商业孵化器如何通过战略定位及分化服务提高入驻企业的回报率；巴贝罗等（Barbero J. L. et al.，2014）基于不同社会资本与管理模式的孵化器分析所产生的创新类型。

林锋（1988）首次将企业孵化器的概念引入国内研究领域，华国平等

（1990）针对我国企业二次创新过程中存在问题首次提出"技术孵化器"的设想，胡汉辉等（1999）从国情出发，首次提出企业、学校与研究部门应当共同筹办建设一批以新技术与新产品开发为主的技术孵化器，以上三位学者共同开创了国内孵化器研究先河，之后孵化器相关研究零星出现（李瀚平，1997；林元旦，1997）。

直到 2000 年钱平凡等的研究成果才引发了国内学者的研究热情，专注于研究孵化器形成的区域创新体系、支持类型及政策需求等问题（杨迎平，2000；景俊海，2001；万君康等，2002；顾新等，2002；卢锐，2002；董华强，2003；黄涛，2004；孙琦，2005 等）。由于我国 20 世纪 80 ~ 90 年代的技术产业化既存在明显的市场失灵又具有促进产业发展的作用，孵化器在支持技术产业化的过程中必须作为国家科技政策的组成部分得到政府支持。我国最早期的孵化器（如武汉东湖）强制性地开展基础科学转化工作，成功地解决了技术创新实现商业化的困难，加上我国孵化器研究起步较晚，因此，早期文献着重阐述政府在我国企业孵化器中的主导作用（卢锐，2001）。

2010 年以来，我国学者们针对孵化器在我国的具体发展现状，关注于思考研究与实际问题的结合。如邱国栋等（2010）描述了以孵化器与风险投资为主体的区域创新系统的系统结构与系统动力机制；张宝建等（2011）阐明了企业孵化器的网络化组织模式的内在作用机理；林德昌等（2011）认为孵化器通过建立的资源网络为创业企业提供孵化服务，这也是孵化器服务创新的方向；胡海青等（2012）研究了我国孵化器不同创业支持类型的作用机理；王路昊等（2013）借助扎根理论的研究方法建构出孵化器企业分层中层理论；王路昊等（2014）提出相对稳定的孵化器项目和政策工具的供给缘于孵化器主管部门的组织诉求。然而，我国孵化器的发育形态仍然与发达国家存在差异（唐明凤等，2015）。

1.4.2　孵化器的分类与产业化

1. 公共孵化器

在发展中国家的经济发展工具导入过程中，制度因素具有举足轻重的作用，公共孵化器是政府促进经济发展的政策工具之一（O'Gorman C.，2008）。发达国家中的一些小城市，很多小型公共孵化器（SPI）也是有效的政策和制度工具，吸引了当地的创业活动并克服了新企业的创业缺陷（Gabarret I. et al.，2014）。

在我国，公共孵化器一直是政府支持引导产业创新的载体和促进创业企业成长的主要经济发展手段（李岱松等，2015）。我国孵化器的另一个重要目标是成为区域经济结构转型的支撑点，以发挥引领主导产业的聚集作用（张涵等，2013）。近年来，孵化器的公益性推动我国地方大力投资建设众多公共孵化器，引发了国内学者不断研究不同区域孵化器的筛选标准，认为区域重点培养产业是其主要筛选标准之一，如郭俊峰等（2013）发现孵化器会根据自身的地理位置、资源情况，建立企业入驻条件并对企业进行一定的资格筛选。梁云志等（2010）明确了孵化器的客户定位与价值主张，提出孵化器入驻和毕业条件越严格，客户定位越明确。陈丽兰等（2013）构建了全生命周期的科技创业孵化器筛选体系以提高公共孵化器的运行效率。王国红等（2013）提出孵化器为吸引更多科技创业企业进入区域主导产业集群中，应搭建产业集群中的创业企业协同创新网络，以增加创新孵化网络吸引力。

值得注意的是，从整个市场结构来看，倘若整个孵化器市场都是公共孵化器，不仅受限于有限的社会资源，还会影响创业企业创新行为选择与主导技术前期发展的动力（张震宇等，2007）。

2. 商业孵化器

由于发达国家的产业创新追随着以原始创新推动产业演化、以产品创新引领科技革命的道路，因此在发达国家市场上更为活跃的是促进科技在前期发展的商业孵化器（Bergek A.，2008）。布鲁尼尔等（2012）提出孵化器的企业化运营与管理、资本运作、科技交易能力及前期科技的灵活性使非定向性技术创新的商业化应用更容易成功。玛格纳（Magner N. R.，2013）认为商业孵化器与大企业合作开展创意，项目孵化工作，孵化器作为牵头投资人，大企业作为经营者研发生产及市场运营，商业孵化器获得资本市场回报，大企业获取需要的科技资源，这是一种批量生产行为与持续性的生产经营活动。Lesáková L. 等（2012）发现虽然商业孵化器孵化创意项目的科技股权收入高，但是却能满足高科技大企业定向创新的并购需求或资本市场的投资需求。

在过去的十年间，中国创新创业环境不断优化加大了创业企业对于孵化器的需求，孵化器的市场化程度不断提高（Mahmood N. et al.，2015）。国内创业企业需求的变化促使了商业孵化器在实践中的创新，如创新工场、联想之星等商业孵化器整合天使投资实现商业化运作，也是科技资本市场生产需要的企业（徐诗诗，2014）。我国的商业孵化器表现为一种基于技术与资本市场的、天使和风险资本参与的孵化器（刘伟等，2014）。

值得注意的是，从市场结构来看，整个孵化器市场倘若都追逐商业孵化器的高投资回报与科技回报，将使其产出与投入比降低（张震宇等，2007）。

3. 大企业参与创业孵化器业务

作为孵化产业的补充，大企业内部设立的孵化器或者孵化投资部门同样具有识别和满足企业孵化需求的能力，孵化目的具有鲜明的大企业技术并购和商业化应用的倾向（Tamásy C.，2007）。大企业的技术参与培养了创业企业在早期开发阶段的技术学习技能，另外又能将商业参与至用户层面。在创业企业产品或服务开发的早期阶段引入用户的需求，连接创业企业和用户之间的反复沟通，向用户提供创新工具和平台，将与需求相关的创新任务交给用户完成，让他们设计和开发自己所需的产品（Vanderstraeten J. et al.，2012；Furfine C.，2014）。

1.4.3 孵化器的商业模式

资源与能力直接影响着孵化器的竞争优势和孵化绩效，学者们开始关注如何提高孵化器的孵化绩效问题（Lasrado V.，2015）。发达国家孵化器的主要经营形式已经由政府公益组织转变为企业，运营形式由公益服务转变为满足企业或者市场需求的有偿服务（Charry G. P. et al., 2014），尤其是在多层次资本参与、设立和管理的孵化器在市场实践中获得了广泛认可和巨大成功后，孵化器市场化和产业化趋势逐渐形成（王国红等，2015）。这种转变使得孵化器的投资主体、运营主体、管理方式、投资者关系和产品服务都会随之发生变化，为孵化器的商业模式创新提供了便利（Gerlach S. et al., 2015）。

1. 基于企业生命周期的支持平台

企业生命周期包括种子阶段、初创阶段、成长阶段和成熟阶段（Miller D. et al., 1984）。而技术创业以创新为生存手段且具有明显的科技创新特征，种子阶段又可分为创意阶段和萌芽阶段（Schade C., 2005）。先后有学者从创意阶段、萌芽阶段和初创阶段研究了技术创业生命周期各阶段的支持需求（如表 1.1 所示）。

表 1.1　　　　　　　　基于企业生命周期的技术创业阶段和支持平台

	阶段特征	主要目标	支持平台	代表研究
创意阶段	具有商业潜在价值的技术或商业创意	原理性验证	天使投资、大学科技园、大学生创业孵化中心、商业孵化器、创业基金	Goorbergh，1999；Sudek，2006；陈劲，2001；Robinson，2010 任荣伟，2005
萌芽阶段	商业应用，形成具有市场前景的成果	首次商业应用验证	天使投资、风险投资、产业投资、孵化器、专利投资、公司创业投资	尹淑娅，1999；Bouchard et al.，2005；Dushnitsky，2006；Tao J.，2010；Dushnitsky et al.，2006；纪晓丽，2010
初创阶段	商品化产品或服务进入市场	商品化应用正式运营	风险投资、科技小额贷款、中小企业专项资金、技术创新基金、高新技术园与孵化器	肖洪钧，2002；Lai et al.，2005；Zhao et al.，2010；Gyamfi，2012；朱鸿鸣等，2012；张卫星等，2012

2. 基于技术成熟度的支持平台

技术创业是在市场中把技术成果转化为实用技术，应用到企业中去物化为现实产品，使其进入生产和流通领域，实现商品化、产业化的过程（Corman J.，1988），按照技术成熟度划分为九个等级，涉及科学与技术知识成果的原型化、产品化、商业化和产业化四个阶段（Bodt B. A.，2004），主体行为方式和需求都不同（王雪原，2015）。先后有学者研究了技术创业主体在技术成熟度的原型化、产品化和商业化三阶段的支持需求（如表1.2所示）。

表1.2　　　基于技术成熟度阶段特征的技术创业阶段和支持平台

	技术特征	主要目标	支持平台 科技金融产品	代表研究
原型化	实验室原理样机	实验室环境下的部件和试验台验证	大学科技园科技成果转化资金	Mcadam M.，2008；张帏等，2009
	完整的实验室样机	相关环境下的部件和试验台验证	大学科技园、公司创业投资、孵化器	Vrande et al.，2006；翁建明，2008
产品化	模拟环境系统演示	系统及子系统模型	孵化器、天使投资、公司创业投资	李华等，2004；Amparo，2007
	真实环境系统演示	原型机验证		
	定型实验	系统完成技术试验	天使投资、成果转化与产业孵化	Goss F.，2003；金加林，2004
	运行与评估	系统完成使用验证		
商品化	批量生产	产品导入市场	风险投资、高新技术园区、孵化器	Quintas P.，1992；Phillips，2003；Chan et al.，2005；范蓓蕾，2008
	技术服务	市场接受		

3. 商业模式及要素

商业模式概念于20世纪90年代受到学术界的广泛关注，却一直未形成广为接受的理论框架（龚丽敏等，2013）。众多文献通过传统战略管理理论难以解释的管理实践问题，被商业模式得以解释（孙永波，2011），如奥斯瓦尔德（Osterwalder A.，2005）等基于产品市场创新研究苹果公司商业模式，扩大了苹果的创新轨迹。诸多案例研究整合了价值链理论、创新理论、资源基础观、产业组织理论和战略管理理论（郭蕊等，2014），却仅限于尝试性地概述商业模式研究意义。近十年，学者以制造业与产品市场为背景，着重研究商业模式的构成要素、研究框架建构和商业模式创新（魏江等，2012），如图 1.3 所示。

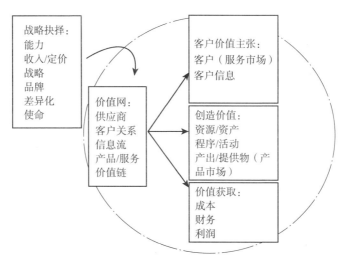

图 1.3　商业模式的构成要素与构架

关于商业模式构成要素的分析：从系统整合角度出发，以电子商务企业为研究对象，商业模式是一个由互相联系的若干活动所组成的系统，这个系统可能越过了企业的边界，并使企业和它的商业伙伴能够创造价值，企业从中分享一部分价值（Zott C. et al.，2008）。从设计角度出发，商业模式建立在许多构成要素及其关系之上，这些构成要素包括客户价值主张、营利模式、关键资源、关键流程，它们之间复杂互依（Johnson M. W.，2008）。从商业模式构成因素数量及因素本身来看，已有研究一共提到了 24 个不同的因素，其中 15 个因素被不同的研究者重复提到。

基于系统范式的商业模式研究框架建构，系统地考虑了商业模式构成要素之间的关系。研究者在研究商业模式构成体系时，不仅指出商业模式应当包括哪些构成要素，而且还要研究这些构成要素的地位以及它们之间的关系

（Hung S. W. et al. ，2008）。商业模式描述的是构成要素之间的一个架构，构建商业模式研究框架解释企业如何创造价值。构架的可持续性要求商业模式组成要素之间具有内外部的一致性：内部一致性指企业内部主要活动的一致配置，外部一致性则指在给定外界环境条件下该架构的合理性（Morris M. ，2005）。商业模式用经济逻辑解释企业如何以一个合理的成本为客户提供产品价值，及如何为企业获取和保持竞争优势做出贡献（Magretta J. ，2002）。

系统地探讨技术创新与商业模式创新之间的协同关系。商业模式创新是继承熊彼特创新理论的"破坏性创新"思想，熊彼特创新理论中的第五种创新要素"新组合"可扩大为商业模式创新（Ramon C. et al. ，2013）。商业模式与技术、市场的交叉融合，使得商业模式创新、技术创新和产业创新之间形成了共演机制（Sangmoon，2011；吴晓波等，2013）。两者协同创新的连续动态逻辑表现为：技术创新决定了产品的产出，商业模式创新决定了产品的卖出，相互之间的协同创新是企业变革的增长过程（李志强，2012）。在充分发掘用户、市场主体和技术创新的潜在价值条件下，企业通过商业模式创新，获取了竞争优势的同时也实现了价值网内所有参与者价值主张（Sako M. ，2012）。技术、市场、外部环境和企业创新精神都是推动商业模式创新的要素（Osterwalder et al. ，2010），创新途径通常是基于构成要素和构架的创新（Chesbrough H. ，2010）。

4. 孵化器商业模式研究

商业孵化器的本质是企业，运营过程必然具有商业特征，商业模式是商业孵化器的微观企业制度（Hackett S. M. et al. ，2006）。商业孵化器的资源能力同样地可以为创业企业提供业务、市场、资本和人际关系网络的支持，但是创造就业和促进产业并非其主要经营目标，商业孵化器更关注于所提供的服务最终可以换取多大的价值回报（王红卫等，2010）。因此，商业孵化器与一般意义上的企业一样，需要获得风险投资者的参与以确保财务能力（吴瑶等，2014），另外，运营者应该是具有创业经验的专业管理者，具备参与、指导和解决初期创业的各种问题的能力，并且商业孵化器的利益相关者之间能够相互帮助实现价值共享（Aaboe L. et al. ，2008）。

一般意义上的商业模式创新是基于产品市场或服务的商业模式创新。民间资本将产业企业家和商业本质引入了孵化器，激发了孵化器内部的商业模式创新（Etzkowitz H. et al.，2005）。众多学者追随商业模式研究脉络，专注研究孵化器的商业模式，基于案例研究提出孵化器商业模式的重要性和构成要素。成功的商业模式成为孵化器竞争的优势（Zedtwitz M.，2003），成功的孵化器多数由于商业模式灵活使资本流向活跃、服务精细专业化（Leble-bici H. et al.，2004），基于资本市场的无形孵化服务是孵化器商业模式的重要考虑因素（Grimaldi R. et al.，2005）。

学者们不断引入商业孵化器创新要素，并根据孵化器实践工作总结了各种创新模式，例如，莫辛克等（Morsink M. et al.，2007）总结了商业孵化器创新的方式：吸引投资者合作、与相关企业建立投资并购关系、供应商与创业企业间的协同创新和技术创业人员培训。由于专业管理人员才能开展法律和技术建议、共享服务和金融支持等价值链的创新，具有创业经验与创新精神的人力资本是孵化器商业模式创新的必要因素（Desplaces D. E. et al.，2006）。在商业孵化器的商业模式框架里，孵化器注重动态能力创新，成为内外部资源和产业企业家的聚集地，创业活动、产业内大企业创新活动与产业发展之间形成了互动的价值网（Schwartz M.，2008）。

风险投资和大企业创新活动也被纳入孵化器的价值网中，价值网中的多轮投资会丰富孵化器收益模式（Xie et al.，2009）。有些大企业会设立内部孵化器，选择孵化产业链上下游的创业企业，如强生公司内部孵化器倾向于孵化生物技术创业公司（Morrison，2011；Olja et al.，2011）。技术、资本金融机构、客户、供应商、专业网络服务提供商、研究机构等构成孵化器价值网中的合作者，与孵化器之间签订的正式或非正式协议是一种存在成本与收益的交易关系，这种有偿的合作交易关系也是孵化器能实现商业模式创新的保障（Cooper et al.，2012）。由于孵化对象与合作伙伴具有多样性，基于价值网的孵化器商业模式创新显得较为复杂（Robinson，2010）。

多个商业孵化器之间经过各种风险投资、互补资产交易、技术交流和市场认可等竞争后，逐渐明确了其价值主张是实现整个价值网络的利益最大化（Schwartz，2013）。商业模式创新已突破了孵化器政策性基础工具的角色定位，商业战略定位明确的商业孵化器更加活跃地开展商业模式创新活动

（Vanderstraeten J. et al. , 2012）。即使在发展中国家，孵化器政策性基础工具的角色定位虽未动摇，但也出现了战略定位的多样化思考与实践活动的现实尝试（Tang，2013）。

国内学者经过模仿、学习、实践提出国内孵化器商业化发展与商业模式创新，司春林等（2010）最先在国内引入商业模式概念，研究了孵化器如何通过整合社会资源实现其自身与创业企业的价值。随后，相关研究结合我国科技政策，呈个案案例和片段式分类案例的类型喷薄欲出。李娜（2012）认为孵化器商业模式为孵化器提供持续发展的能力，按照价值主张、价值创造、价值实现三个维度对我国孵化器商业模式进行分类，最后按照商业模式创新过程，尝试性地匹配了孵化器各要素与入孵企业需求。李永周等（2013）基于创新人才网络嵌入的全新视角，研究了在创新网络孵化中的孵化器商业模式的创新要素系统和发展路径。罗峰（2014）首次清晰地区分了我国与欧美国家的孵化器定位，阐述了中国特有的孵化器商业模式思路的逻辑结构和价值创造机理。刘伟等（2014）结合全球创新创业背景，发现我国孵化器呈现出的具有投资功能的商业化运作趋势，探讨商业模式创新的必要性，最终通过多案例研究了我国商业孵化器相较于公共孵化器的价值主张转变，这种转变创新基于技术与资本市场对创业企业需求的变化。马凤岭等（2014）剖析了孵化器商业模式形成的动态过程与演化机制，发现孵化器的组织变革、价值链改进、网络位置改进、制度创业等活动推动着孵化器商业模式的演进。唐明凤（2015）提出商业孵化器的商业模式核心在于价值链管理，通过创新工场的案例研究，发现我国商业孵化器需要内部价值链的科学设计，才能获取可持续发展的重要动力。

1.5 孵化器的创业投资业务

1.5.1 风险投资与孵化器融合

风险投资本是创业企业筹集资金的来源之一。孵化器在持续演进中也会受到资金供给薄弱和资源欠缺的困扰（Jones，2000），风险投资参与孵化器具有必要性和可行性（Vadnjal，2007）。风险投资包括天使投资、创业投资、公司创业投资等投资形式，是孵化器运营的有效补充（Dushnitsky et al.，2006）。技术创业往往是风险投资的目标，孵化器内部的商业环境和技术创新创业聚集群体也成为风险投资项目源的有效补充（Sofouli，2007）。技术创新度、市场范围和商业化速度对于创业企业也至关重要，孵化器具有技术创新能力，风险投资公司可提供财务、管理和市场推广支持（Tao，2010；Morgan，2014）。基于创业生态资源的视角，结合风险投资特有的创业管理能力与孵化器特有的创业资源，提高了创业技术商业化的速度和能力，对创业企业具有更大的吸引力。

风险投资与孵化器融合是一种基于投资的合作伙伴关系，风险投资参与孵化器是以获取投资回报为目的的资本利得行为，与依靠政府财政拨款、引导基金、科技经费等公共资金组建的公共孵化器差别明显（Savaneviciene et al.，2015）。一些天使投资、创业投资和大企业内部投资部甚至直接参与筹建商业孵化器（Hempel，2009）。

由于国外孵化器以商业孵化器为主导，天然具有风险投资的本质特征，因此国外文献多将风险投资作为商业孵化器的内部资源之一（Grimaldi et al.，2005）。而我国以公共孵化器为主导，与风险投资更具有组织上的合作基础。公共孵化器与风险投资之间形成了一种战略联盟，被认为是我国孵化器运营模式的创新之举（刘广平等，2013）。国内学者集中于定性与定量地探讨风险投资参与孵化器的可行性与目的、参与方式、关系界定和政策支撑等。

瞿群臻教授在国内较早关注风险投资参与孵化器的问题，在早期国内孵化器与风险投资相融合的案例很少的现实背景下，研究了公益孵化器和纯商业性的风险投资融合的环境趋势性，分析了我国孵化器与风险投资相融合的必要性和障碍因素，提出这种融合的过程是双方博弈信息搜寻和激励约束的决策过程（瞿群臻，2005；2006；2008；）。伴随国内风险投资参与孵化器的案例逐渐丰富，风险资本对投资项目特定的收益偏好与公共孵化器的公益特征冲突呈现（张震宇，2007），双层股权结构吸引风险资本占据一定股权获取回报，增加孵化器市场化程度，我国孵化器与风险投资具有公益与效益统一、服务与投资统一的趋势（杨刚，2007）。孵化器与风险投资融合的动机包括追求财务收益、未来战略导向、建立激励机制、完善孵化手段、配合战略伙伴、响应政策引导以及主管部门或者股东的要求等（钟卫东等，2008）。

孵化器在引入风险投资的运营模式中，往往定位于引导风险投资投向的角色（秦军等，2009）。我国孵化器引入社会资本，包括整合大学和科研院所、企业、投资机构、职业经理人与天使投资人等一系列资本市场的资源，其目的是为了能具备商业本质并提供精细的专业化服务（魏炜等，2009）。在我国风险投资和企业孵化器形成的集成体中，风险投资与孵化器融合的方式逐渐复杂：起初孵化器仅为风险投资提供办公场所；意识到风险投资的收益性后，孵化器设立风险投资公司；但由于缺乏风投经验，孵化器设立的风险投资公司收益能力低弱，只能引入风险投资机构进行股本合作；在学习掌握了风险投资经营管理方法后，孵化器与创业风险投资机构共同出资组建风险投资机构（张蓓佳，2009）。

赵黎明教授及其研究团队基于管理实践，深入研究了科技企业孵化器与创业投资合作及治理。在国内首次发现了孵化器与创投合作中存在的信息不对称问题，如孵化器比创投拥有更多的创业企业信息（吴文清等，2008），另外还发现了双重道德风险问题，如风险投资是否具备创业管理能力及孵化器是否具有投机倾向（谢菲等，2009）；据此提出了委托代理框架将孵化器与创投之间合作管理引入双方互动行为（王忠等，2011）；比较分析了内外部合作两种类型下的管理成本与信息租，发现内部合作模式是一种社会网络的嵌入过程，此时管理成本相对较高但信息租相对较低，具有高效、灵活的优势（赵黎明等，2011；曾鑫等，2011）。内部合作具备明确的商业本质，表现为一种合作平台，合作模式完全具有市场化与商业化特征，也使双方在合作中会面临在深层次网络化构建中，具有商业本质的宏观治理机制和微观治理机制问题（赵黎明等，2011；赵黎明等，2012；赵黎明等，2013）。创业企业通过嵌入孵化器与风险投资的合作平台获取竞争优势，孵化器对创业企业的投入强度是吸引风投合作的重要因素（赵黎明等，2012）。风险投资参与商业孵化器的多项风险投资项目，会形成一套具有最大回报和最小风险的双目标的最优投资组合方案，表现为获取知识的投资水平、知识共享水平，这主要取决于风险投资获取的股份比例，但是公共孵化器的最优参与度与风险投资获取的股份比例负相关（沈琛等，2013；吴文清等，2014；吴文清等，2015）。不同孵化器与创投协同效应的合作绩效和影响因素差别明显，政府税收、补贴政策并不会直接具有正面影响，合理搭配补贴政策则有利于促进孵化器与创投的合作（卢珊等，2011）。

1.5.2 商业孵化器的投资决策

孵化器对于产业创新可能具有积极、消极或不确定的影响（Colombo et al.，2002）。在对创业企业的孵化过程中，孵化器所能提供的资源包括商业和技术的支持，已有众多文献对此予以研究并将其作为评估孵化器孵化绩效的指标之一（Abetti，2004）。

早期的孵化器与创业企业之间的孵化关系实际是一种为满足创业企业融资需求的担保关系，孵化器的资源是创业企业吸引风险资本的担保，孵化器的角色定位于家长式后勤供给，为创业企业提供一切有益的社会资源（吴寿仁，2002）。伴随商业孵化器的运营实践，发现不同服务具有不同的需求群体，也具有不同的交互影响，与创业企业互动成为孵化器最好的创业业务协助方式（Scillitoe et al.，2010）。因此孵化器与创业企业的关系由"work and for 的咨询提供"转变为"work and with 的协同创新"，包括商业参与协同创新和技术参与协同创新两类，孵化器通过风险管理评估，按照创业企业的生命周期确定参与企业创新的参与程度（Aernoudt R.，2004）。

孵化器参与创业企业的协同创新行为，可被认定为是基于创业孵化网络的孵化器企业化运营模式，它也构成了创业孵化网络的又一关键资源（Avnimelech G. et al.，2007）。

①商业参与协同创新包括创业业务规划、创业团队组建、市场营销、风险投资管理、财务会计、法律风险规避、技术创新专业知识的知识产权保护和金融资本等（Clausen T. et al.，2012）。商业咨询是孵化器参与创业企业

最直接的管理工作，着重于所有参与者之间的知识转让和创业孵化网络内的资源共享，参与强度具有强与弱的关系特征（Charry et al.，2014）。从社会资本的角度来看，孵化器的"强参与"特征能建立更强的创业孵化网络，创业企业为避免机会主义和不确定性，也更倾向于孵化器具有"强参与"特征，表现为更频繁的信息互动和基于信任的合作共享，知识管理也转移了创业风险（唐明凤等，2015）。

②技术参与协同创新包括孵化器创新实验室、创新空间设施，引入大学研究和技术创新项目，研究基础和技术创新的供应渠道、技术转让机制和产业链上下游交流等（Scillitoe et al.，2005）。孵化器看重创业企业的技术创新能力，补充自身的潜在技术创新能力，另外通过技术参与能监测并满足创业企业在整个孵化过程中的技术需求（王国红等，2013）。在孵化器创业孵化网络中，创业企业看重孵化器内极具价值的知识协同和技术交流机会，以获取产业链上下游的技术创新程度和培养潜在用户（王国红等，2015）。在整个过程中逐步形成协同创新关系的技术创新网络。

由于创业企业的孵化需求存在差异，商业或者技术参与的方式并不能被统一量化与固定（Scillitoe et al.，2010）。一些案例文献研究了个别创业企业的孵化过程，发现商业和技术资源往往是孵化器直接提供于创业企业的（Scillitoe et al.，2009）。孵化器选择创业企业时首先需要考虑自身的孵化选择偏好，明确创业企业的生命周期、创新类型和商业模式；其次基于价值网络交互，以了解创业企业的需求为前提直接参与创业企业的管理和技术创新，如分享商业资源，反复参与创业企业的技术迭代（Bruneel J. et al.，2012）；孵化器最终参与创业企业协同创新时，提供的可用资源并非是标准化的产品集，而是创业企业的孵化需求，这其中会产生需求满足的不确定性问题。

第 2 章

孵化器参与技术创新的
价值投资

2.1　技术创新的基本理论

技术创新理论是制定技术战略和产业政策的基础，本章将介绍与创新驱动发展密切相关的创新理论，内容包括：技术 S 曲线、技术轨道、技术创新模式、产业创新模式、创新扩散和创新发展周期曲线等。

2.1.1　科技进步与创新：S 曲线与创新的不连续性

阿奇舒勒（G. S. Altshuller）通过对大量发明专利的分析和研究，发现技术系统的进化规律可以用一条 S 曲线来表示。图 2.1 是一条典型的 S 曲线，该曲线描述了一项产品在一段时间内或者所投入的努力程度与产生的性能改进之间的关系。在技术发展初期，由于人们对它的认识不够深入，性能的改进比较缓慢，而在技术更好地被人们理解、控制并且传播开来以后，技术改进的速度将会加快。但是，到了成熟的阶段，该技术将沿着渐进线接近一种自然的或者物质上的极限，以致需要更长的时间或更多的技术努力才能实现某种改进。

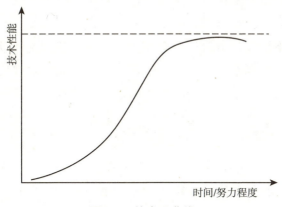

图 2.1　技术 S 曲线

当一个技术系统进化到一定程度时，原有的研发极限会被突破，必然会出现一个新的技术系统来替代它，形成技术上的交替。例如，混合动力汽车将会取代燃油汽车，燃料电池汽车有可能在未来取代混合动力汽车。每个新的技术系统也将会有一条更高阶段的 S 曲线产生。如此不断地替代，就形成了 S 曲线族（如图 2.2 所示）。

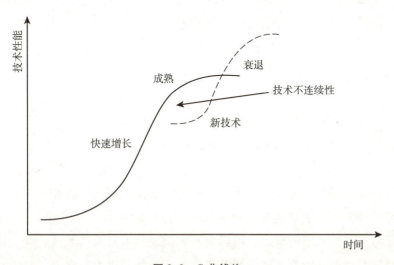

图 2.2　S 曲线族

图 2.1 和图 2.2 共同揭示了技术创新的连续性和不连续性，其中沿着曲线的向上运动过程被称为某项特定技术在某一技术性能上的连续性、渐进性改进。而当渐进性改进达到极限时，若仍不能满足用户的需求，设计者便会用一种不同的技术取代现有技术，表现为技术不连续性。因此，技术创新分为连续性创新和不连续性创新。连续性创新表现为建立在原有的技术曲线、知识基础上，不断改进推出新产品的创新方式。非连续性创新则是脱离原有连续性的技术曲线，建立在新的技术曲线、知识基础上的创新方式。

通过分析 S 曲线可以帮助人们有效地了解和判断一个产品或行业所处的阶段，从而制定有效的产品策略和企业发展战略。福斯特（R. N. Foster）利用技术 S 曲线说明了新进入公司的优势来源以及导致现有公司失败的原因，指出现有公司是否能够预见到构成威胁的新技术或者新产品，并且以一种及时的方式转换到新技术或新产品，是其成功的关键。因此，战略性技术管理的本质是识别现有技术曲线上的拐点何时被超过，以及识别并开发最终将取代现有方法的，从下面浮现出来的任何一种替代技术转换。在此基础上，克里施坦恩（C. M. Christensen）提出对于非连续的破坏性技术而言，除了考虑该技术的创新过程外，还要结合市场分析才能准确预测产业技术变迁轨迹。在他看来，一种破坏性技术在进入已建立的体系之前，是从新的价值体系中开始其商业性活动的。破坏性技术在某一价值体系内部特有的轨道上出现并且发展，当它发展到能够满足另一价值体系所要求的性能时，这种新兴技术就能侵入原有的价值体系，形成破坏性创新，以令人目眩的速度击败已有技术（如图 2.3 所示）。

2.1.2 科学革命理论与技术轨道

自 20 世纪 80 年代以来，研究者开始探索技术变迁的内在规律。作为这一领域的开拓者，纳尔逊和温特（Nelson and Winter）于 20 世纪 80 年代末首先提出了自然轨道的概念，用以刻画和描述技术发展的某些特征，例如对规模经济的追求、生产工序的不断改进等。在此基础上，多西（Dosi）做出

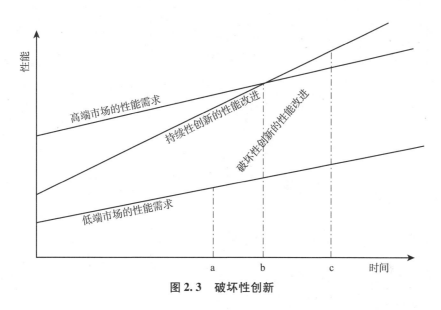

图 2.3　破坏性创新

了进一步的贡献，受到库恩（Kuhn）的科学范式概念的启发，他提出了技术范式的概念——"解决、选择技术问题的一种模型或模式"。技术范式决定了技术研究的领域、问题、程序和任务，是一定的技术体系的规范化，具有强烈的排他性。同时，多西在引入技术范式概念的基础上发展了自然轨道的思想，提出了技术轨道的概念，即在技术范式的范围内所进行的"常规"解题活动。

图 2.4 是一个技术轨道的示意图，它刻画了某一产业的主导技术和新的主导技术随时间交替演化从而实现更高创新水平的过程。图中横轴代表技术生命周期，纵轴代表创新水平。在整个产业的技术萌芽期，主流创新 I 的创新水平随时间呈现 S 曲线变化，当主流创新 I 达到发展极限时，会有新的更高水平的主导创新 II 替代它，而新的主导创新 II 会继续按照 S 曲线演化，直到达到自身的发展极限，这时又会出现新的主导创新 III。这三项主导创新虽然各自按照一定的 S 曲线发展，但从整体来看它们是按一定方向在发展的，代表这三种主导创新曲线的包络线便是技术轨道。可见，技术轨道规定了技术范式中所隐含的对技术变化方向取舍的规定，是一组可能的技术方向，其外部边界则由技术范式本身决定。

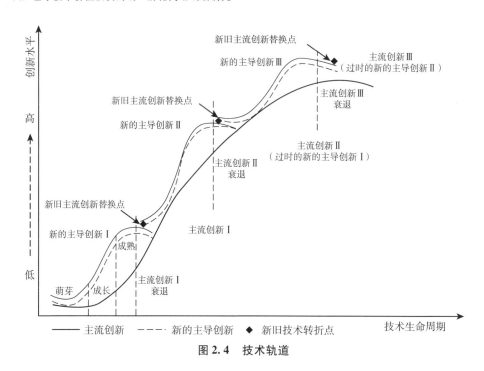

图 2.4　技术轨道

技术轨道理论常应用于创新战略研究。在宏观层面，佩雷斯等（Perez et al.，1998）很早就发现：每个国家都是新的"技术—经济范式"的创造者，不同国家可以基于自身特定的国情（如制度、文化等）选择不同的技术轨道进行创新，一些新兴工业化经济体的例子就是很好的说明；技术落后国家/地区有机会利用自身的创新体系开辟不同于原有的新技术轨道。沃特瓦（Vertova，2001）利用技术轨道理论对 20 世纪几个主要发达国家（美国、德国、日本等）的技术进步进行了研究，指出基于技术轨道引领下的国家创新体系是解释不同国家技术机会及利用其获得经济绩效差异的关键。每个国家都应该有一个合适的国家创新体系，以赢得在全球技术进步中的分工；而一个没有与自身技术轨道相匹配的国家创新体系很可能导致整个国家陷入低技术状态的"锁定"并丧失技术进步的机会。在微观层面，格林和麦克米金（Green and McMeekin，2002）通过对英国公司产品和工艺创新诱发因素的挖掘，证明了技术轨道的理论框架能够解释英国公司在应对市场压力下的创新行为，并指出在分析微观企业创新行为上加入技术的社会性和公司本身创新战略等要素的重要性。圣特瑞思（Souitaris，2002）专门将技术轨道理论与管理学研究相结合，在技术轨道模型中加入了企业微观因素（单个公司特点、竞争环境、公司策略、组织间关系、外部信息等），从希腊国内大样本的公司数据实证分析中验证了技术轨道作为企业创新要素的"调节器"作用，指出不同技术轨道的创新率不同。

技术轨道理论还应用于后发国家（或地区）情境下的技术追赶和技术跨越问题。佩雷斯和休特（Perez and Soete，1988）是这方面的研究先驱。他们指出当新技术轨道出现时，后发企业面临更低的进入壁垒，更加容易突破壁垒，创造出进入机会。后发者为了取得成功必须把握的重要机会，也就是常说的"机会窗口"。这也反映出"技术跨越"的基本原理：后发国家由于在已有技术上投资较少，但若其具有足够技能和基础设施，就会发现新的技术范式所提供的"机会窗口"，从而领先于发达国家进入新的技术范式。其后的研究大都肯定了他们的发现，即后发者在出现新技术轨道时容易突破壁垒。

2.1.3　技术创新模式

技术创新是一个过程，由许多离散的决策和行为所构成。理解技术创新的过程，对于提高科技成果转化率具有重要意义。其核心是要回答"创新是由技术推动，还是由需求拉动？"围绕这一主题学者们提出了不同的观点和模式。

传统上，人们倾向于认为技术创新是由科学发现和技术发明推动的，市场仅仅是创新成果的被动接受者。然而，这种观点在 20 世纪 60 年代中期受到了挑战，人们观察到大多数技术创新不是由技术推动诱发而是由需求拉动引起的事实。无论是技术推动还是需求拉动的观点都将创新过程过于简单化和绝对化，因此，有学者在 20 世纪 70 年代初提出了交互模式，认为创新是科学技术进步与社会和市场需求共同演进的结果，科学技术作为根本的、发展的知识基础，与市场需求的结构在创新中以一种互动的方式起着重要的作用。创新活动由需求和科学技术共同决定，需求决定了创新的报酬，科学技术决定了成功的可能性及成本。以上三类模型是对创新过程的抽象描述，基本不涉及技术创新中的不同业务部分的合作。20 世纪 80 年代初，又有学者提出了一体化及并行发展模式，强调联合供应商及公司内部各部门的横向合作，广泛的交流与沟通。

罗思韦尔（Rothwell）将上述技术创新模式归纳总结为第一至第四代技术创新模式，并统称为传统技术创新模式。传统技术创新模式历经40多年，至今仍具有生命力和实用价值。这些模式除了本身的特点之外，还伴随着技术创新过程中不同的企业战略和投资侧重，各自也都存在着一定的缺陷（如表2.1所示）。

表 2.1　　　　　　　　　　　技术创新过程模式小结

	第一代	第二代	第三代	第四代
模式名称	技术推动模式	需求拉动模式	交互模式	一体化及并行发展模式
主导时期		60年代中至70年代初	70年代初至80年代中	80年代初至90年代初
过程特点	——线性过程：科学发现开始，经设计、工程和加工制造，到产品销售。	——线性过程：从市场要求开始，经过新产品开发和加工制造，最后销售产品。	——具有交流和反馈的序列过程：技术和市场双重因素为创新的出发点。	——在过程中联合供应商及公司内部各部门的横向合作； ——广泛的交流与沟通。
过程中的企业战略	——研发新产品； ——新产品导入和扩散； ——更多的研发活动导致开发更多的新产品。	——强调市场营销； ——企业发展和多样化； ——经济规模成为主要考虑因素，通过采购和兼并形成企业集团。	——企业合并； ——侧重控制生产成本； ——强调规模及经验效益； ——平衡研发部门和营销部门的投入。	——全球战略； ——联合供应商及用户； ——整合及协调不同部门在项目中的工作。
过程中的投资侧重点	——新产品及相关的扩张性技术变革。	——使技术变革带来经济效益。	——会计学和金融（成本）问题。	——核心业务和核心技术。
模式的缺陷	——对于技术转化和市场的作用重视不够； ——对于技术水平较低的企业创新门槛太高。	——忽视长期研发项目； ——局限于技术的自然变革；具有失去技术突变能力的风险。	——只涉及社会和市场需求，没有考虑其他重要环境因素。	——未注意信息系统的作用； ——基于大批量生产产品，不能用于复杂产品系统。

资料来源：张炜. 技术创新过程模式的发展演变及战略集成 [J]. 科学学研究，2004（22）.

　　传统技术创新模式主要基于生产低成本、大批量、标准件组成的产品创新和工艺创新，描述了简单产品的技术创新过程。在新经济时代，创新过程变得更加复杂，企业原有的封闭结构已经被打破，技术创新已不再是单个企业的独立创新活动而是必须在创新网络中进行，创新项目已经穿越公司固有的边界，用户、供应商、高校、研究院所、政府、其他公司甚至竞争对手都有可能成为创新网络的重要成员，涉足创新过程中的研发、试验、生产、验证、安装、调试、维护、更新换代和再创新等创新活动。传统技术创新模式已无力解析这些创新现象和指导创新实践。因此，20 世纪 90 年代，第五代技术创新模式即系统集成及网络模式应运而生。与传统技术创新模式相比，第五代模式突出的变化在于：一是创新网络中的各创新成员都具有特殊的重要性；二是电子信息化在创新中的作用愈加重要；三是强调了人力资源管理因素在技术创新过程中的作用。另外，第五代技术创新模式突出了企业战略管理中的诸多要素，而对于过程的各个阶段并未过多地强调。

　　上述模式从不同视角描述了技术创新过程，各具特点和局限性。如何理解它们之间的关系至关重要。从上述模型的经济社会背景来看，各种技术创新模式的提出并在一定时期内占据主导地位，是因为能够顺应当时企业的外部经济、技术和社会环境，满足市场供给与需求，符合政府的政策，并能提升和保持企业的竞争力。因此，上述模式并非简单的替代关系，而是各有其适用范围和条件。

　　对技术创新过程模式的选用主要考虑三个因素：一是企业自身的实力。具有良好技术积累和研发实力的企业有能力采用技术推动或交互模式，而营销能力强的企业则往往青睐市场拉动模式；企业的管理水平高，特别是项目管理和内部协调能力强，才有可能开展网络模式。二是所在的行业。在制药行业，许多企业目前仍然采用技术推动模式，而在一些消费品行业，市场拉动模式则依然占有主导地位。对于复杂产品系统，就应采用网络模式。三是与企业的外部经济、社会环境有关。

2.1.4 产业创新模式

从产业成长的角度来研究创新过程，分析技术创新与产业成长的关系，是技术创新研究的重要内容，学者们提出了两类具有代表性的模型：A－U 模型和二次创新模型，刻画了不同的产业创业模式。

1. A－U 模型

美国哈佛大学的阿伯纳西（N. Abernathy）和美国麻省理工大学的厄特巴克（J. M. Utterback）通过对美国许多行业案例的深入分析提出了 A－U 模型（如图 2.5 所示）。A－U 模型属于系列创新过程模型，描述了在根本性创新产生后特定产业中各类创新的分布形式以及创新对产业成长的作用方式，他们指出：企业的产品创新和工艺创新是相互关联的。其中，产品创新是指改善或创造产品以进一步满足顾客需求或开辟新的市场；工艺创新是指改善或变革产品的生产技术及流程，包括新工艺和新设备的变革。在产业成长的不同阶段，对两者的侧重有所不同，企业的创新类型和创新频率取决于产业成长的不同阶段，具体包括流动阶段、过渡阶段和稳定阶段。

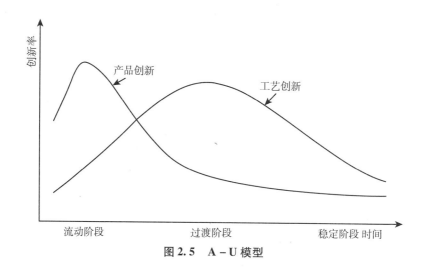

图 2.5　A－U 模型

在流动阶段，企业创新的焦点在于产品创新，由于技术和市场存在很大的不确定性，产品设计变化快、具有多样性，生产工艺灵活但缺乏效率，规模经济水平低，许多企业存在于市场之中，企业的市场地位也处于不断变化之中。随着企业技术经验的积累和消费者成熟度的增加，导致主导设计的出现。主导设计确定后，产品创新率迅速下降，创新的焦点从产品创新转入工艺创新。企业的市场地位开始分化，未能向市场提供符合主导设计的产品的企业将会退出市场，市场中的企业对产品的改进也主要都是围绕主导设计进行的，这将导致根本性产品创新率降低，企业增加了对产品生产工艺的重视，以期望能够降低生产成本，从而赢得更加有利的市场地位，行业的发展也就进入稳定阶段。在稳定阶段，创新以渐进性产品创新和工艺创新为主，企业强调生产效率和规模经济，竞争焦点放在成本/价格之上，生产流程开始标准化，行业内形成了以几家大企业控制市场的局面，行业集中度提高。

A – U 模式反映了许多行业成长的创新分布规律，也构成了产品生命周期的理论基础，但是对于有些国家的产业演化却难以提出满意的解释。这正如厄特巴克（Utterback）教授所指出的："我们的工业化和创新经验有其独特性，研究中所依赖的数据主要来自美国的产业和企业，那么也一定不要认为这里看到的模式就肯定能用于其他国家。"

2. 二次创新模型

A – U 模型代表了一种发达国家以原创性技术创新为推动的产业演化创新规律，对于中国这样建立在一定技术起点基础上的追赶型经济体而言，某些产业的发展必须从技术引进、消化吸收开始，只有具有一定技术能力后才能进行产品创新。因此，表现出与 A – U 模型反向的发展规律，浙江大学吴晓波教授就此提出二次创新模型（如图 2.6 所示），即在引进技术的基础上，受制于既有的"技术范式"，结合自身的市场条件，遵循新的"技术轨迹"发展的技术创新。

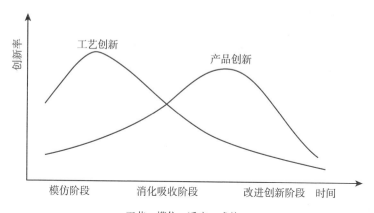

工艺：模仿→适应→成熟

产品：模仿→演变→多样化

图 2.6　二次创新模型

二次创新过程分为三个子过程：模仿创新、消化吸收和改进创新。其中模仿创新阶段始于系统的生产技术引进，而后，根据技术要求将引进设备与原有设备按工艺进行重组，然后进入生产制造环节。这时的生产是完全按照引进技术的标准进行的，以生产出与国外相同水平的产品为目标，经营战略以利用国外技术在国内已有市场中建立优势为主。进一步地，为了减少对技术出让方的依赖、提高经济效益，国产化成为消化、吸收引进技术的主要内容和目标。国产化过程事实上也是一个"结构性理解"的过程，这一过程以工艺创新为主，以尽可能多地在不失产品性能的前提下采用国内已有的原材料、部件等。随着时间的推移，技术引进企业在技术积累的基础上逐步形成自我研究开发的能力，进而根据市场需求，通过自主的研究和开发进行改进型创新，改进型创新的内容包括：对引进技术进行"功能性理解"；扩大引进技术的应用领域；并充分利用其"技术机会"进行产品新功能的开发和工艺的改进。从整个过程来看，前期以工艺创新为重点，主要解决生产能力问题，随着技术的积累，逐步转向以产品创新为重点，以更好地满足社会需求。因而，二次创新模型表现出与 A－U 模型反向的发展规律。

二次创新模型描述了我国产业的技术创新特点：（1）我国企业的创新活

动起点大多为对引进技术的仿制和消化吸收；（2）国外技术的发展对我国企业技术开发和创新具有"示范"作用，使得我国企业的技术发展受制于国外企业的技术发展轨迹；这将导致我国企业的产品开发一开始就处于主导范式作用之下，而不存在主导范式确立前各种设计范式相互竞争的阶段；（3）国外企业创新速率不断加快，而对国外技术的改进创新需要一定的周期，这样不同技术代和工业标准的更替导致我国企业创新分布曲线尚未完成其标准状态就已进入下一个分布曲线状态。

2.1.5　技术创新扩散

创新的基本思想是向市场成功地引入新的产品—服务组合体系。因此，市场接受度是创新的一个重要方面。无论设计多么具有创意，技术发明背后的开发多么巧妙，如果市场引入失败，就不能算作创新。不可能存在没有顾客的创新。换句话说，只有当新的产品—服务组合满足了某种明确或隐含的社会需求时，才能视为创新。因此，从需求实现的视角来看，科技成果的产业化实质上就是创新的扩散过程。

创新扩散是指创新技术（产品或工艺）通过特定的渠道在某一社会系统的成员中随时间而传播并推广应用的过程。根据学者们长达半个多世纪的研究发现：创新的扩散速率主要取决于创新特性、潜在用户特征以及沟通过程；相比于潜在用户特征而言，创新特性对扩散速率的影响更为显著，典型的创新特征包括创新的相对优势、兼容性、复杂性、可试用性及可观察性。

上述这些因素的共同作用使得创新扩散呈现出一条 S 曲线（如图 2.7 所示）。当一种创新技术刚刚开始在系统中扩散时，人们对它的接受程度很低，因此采纳者极少，扩散进展缓慢；当人数达到一定数量（"临界数量"）后，扩散过程突然加速（即"起飞阶段"），曲线呈迅速上升趋势，越来越多的用户模仿和采纳创新技术。这个过程一直会延续到系统中有可能采纳创新的用户大都已采纳创新，在接近于最大饱和点时扩散速度开始放缓，S 曲线逼近渐近线，扩散过程结束。

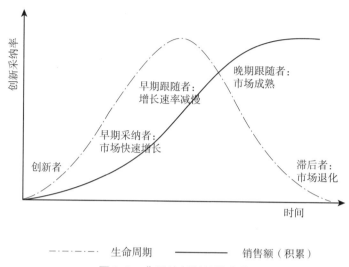

图 2.7　典型的创新扩散曲线

2.1.6　创新成熟度炒作模型

在技术 S 曲线和技术扩散模型的基础上，Gartner 构建了创新成熟度炒作模型（The Hype Cycle），如图 2.8 所示。Hype Cycle 描述了一项技术从诞生到成熟的过程，并将现有各种技术所处的发展阶段标注在图上，为一些行业的发展作出了很好的预测。图 2.8 中，横坐标表示技术的成熟度，纵轴表示技术受关注的程度。其中的曲线表明，在相关领域里，每项技术的发展过程均可分为五个阶段：技术萌芽期、期望膨胀期、泡沫化的低谷期、稳步爬升的光明期和实质生产的高峰期。

技术萌芽期和期望膨胀期：这两个时期属于理论研究阶段，在这两个阶段新的技术理论从出现到快速成长，并很快到达巅峰。这一段时间的工作以基础理论研究为主，理论突破频繁、成果大量涌现。

泡沫化的低谷期：到了快速发展期的顶端，基础理论基本成熟，研究成果的总量已经很多，理论探索空间越来越小。此后，理论工作者对该项技术的关注程度逐渐降低。而此时，该项技术在产业上的应用尚未成熟，因此，新技术的受关注程度进入下降期。

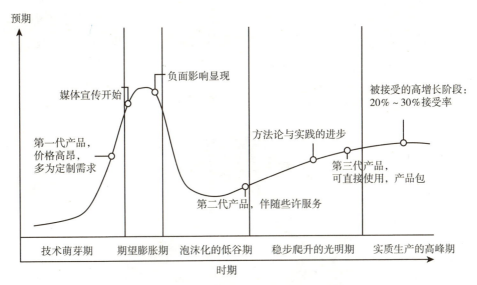

预期

媒体宣传开始

负面影响显现

第一代产品，
价格高昂，
多为定制需求

方法论与实践的进步

被接受的高增长阶段：
20%～30%接受率

第三代产品，
可直接使用，产品包

第二代产品，伴随些许服务

| 技术萌芽期 | 期望膨胀期 | 泡沫化的低谷期 | 稳步爬升的光明期 | 实质生产的高峰期 |

时期

图 2.8　Garter 发布的创新成熟度炒作模型

　　稳步爬升的光明期：随着新技术在产业应用中的逐渐成功，产业技术的研究热潮使得该项技术的受关注程度再次增加，并将其带入一个持续发展的爬坡期。相对于理论研究而言，产业技术研究的内容要细致和深入得多。因此，这个阶段的发展速度已远远不如技术萌芽期那么迅速。

　　实质生产的高峰期：最终，随着基本产业技术的成熟，应用技术研究进入实质生产的高峰期。

2.1.7　环形创新模型

　　环形创新模型（The Cyclic Innovation Model，CIM）是技术创新模式的最新研究成果，这一模型很好地分析了技术 - 创新 - 商业的实现过程，为技术导向的创新指明了方向。贝克豪特（Berkhout）等学者通过对创新模型的历史回顾，在多年观察和案例研究所形成的"商业 - 创新 - 技术"多层次概念和回馈概念的基础上，提出了环形创新模型。它吸纳和借鉴了斯托克斯（Stokes）以优胜者命名的表示方法，整个模型由四个基本节点和四个连接这些节点的互动环组成（如图2.9所示）。该模型将技术变革和创新视为基础和应用科学研究、领导力和市场信息回馈相互作用的结果，有助于我们理解技术进步的产生机制和组织安排，以及对于维持创新所必需的冒险行为的知识产权保护和全面激励。

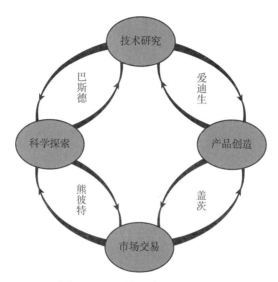

图 2.9　环形创新模型（CIM）

值得注意的是，CIM模型中每个节点参与了两个不同的环，因此，每个节点展示出不同的特征。通俗地讲，每个节点向它的邻节点展示了不同的面。这种特征在科学探索节点表现最为突出，面向技术研究节点的角色模式（爱因斯坦）与面对市场转换节点的角色模型（维特根斯坦）是完全不同类型的模型。本质上，每个节点都有两面，因此每个节点有两个角色模型，这说明CIM系统的每个节点具有双重性。图2.10说明了四个节点所具有的这种二元性，图中每个节点用两个不同角色模型名称标记。

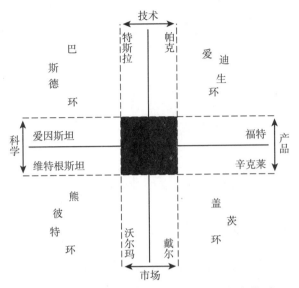

图 2.10　CIM 模型中四个节点和环的角色模型

　　进一步地，为了更加清晰地表示创新的发生过程，可以借助"CIM 网络"概念来说明。CIM 网络可由四个透镜表示，这些透镜聚焦于多种资源投入。一个镜头的焦点作为下一个镜头的新资源。一个透镜代表了一个网络的能力。如果透镜不能正常工作，焦点和社会经济的目标就会变得模糊。图 2.11 显示了创新过程沿环在这种 CIM 网络的发生过程，其中知识供应商、设计公司、供应公司、生产企业、营销组织和用户社区的活动彼此加强。IE 产业的新生力量日益增强了开放技术网络的交流。制度因素，特别是政府管制，对 CIM 网络内部机制有着很强的作用。最终，制度因素决定了沿环的最大循环速率。社会的组织和管理方式可以对这一过程施加巨大的影响，影响可正可负。此外，图 2.11 还显示了我们可以对许多高度不同的过程进行组织，从而使它们彼此加强。因此，不同的创新活动具有不同的路径依赖。

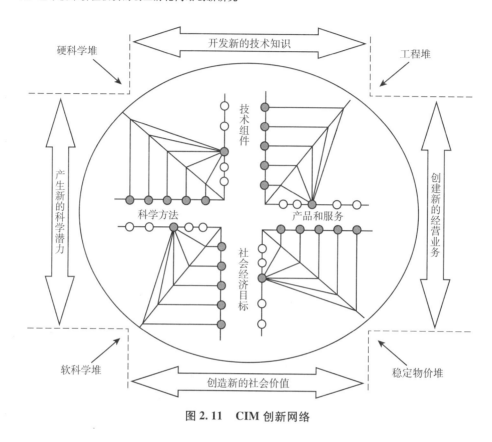

图 2.11　CIM 创新网络

2.2　孵化器参与投资决策的基本方法与技术价值投资决策

2.2.1　投资决策理论

　　项目投资决策理论与方法的发展大致经历了三个阶段：第一阶段是以贴现现金流（Discounted Cash Flow，DCF）为代表的传统投资决策方法；第二阶段是将孵化器领域的期权定价理论引入项目投资领域，根据孵化器期权的方法来评估项目的投资机会而形成的实物期权分析方法；第三阶段为期权博弈理论，是将实物期权与博弈论理论相结合，将项目投资活动的不可逆性、不确定性及竞争性系统纳入同一分析框架体系而形成的期权博弈投资决策方法。

1. 传统投资决策

传统的项目投资决策方法就是运用评价指标体系，通过分析与评价项目投资方案的经济效益，来确保项目投资决策的正确性和科学性。根据是否考虑资金的时间价值，可以将评价指标分为静态和动态两类评价指标体系，其中静态评价指标不考虑项目的资金时间价值，主要包括投资收益率和静态投资回收期；而动态评价指标的计算考虑了项目的资金时间价值，在项目评估和投资决策过程中，常用的动态评价指标包括净现值和内部收益率等指标。传统的以贴现现金流 DCF 方法为代表的项目投资决策方法由于考虑了资金的时间价值，计算相对简便，且在贴现率的选取上一定程度地考虑了风险结构对项目投资决策的影响。因此，在项目实践中，传统的 DCF 方法被广泛应用于科技创业企业技术价值评估和投资决策中。

净现值法是项目实践中最重要、最常用的项目投资决策方法，其优点主要包括：一是考虑了项目投资方案资金的时间价值；二是考虑了项目整个计算期内的现金流量；三是评价标准容易确定，判断直观，能够直接以货币额表示项目投资方案的盈利能力；四是考虑了项目投资方案的风险，用贴现率来刻画项目的风险状况，风险大的项目，通常贴现率取值就高。

净现值法的不足之处主要体现在：一是项目投资方案整个计算期的现金流量情况和贴现率的确定是计算净现值的基础，但是它们的确定往往比较复杂；二是净现值是评价项目投资方案盈利能力的绝对评价指标，不便于在投资规模相差较大的投资项目中做比较；三是净现值法在项目实际应用中，假定项目投资是"刚性"的，忽视了项目投资时机的灵活性和项目未来成长的机会价值，而且没有考虑到竞争对手的行为对投资决策的影响。

然而，高新科技创业企业项目一般具有现金流高度不确定、资本结构变动幅度大、投资时机灵活等特征，因此，运用 DCF 法在进行项目价值评估和投资决策时往往忽略了项目投资的未来不确定性以及给后续投资带来的机会价值，造成项目技术价值估值有偏颇，进而导致项目投资决策失误。

2. 实物期权决策

实物期权在项目价值评估过程中考虑到投资的不确定性和灵活性问题，弥补了传统投资决策 DCF 方法的不足。在不确定环境下推迟不可逆投资是有价值的，投资主体的投资机会类似于"增长期权（Growth options）"，可以将企业的实物资产（如土地、设备、专利技术等）投资看作是其拥有的一种在未来某一时刻以预先谈判的价格获得某项实物资产或投资项目的权利而非义务，因其标的物是实物资产，而被称为"实物期权"，同时，孵化器期权（Financial Option）定价理论引入实物投资领域，孵化器期权定价的方法被广泛应用于实物资产项目投资领域。

实物期权分为七类：延迟期权、改变经营规模期权、增长期权、转换期权、分阶段投资期权、放弃期权和复合期权。其中，延迟期权的应用领域主要包括自然资源开发和房地产开发等；改变经营规模期权的应用领域主要包括采矿业等自然资源的运营、日常消费品和房地产项目的开发等；增长期权的应用领域主要包括基础设施开发和战略性投资领域，如 R&D 项目、战略并购、高科技等产业；转换期权主要应用于改变产品用途的需求波动大或小订单商品和改变原材料如电力生产和化学原料等项目；分阶段投资期权主要应用于研发密集型产业和资本密集型项目，如基础项目、能源项目的开发；放弃期权主要应用于孵化器服务、新产品开发、资本密集型产业，如航空、铁路；现实中大多数投资一般都具有多重复合期权的特征。

实物期权理论主要用于管理弹性价值评估及其投资决策研究，而且更侧重投资决策研究，而现有文献关于实物期权在高新科技创业企业项目中的应用研究主要集中在项目价值评估上。在单一期权定价模型中，项目最小收益保证可以被看作是欧式看跌期权；在同时考虑项目最小收益保证机制和放弃期权的复合期权定价模型中，项目的最小收益保证可以被看作是欧式看涨期权。研究表明项目的最小收益保证和放弃期权是有价值的；当同时考虑项目的最小收益保证和放弃期权时，两个期权的作用会相互抵消，因此，它们的价值会减小；增加项目最小收益保证的水平会减少放弃期权的价值，而且当最小收益保证在一定水平时，项目的放弃期权会变得毫无意义。

通过以上分析可知，实物期权方法考虑到了高新科技创业企业项目一般具有现金流高度不确定、资本结构变动幅度大、投资时机灵活等特征，弥补了传统的项目投资决策方法的诸多不足，但是利用实物期权理论研究高新科技创业企业项目价值评估和投资决策问题时，并未考虑到项目的主要参与方——投资企业和被投企业在项目谈判过程中的策略行为，因此，在后续的研究中，须进一步将投资企业和被投企业之间的博弈分析纳入实物期权的分析框架，从而完善项目的投资决策问题研究。

3. 期权博弈决策

在实际的生活中我们可以看出，多数情况之下，项目的价值不仅包括项目的净现金流价值和管理者经营项目灵活性的价值，企业的战略价值也应当考虑在内。例如，市场中存在一个利润很高的风险投资项目，众多竞争者对此项目的期望也很高，而且可以轻易进入，所以每个企业在做投资决策时都必须考虑到其他竞争对手的策略选择，可以说这个项目的期权价值是能够被分享的，这种项目当中存在的竞争性是实物期权决策方法没有涉及的。所以，在一个投资项目决策中，仅仅考虑项目的净现金流和管理者经营的灵活性是远远不够的，项目中企业的战略价值（即竞争者的策略选择）也要考虑在内。企业的战略价值可以被称为博弈战略价值（Game Strategic Value）。这种战略价值由三方面决定：企业本身的战略地位、竞争博弈双方项目经营的策略选择和所在行业的企业组织模式。企业投资项目的价值包含了项目博弈战略价值的投资决策方法，我们称为期权博弈决策方法。

期权博弈决策方法就是将实物期权方法与博弈论思想、建模方法相结合，将项目投资活动的不可逆性、不确定性及竞争性系统纳入同一分析框架体系而形成的期权博弈投资决策方法。它弥补了传统投资项目评价和决策方法的缺陷，克服了传统方法忽视人和时间的影响因素，当企业对投资项目的未来发展和条件存在不确定因素时，如生产技术、市场需求、产品价格、宏观经济政策和孵化器市场等因素，它会对项目投资的期权特征加以认真分析修正，优化不确定环境下的企业期权价值，在科学评估的基础上，运用博弈论的思想和建模方法对投资项目进行科学的评估，进而做出正确的投资决策。期权博弈决策法作为项目投资决策方法的最新发展，是目前最为科学合理的项目投资决策与评价方法。

2.2.2 技术价值投资的挑战

在现代市场经济中，企业作为一种特殊的资产，可以在产权市场上进行交易，并形成市场交易价格。而市场交易价格在某种程度上就是从企业价值的供给角度和企业价值的需求（效用）角度形成的一种均衡的价值体现。

1. 从科技创业企业价值的供给表述

从企业价值的供给角度主要探讨科技创业企业价值的形成过程及其相应的表现方式，包括科技创业企业的账面价值、科技创业企业的重置价值和企业的清算价值等。一般采用加和法：首先对科技创业企业的各个单项资产进行评估，然后求和得到对企业的整体评估价值。

2. 科技创业企业价值的效用表述

从理论上讲，科技创业企业的价值取决于科技创业企业给投资者带来的效用，即科技创业企业的获利能力。科技创业企业的价值是指投资者根据科技创业企业技术的未来预期收益，并按一定的风险贴现率折现的价值。但是对公司的收益或"剩余"不同的理解，造成了企业价值的理论和模型的不同，主要有收益法和剩余收益法。收益法适用于持续经营假设前提下的科技创业企业价值评估。采用收益法即是把科技创业企业未来可预测的各年预期收益进行收益还原及折现处理。依据被贴现对象是会计收益还是现金流量又分为股利贴现法（DDM）、会计收益贴现法和现金流量贴现法（FCM）。这些方法是目前评估企业价值的主流方法。

3. 市场均衡价格的表述

市场价值法是利用证券市场上证券的市场价格为基础来确定目标企业价

值的方法。在有效市场的条件下，如果仅把企业价值看作市场供求力量平衡时的一种价格，实践中最常用的一个比率是行业平均市盈率，对应的评估方法即市盈率倍数法。现代企业价值理论是集过去关于价值分析的各类理论，将企业的价值总结为：由企业投资股东利益最大化、消费者利益最大化、企业员工利益最大化以及社会利益最大化等因素综合而成的价值。这些综合利益最大化价值的前提假设是：这个企业已经存在，而且劳动力具备活劳动，商品已经具有市场的属性，在这种条件下来判断和分析其价值结构和利益机制。

这些价值理论描述的是劳动价值、商品价值、股票价值和企业价值。新兴的、迅速发展的、蕴藏着巨大竞争潜力的创新企业，大都是一些小型企业，技术创新是这类企业生存和发展的基础，失败的可能性更大，需要较高的智力投资和较少的初始投资，同时也具有发展的高不确定性。对科技创业企业进行的投资，与成熟性产业经济行为的投资、证券市场的投资，以及与银行的借贷，都有着本质的差异。由于科技成果完全不同于劳动者，不同于一般的市场商品，更不同于股票和已经存在的企业，科技成果的商业价值在于技术创新，科技成果的技术经济价值在于创造新的企业、创造新的生活，带来新的科技革命和新产业革命甚至新的经济增长方式。所以简单的以传统价值理论来解释科技成果创新或创业的价值，存在着巨大的局限性。随着理论的深化，现代经济学家认为技术价值投资是在消费者和生产者之间决定交换价值或价格。用劳动价值论解释技术价值转化为价格问题，即"技术价值转型问题"，是世界公认的经济学难题，具有重大理论研究意义，但至今无定论，无法用于实际操作。

2.3　技术创新的路径选择和技术价值投资方法

由于技术创新是高新技术企业的核心，对科技创业企业进行投资，与成熟性产业经济行为投资有着本质区别，所以需要对高新技术企业的技术价值做出准确评估，当前，新一轮科技革命和产业变革正在孕育兴起，与我国加快转变经济发展方式形成历史性交汇，选择何种创新路径以及确定高新技术企业技术创新重点是至关重要的，这样才能对其技术价值投资做出准确评估，本节将运用技术创新的基本理论对其进行分析。

2.3.1 产业创新模式与创新路径选择

如前所述有两类典型的产业创新模式，即 A－U 模式和二次创新模式。A－U 模型代表了一种发达国家以原创性技术创新为推动的产业演化创新规律，二次创新模式则代表了中国这样建立在一定技术起点基础上的追赶型经济体的产业创新模式，被认为更适合中国等发展中国家，然而该模式也具有自身的局限性，日益面临着挑战，下面以彩电行业为例，剖析二次创新模式的局限性，从而提出我国当前创新路径的选择。

1. 二次创新模型面临的挑战与启示

我国家电行业很多产品都是在技术引进基础上开展的二次创新。其中，彩电产业是中国改革开放后最早发展起来的产业之一，也是中国众多行业中竞争最充分、市场要素最完备、走向国际化起步最早的产业之一。中国彩电产业在 20 世纪 80 年代起步时经历的技术范式是 CRT 显示技术，主导产品是 CRT 彩电。在传统的 CRT 时代，中国的彩电企业能够成功追赶上先进国家，并成为世界彩电大国，但是，在主导技术出现划时代变革的情况下，中国的彩电企业却再度落后。以长虹为例描述我国彩电产业在跨技术范式发展过程中技术发展的各阶段：

（1）引进—消化吸收阶段（1980～1985 年）：消化和吸收从松下引进的生产技术、产品技术和质量控制技术。

（2）技术模仿阶段（1986～1990 年）：模仿是在工艺技术和产品技术两个方面同时进行的。

（3）联合开发阶段（1991～1995 年）：通过成功的联合开发，长虹完全具备了彩电整机架构设计的技术能力，建立了包括工业设计、结构设计、软/硬件设计等方面在内的较为完整的设计开发队伍和创新体系。

（4）自主开发创新阶段（1972～2004 年）：2000 年，长虹自主开发出

集 CRT 技术之大成的杰作——背投电视。长虹的背投产品占据了全国 30%
的市场份额，成为这个领域的第一名。

（5）再引进、再追赶（2005 年至今）：21 世纪初，以液晶和等离子为
代表的新一代光电显示技术开始表现出强大的生命力，标志着技术范式的跳
跃，应用该技术的平板电视逐渐呈现出替代 CRT 彩电并成为主导产品的趋
势，中国彩电产业在新兴技术范式下再度落后，不得不再次追赶国外先进水
平。长虹董事长赵勇做出了精辟的概括："中国彩电产业具备建立世界级品
牌的条件，可惜这个时代还没有真正到来，美梦就被新的技术变革打破了"。

从我国彩电产业的跨越技术范式发展过程可以看到，彩电产业主要受市
场需求、企业的技术知识积累、外部技术可得性和政府政策四个因素的影
响。在产业技术范式跳跃的情况下，这四个因素发生了非连续性的变化，导
致企业在 CRT 时代引进—成功追赶和在平板电视时代处于再引进—再追赶
的局面。可以看出，技术范式的跳跃改变了产业的竞争规则。因此，依靠二
次创新模型而不考虑新技术变革与产业技术范式的跳跃，极易使我国企业陷
入引进—追赶—再引进—再追赶的怪圈。图 2.12 借助技术范式和技术轨道
的概念，描述了这种彩电行业在二次创新过程面临的战略陷阱。

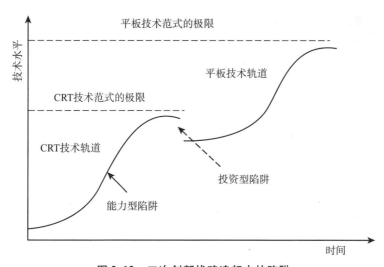

图 2.12　二次创新战略追赶中的陷阱

2. 创新路径的选择

中国是一个后发国家，历史上后发国家的崛起必须依赖新产业革命，新产业革命是弱国、落后国家后来居上的历史契机，历史上的跨越式赶超莫不如此。从一般逻辑来看，后发国家往往在历史的关键时期，凭借在关键技术领域的突破，率先在新技术产业建立自己的领先地位，实现经济发展和国家崛起。韩国是后发家产业追赶成功的范例之一，韩国有不少产业实现了市场份额的持续增长；而另一部分产业，却在长期的市场份额增长神话后一夜破灭。例如，动态存储器（DRAM）、汽车和 CDMA 手机产业实现了市场份额的持续增长，而消费电子和个人电脑产业却遭遇了不幸。这是由于动态存储器（DRAM）、汽车和 CDMA 手机等产业中，先实现市场追赶后又实现了技术追赶，不断缩小和世界顶尖公司的技术能力差距，而在消费电子和个人电脑等产业中，虽然技术差距有所减小，但仍不可逾越。因此技术能力是最为重要的决胜因素之一。

二次创新模型的逻辑在于驱动我国经济发展的支柱产业，如石油化工、汽车、钢铁水泥等重化工产业在我国开始时，其主导设计已形成。然而，当前的情况有所不同，以美国为代表的发达国家在智能制造（3D 打印）、信息技术以及清洁能源技术等领域正面临突破并将形成新的产业，可能成为催生新技术革命的重要机遇。图 2.13 显示了一些新兴技术在 A－U 模型上所处的发展阶段，从图中可以看到这些新兴技术目前已经经过了高速流动阶段，但新的主导设计尚未形成，正在朝主导设计过渡。因此，现阶段我国技术创新特点若遵循二次创新模型，可能会受到挑战，需要新的发展模式，这种新的发展模式可能需要具备以下特征：

（1）我国企业的创新活动起点应参与主导范式确立前各种设计范式的相互竞争；

（2）形成主导设计；

（3）凭借在关键技术领域的突破，率先在新技术产业建立自己的领先地位。

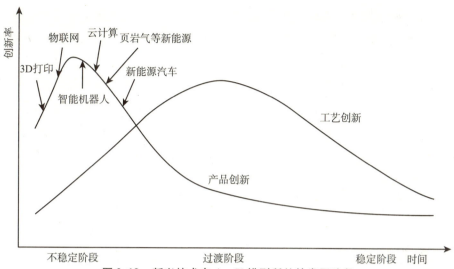

图 2.13　新兴技术在 A–U 模型所处的发展阶段

2.3.2　技术价值投资决策方法

将前述 Hype Cycle 和 A–U 模型叠加（如图 2.14 所示），我们不难发现：

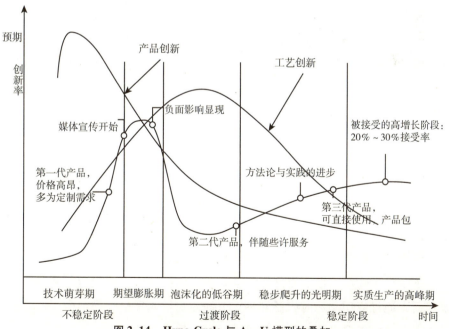

图 2.14　Hype Cycle 与 A–U 模型的叠加

（1）创意导向产业技术价值投资：技术萌芽期和期望膨胀期基本对应于产业创新的不稳定阶段，技术先驱和市场领先者创造性地将新兴技术与新需求结合起来，开展高频度的创新活动，产业规模小、企业数量多，产品具有多样性，变化速度快，技术轨道尚未形成，企业创新多为非定向性创新，创新所面临的不确定性很高，创业的主力是技术创业者，投资项目的未来发展和条件上存在不确定因素，企业战略价值逐渐呈现，这需要通过期权博弈决策方法对项目投资的期权特征加以认真分析修正，优化不确定环境下的企业期权价值。

期权博弈评价理论的基本思路是围绕两方面展开的，分别为：项目均衡价值组合和项目价值函数，其内涵包括以下五步：

第一步，明确项目价值评价的各种主要因素。影响项目价值评价的因素可以划分为两大类：主体策略互动和项目的不确定性因素，这些因素不确定性包括项目经营的灵活性分析和其包含的投资机会，如竞争因素的识别和市场结构、竞争对手的数量、项目的实物期权价值、影响未来现金流的不确定因素的识别等。

第二步，投资项目不确定因素的数学描述。例如对市场竞争对手、生产成本及市场结构等这些影响项目价值的变量设置和基本假设的描述。

第三步，对项目价值函数进行分析。通过期权博弈分析结果确定策略互动下各主体的项目价值函数。在双寡头垄断市场中，按照投资的顺序和投资时机的选择情况，每个项目主体都能扮演三种角色：领先者、追随者和共同投资者。此时，需要确定三个价值函数。价值函数的顺序是反方向的，在领先者——跟随者结构中，首先应该确定跟随者的价值函数，然后再去确定领先者的价值函数。要确定出跟随者的价值函数，我们以领先者在某一时点进行投资作为假定前提，要确定出领先者的价值函数，我们以追随者在将来某一时点也会进行投资作为假定前提。而两个企业的同时投资确定了同时投资的价值函数。确定了价值函数后，我们需要进一步确定每个潜在角色的最优投资临界值，在此可以采用最优停止理论的方法。

第四步，确定项目均衡价值组合。各主体在博弈中的投资临界值和收益确定后，通过应用动态时机博弈理论方法就可以确定最终的均衡了。

第五步，依据上面的分析得出项目可行性的结论。

（2）技术导向产业技术价值投资：泡沫谷底期和稳步发展期基本对应于产业创新的过渡阶段，鉴于客户群体偏好和技术满足难度的增大，创新难度增大，但产业技术轨道已逐渐形成，工艺创新也开始增加，大量同一技术范式的技术创新产生并获得一系列市场成功，产品向主导产品过渡，此阶段在企业内部非定向性技术创新被抑制，定向性技术创新速度快速增加，主导设计趋于成型，创新更多依赖于科学家及核心技术专家，创新导向也由流动阶段的创意导向转变为技术导向。技术导向产业的技术创新处于过渡阶段，考虑到技术成熟度的未来特征、技术价值投资的不确定性和灵活性问题，实物期权定价法可在不确定环境下推迟不可逆投资。

实物期权定价法的一般思路为：在无套利理论下，构造基于标的资产的一个证券组合，以使标的资产与证券组合的随机项相互抵消，并引入风险中性概率，最后求得相应的期权价值。风险中性定价是期权分析中的一个重要工具。我们把每一个人是风险中性的世界称为风险中性世界（Risk – Neutral World），在风险中性评价下，衍生商品价格等于到期日的期望值损益的折现值，不同投资者的不同风险偏好被转换为风险中性的环境，在风险中性世界中，投资者对于风险无特定偏好，并不要求风险贴水来补偿投资风险，而仅要求无风险报酬作为其任何资产的平均投资报酬率，所有证券的预期收益都是无风险利率。如何运用风险中性概率原理，求解风险中性概率是建立期权评价方法的关键。例如，当假设股票上升的概率为 p，下降的概率为 1 – p 时，二项式期权定价公式的含义为：期权的现值就是未来期权的预期值按无风险利率的贴现值。

（3）轨道导向产业技术价值投资：生产高峰期基本对应于产业创新的稳定阶段，此时主导设计成型，产业技术轨道形成，创新被强制在技术轨道上，竞争的焦点以降低成本、提高性能为重点，强调规模经济，以工艺创新为主，该阶段定义为轨道导向产业的技术创新，创业主力是资本型企业家。处于轨道导向产业的技术价值投资可根据资金的时间价值采用贴现率方法判断处于生产高峰期产业的技术价值和投资决策。

贴现率净现值法（NPV）是反映项目投资方案在整个计算期内（包括项目建设期和运营期）盈利能力的动态评价指标，是指用一个预先设定的贴现率或基准收益率，分别计算项目建设期和运营期内各年的净现金流量的现值，其累计现值之和就是净现值。项目投资决策者通常根据净现值大于、等于或小于零来判断项目投资方案是否可行。当净现值为正值，说明该项目投资方案不仅能够满足投资者的基本盈利要求，还能获得超额预期收益，因此，项目投资方案可行；当净现值为零，说明项目投资方案仅仅能够满足投资者的基本盈利要求，项目投资方案勉强可行；当净现值为负值，说明项目投资方案不能满足投资者的基本盈利要求，因此，项目投资方案是不可行的。

2.4 孵化器参与技术价值投资实现的途径

2.4.1 科技成果转化的过程

根据《中华人民共和国促进科技成果转化法》中对成果转化的定义，成果转化是指为提高生产力水平而对科学研究与技术开发所产生的具有实用价值的科技成果所进行的后续试验、开发、应用、推广直至形成新产品、新工艺、新材料，发展新产业等活动。因此，成果转化的主要特征是成果的市场化（或商业化）、产业化及盈利性。

科技成果转化是一个复杂的系统工程，它包括基础研究—应用研究—提前开发—前期开发—开发—试制—生产七个阶段（如图2.15所示），将科技成果转化为技术商品投放市场，从而获得经济效益和社会效益。根据切萨布鲁夫（Chesbrough，2003）的开放式创新范式思想：创新过程是一个线性过程，这种线性创新过程一直被视为一个漏斗模型，即初始想法会在很多不同的内部或者外部的约束和调整下被削弱，直到最后只有小部分的初始概念和构想会被留下。而被留下的部分都有一个共同的特点——能够与商业化的需求相匹配。在这个模型的每一个阶段中，都有一些重要的想法决定着未来商业化是否能够成功。这个线性创新过程还展示出了很重要的一点：商业模式的考虑远远要早于最后阶段，可能于提前开发期或者前期开发期就开始形成，并在此期间进行调整——它就像是一个门卫：能够增加形成被市场所接受的产品或者服务的可能性。

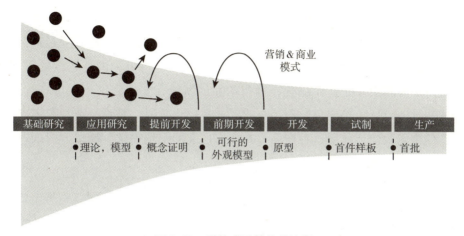

图 2.15　科技成果转化的流程

1. 提前开发、前期开发

科技成果提前开发、前期开发的过程主要通过科技中介转化机制包括技术市场实现科技成果的所有权转移，即使科技成果实现从专门科研机构到企业的转移或在不同的经济实体之间转移。科技成果提前开发、前期开发过程的核心是科技成果产品符合社会需要，有广阔的市场前景，科技成果能顺利地实现大批量生产，逐步地占领和扩大市场，从而实现科技成果向商品转化。

2. 开发、试制

开发、试制阶段也称为生产试验阶段，是在技术开发的基础上，选择产业化前景比较好的项目，集中力量去解决技术成果大规模生产过程中的生产工艺、原料、设备、厂房等方面的问题，进行中试，生产出小批量产品。中试阶段之后，要达到规模化生产，需要进行生产准备和试生产，如选购或制造设备、选定厂房、训练员工、投入流动资金、购买原材料以及市场开发等活动，使企业具备批量生产能力。

3. 生产

这里的生产也意味着科技成果的产业化，是指科技成果能够普遍被市场所接受，从而形成大规模的生产，这种新产品技术或新工艺技术通过扩散效应在社会范围内形成产业。科技成果产业化过程也可分为两个连续的阶段：第一阶段是新技术企业商品化，是指产品创新能在一定程度上被市场接受，并成功推向市场；第二个阶段是企业产业规模化阶段，是指企业规模不断扩大，使市场很快地接受这种产品，并拥有广大的市场需求，所以此时的产业规模扩大应是产业化的核心。

4. 科技成果转化过程的特性

（1）风险性：科技成果转化是一项具有开创性的工作，"基础研究—应用研究—提前开发—前期开发—开发—试制—生产"的各个阶段与环节都包含有不确定性因素，不一定会取得成功，而且由于其高投入，市场需求并不明确，有激烈的市场竞争，因此呈现出高风险性。

（2）资金密集性：科技成果转化作为一种科技开发与生产经营活动相互渗透的交叉性实践活动，它的技术和市场开发及设备投资等需要大量资金，并且产品一旦形成市场规模生产，必须要有更多的资金投入，因此高额资金投入是科技成果成功转化的关键。

（3）高收益：科技成果转化的成功能够产生较高的劳动生产率，提高产品的性能和质量，从而获得巨大收入。高收益主要来自两个方面：一方面为科技成果进入市场后会产生高额的利润，另一方面是高科技企业产业化成功后资本市场对其资本评估的高额增值，使经济跳跃性发展。科技成果的产业化经营规模大，批量大，对社会影响也大，推动力大，它可以改变产业结构，产生巨大的经济效益，从而使经济跳跃性发展。

2.4.2 科技成果转化的技术生命周期

对技术发展 S 曲线的研究构成了技术生命周期的基础。技术生命周期的提出是为了区分高科技产品（技术产品）与一般产品在生产销售上的不同。有学者提出以技术生命周期取代产品生命周期的概念，认为产品生命周期是结合市场的时尚（fashion）、技术（technology）及追求利益（benefits sought）的趋势，但在技术产品市场上，技术可被单独视为影响企业绩效的关键因素。对于技术型产品，其产品的发展受技术影响，因此对于研发型企业来说，其市场或研发策略的制定，除应了解产品的生命周期外，还应了解相对应的技术的生命周期情况（Popper，1992）。

哈维（Harvey，1984）将技术生命分为六个阶段：技术发展阶段（Technology developing）、技术论证阶段（Technology demonstration）、技术开始应用阶段（Technology application launch）、技术应用成长阶段（Technology application growth）、技术成熟阶段（Technology maturity）以及技术衰退阶段（Technology degraded）。

卡里尔（Khalil，2000）认为技术的发展要经过技术生命周期的三个阶段：新发明阶段（也称为萌芽期）、技术发展阶段（也称为成长期）以及技术成熟阶段。他认为技术的成长速度在新发明阶段较为缓慢，到了成长期是持续并快速地成长；到了成熟阶段，技术已达到发展的极限，当技术达到其自然的限制时，它将容易被取代和衰退。另外，在叙述技术生命周期的不同阶段的市场成长率（市场交易量）时，他将技术分为六个阶段：技术开发期（Technology development phase）、开始应用期（Application launch phase）、应用成长期（Application growth phase）、技术成熟期（Mature technology phase）、替代技术期（Technology substitution phase）、技术衰退期（Technology obsolescence phase）。

通常我们用两个维度来描述技术生命周期：时间维度，即技术从初级到高级；产品化程度，即技术作为产品满足客户需求的程度。我们可以将技术生命周期二维图分成四个象限（如图 2.16 所示）：

第一象限（低技术，低产品化程度）：该象限中的技术无法满足客户需求，因此技术成长成指数增长；

第二象限（高技术，低产品化程度）：该象限中技术足够先进，但是这些先进技术与顾客的需求满足无关，此时应该关注用户的主导体验；

第三象限（高技术，高产品化程度）：该象限有很先进的技术和很好的产品，但是大多数客户并不需要。

第四象限（低技术，高产品化程度）：该象限是可开发阶段。

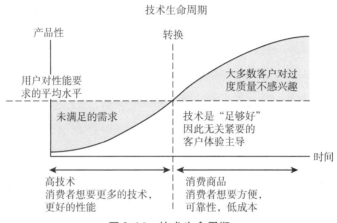

图 2.16　技术生命周期

2.4.3　科技成果转化生命周期的四个阶段

科技成果转化生命周期的四个阶段如图 2.17 所示。

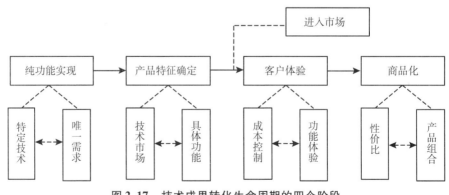

图 2.17　技术成果转化生命周期的四个阶段

第一阶段，纯功能实现：如果有一个技术室满足某一特定需求的唯一选择，那么人们一定会选择它。

第二阶段，产品特征确定：特征的数量很重要，因为频繁的买家不明白每个功能实际意义。这个阶段的后期，具体功能能够体现出具体价值，因为人们都在寻找特定的功能，这是决定他们购买的原因。

第三阶段，客户体验：拥有丰富的经验和控制总成本最重要。与第二阶段相比，产品的功能可能减少，但更好的功能体验将胜过更多的功能，成为赢家产品。

第四阶段，商品化：在实际中，总有某个商品形态吸收各功能所长而形成一个新的强大的产品组合。该技术的各个功能不再重要，而是成为累计的性价比问题。

在上述每一个阶段，对产品精益求精可以用不同的测量方法进行。在第一阶段，对产品精益求精由功能单独计量。在第二阶段，对产品精益求精是由功能包容和融合测量。在第三阶段，对产品精益求精是由整体用户体验测量。在第四阶段，对产品精益求精是整合到其他产品中测定。

2.4.4　科技成果转化的"技术就绪水平"

技术就绪水平（Technology Readiness Levels，TRL）最初由美国航空航天局（NASA）于 1995 年提出，是一种比较系统的技术成熟度评价标准。它提供了一种解释特定技术成熟度的客观方法，目的是帮助简要而清晰地表达开发状态和技术风险。

TRL 的基本思想是用符合科学技术研究规律的技术成熟状况来评价科学技术的研究进程及其创新阶梯。TRL 采用人为方式，以九级量表，应用基本的分级原理，按一定的原则对科技活动的技术或项目制定分级标准，使此类技术或项目可以按照所处阶段的不同，对应到各级别，量化评价每一项技术或项目的成熟程度。TRL 的应用，从低级到高级，级别的升高标志着技术项目的日趋成熟。TRL 的量表制定需要根据不同类别的科研项目的具体情况编制，具有普遍适用性和个案特殊性。

    国外 TRL 所对应的研发阶段如图 2.18 所示。该图反映出随着 TRL 的提高，从"纯研究"到"纯开发"的研发过程。一般来说，TRL1 ~ TRL3 对应于概念开发，此后的各级则表达设计应用的成熟性。在概念开发情况下，TRL1 代表了基础研究，TRL3 是一个关键点，在这一级别，性能属性对实际应用是关键的。根据定义，在这一阶段，应用概念还没有详细研究。TRL4、TRL5 之间的差别代表了从实验室到"真实世界"实验验证的转换。对于控制系统部件，TRL4 实验验证可能是由人工来激励部件的响应，而在 TRL5，被试部件的实验验证在实验的环境下进行（所有激励均在系统内部产生），不过在 TRL5，可能并不能表现出总体性能。在 TRL5 以上，原型或模型的实验验证将越来越接近生产级项目（TRL8）。到 TRL9，将完成对全部缺陷的定位，这时将可投入使用。而在我国，技术就绪水平作为科研项目的基本指标之一被纳入 GB/T22900 – 2009《科学技术研究项目评价通则》。该国家标准将工作分解结构和技术就绪水平联合应用，用于改良我国的科研项目管理方法。

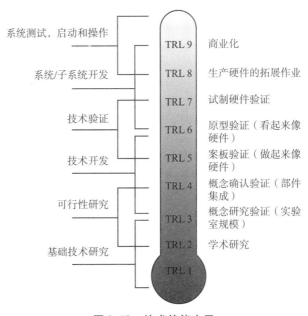

图 2.18　技术就绪水平

2.4.5　科技成果转化的资源保证与组织保证

科技成果转化实现的关键在于突破"死亡之谷"。1998 年时任美国众议院科学委员会副委员长的弗农·埃勒斯（Vernon Ehlers）指出，在联邦政府重点资助的基础研究与产业界重点推进的产品开发之间存在着一条沟壑，他将该沟壑形象地比喻为"死亡之谷（Valley of Death）"（如图 2.19 所示）。

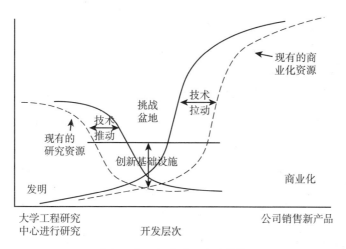

图 2.19　突破"死亡之谷"

今天，"死亡之谷"是科技政策与创新管理学界用来形象地描述大量科技成果无法实现商品化、产业化之现象的流行用语。创新从发现直到商业化涉及许多主体，通常包括学术研究人员、小企业、投资界和商业行业。在这个链条中，一端是政府在基础研究上高度集中的投资，另一端是商业市场直接对产品开发产业更高水平的投资；而在这两者之间存在所谓的"死亡之谷"，使很多潜在的创新陨落。

为什么在基础研究和科技成果商业化之间会存在一条"死亡之谷"呢？这是因为在这个阶段的企业面临巨大的技术风险、市场风险以及经营管理风险。首先，技术风险。企业的研究与开发（R&D）投入大，技术不成熟，技术人员缺乏经验。由于开发高新技术并将其转化为现实产品具有不确定性，所以这一阶段的主要风险是技术风险，风险指数较高。其次，市场风险。由于技术的不成熟，开发出来的产品性能不稳定，再加上消费市场不成熟，使得企业生产的产品不一定能被市场接受，企业面临着巨大的市场风险。最后，经营管理风险。这个阶段是企业把原来较为松散自由的科研团体转化为具有生产经营职能和严密组织结构的经济实体，是取得、整合、运用技术、人才和资金等各种经济资源并创立企业的过程。这时，企业管理的最大难点在于缺乏完善的规章制度、明确的行为方针、健全的预算体系，管理漏洞多，容易受挫折。正是由于科技成果在跨越"死亡之谷"的过程中需要经历多个阶段，承担上述各种风险，只要在其中的一个阶段卡住了，就无法实现商品化，因此，当企业跨域"死亡之谷"时，很可能会中途夭折；能够顺利越过创新过程中的每一阶段，最终实现商品化、产业化的科技成果显得少之又少。

埃勒斯（Ehlers）认为，有必要在"死亡之谷"上面搭建一座桥梁，以使众多基础研究成果能够越过"死亡之谷"实现商品化、产业化。早期在包括美国在内的其他国家，为企业提供的跨越"死亡之谷"的桥梁就是资金。他们认为，"死亡之谷"其实就是企业科技成果转化过程中存在的一道"资本鸿沟"，所谓处于"死亡之谷"的企业一般处于种子期，种子期是技术的酝酿和发明阶段，此时产品无法生产，市场潜力很难预测，研究成本高，企业风险非常大，无论是权益性资本还是债务性资本，都很少介入，即使介入，其金额也有限。因此，这个阶段企业最主要的问题是资金问题。那么，谁来为企业的"死亡之谷"提供资金呢？从已有的经验来看，这个阶段企业获取资金的主要渠道主要包括三个：第一，自有资本。创业者的自有资本或合伙人、合资人的股本投入，或是亲友借款及企业内部职工借款等。第二，政府基金。目前，我国中央政府和地方各级政府为支持科技型中小企业的发展，设立了各种基金项目。拥有技术而无资金的企业，可以通过申请政府基金项目，获得企业种子期的发展资金。第三，天使投资。仅仅依靠自有资本和政府基金是远远不够的，中小企业不仅需要资金的支持，管理和市场方面的经验也是必不可少的，天使投资能够为创业者带来的不仅仅是资金，更重要的是为创业者提供创业指导、帮助企业梳理商业模式、对接行业资源等，部分天使投资人还会以联合创始人的身份参与到初创企业中，充分利用自身的经验与资源，与企业创始人一起做大企业。天使投资发达的美国目前约有25.8 万位天使投资人，平均每年天使投资的金额为 200 亿美元，每年获得天使投资的创业公司有 6 万家，其中 80％ 为种子或早期投资。我国天使投资起步较晚，出现于 20 世纪 90 年代，起步于世纪之交，快速发展于国际孵化器危机之后，2012 年则被称为中国"天使投资元年"。目前我国出现了一大批天使投资人，比较著名的有雷军、薛蛮子等人，成功的投资项目也很多，如凡客诚品、雷士照明、8848、拉手网等，天使投资俨然已经成为我国优质高科技企业种子期及初创期获取融资的生力军。

后来，随着人们对技术与经济发展规律认识的加深，人们意识到穿越"死亡之谷"不仅仅需要资金，还需要沿着创新的逻辑去创建许多复杂的相互作用，例如，科研结构之间需要建立正式协作，如不披露协议和谅解备忘录，建立跨学科的研究机构，或通过访问科学家或博士后流动站，在不同实体之间建立人才流通的机会；相关机构需要促进互动，举办专题会议，精益求精，打造创新生态系统的无形资产中心；需要建立信息交流中心，让行业投资者能够识别并利用创新的商业潜力，给企业提供所需要的资源，使企业的创新发展到一个新的阶段等。总的来说，科技企业突破"死亡之谷"，需要获取各种资源和相关组织的支持。

为实现这个功能，建立科学技术成果转化中心，是一条有效的途径。美国工程研究中心（ERC）就是一个典型的促进科技成果产业化的技术平台。为了加强美国企业的国际竞争力，美国国家科学基金会（NSF）于 1985 年发起和实施美国工程研究中心计划，将工业界、高校和政府连接到一起，充分利用各界资源来解决科技成果产业化过程中遇到的复杂的工程技术问题。ERC 不仅仅是一个跨学科的技术研发中心，而且也是一个工程技术人才的教育培养中心。根据 2007 年的一份报告研究显示，由 ERC 产生的研究成果已经产生显著的经济效益，其培养的研究生由于拥有较为完整的知识体系，所以工作较其他学生更加高效，为美国企业后备人才的培养提供了强有力的支持。我国的工程研究中心在结合本国特色的情况下可适当借鉴 ERC 的发展经验来促进科技成果的产业化。

科学技术成果转化中心的责任就是在资源和组织保证方面帮助企业创业

者突破"死亡之谷",实现技术成果的商业化;具体来说,从资金、网络、流程和团队四个方面帮助技术创业者突破"死亡之谷"。

第一,资金。在基础研究和应用研究阶段,研发所面临的风险大、所需要的投入较大,主要的资金来源于政府财政的研发补贴和研发贷款。在原型制造到市场进入阶段,技术平台可引入对风险掌控能力较强的天使投资和风险投资对企业进行股权投资,可为企业注入急需的资金和管理经验,以帮助企业产品成功打入市场。

第二,网络。在企业科技成果产业化的过程中,存在着技术网络、资金网络以及信息网络等各种网络,这些网络通过构建技术联盟、促进孵化器投资和加强信息交流等方式推动企业跨越"死亡之谷"。技术联盟主要是由企业的研发部门和高校、科研院所等组成,目的是解决产品研发过程中存在的复杂工程技术问题;资金网络主要由政府部门、企业以及私人投资部门组成,为企业的不同发展阶段提供资金;信息网络涵盖了以上的技术网络和资金网络,将各种信息如市场需求信息、政策信息以及技术信息等聚集到一起,为企业发展提供信息支持。

第三,流程。技术平台在流程方面给予创业者的支持主要包括加快创新进程、建立初创企业的孵化器以及公共问题的智能招标三个方面。首先,技术平台通过技术路线图的技术管理方法,推动公司和研究所、政府关系人合作,形成新的伙伴关系,发展创造性地解决技术和已识别的研究需求的方法。技术路线图能推动合作,加强知识共享和减少技术投资风险,加快企业创新进程。其次,科技成果转化中心建立的初创企业孵化器在资金、管理等方面为初创企业提供支持,直到企业的产品成功打入市场完成商业化过程。最后,为了促进技术创业企业的发展,政府机构在采购时可以优先考虑创业企业的产品。

第四,团队。在技术创业企业科技成果转化过程中,团队的作用无疑是非常重要的。技术平台在团队方面的作用主要是通过人员的流动加强技能、知识以及信息在企业、科研院所、政府机构以及私人投资机构之间的交流和共享,同时也可以对技术创业者进行培训。

2.4.6　支持技术导向创新的成果转化平台

在创新沿环发生的过程中，参与者在不同的创新环将面临不同的挑战。图2.20表明各种挑战及其应对不同挑战的参与者。从图中可以看出，基于技术导向的创新主要面临来自科学和技术不确定性的挑战，首席科学家和工程团队是关键。

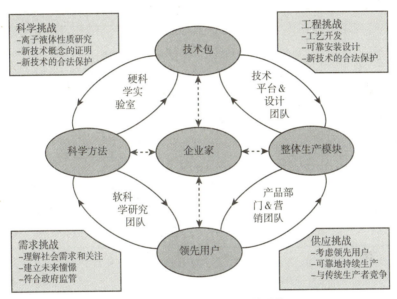

图2.20　CIM模型的面临的挑战

因此，技术导向的创新重点在于科学技术的工程实现，通过技术平台的构建可以实现技术驱动的创新。图2.21表明构建支持技术导向创新的成果转化平台的关键在于实现科学实验室和产品部门的连接，其中科学实验室的职责是从事基础原理研究、新的技术概念的证明和新技术的保护，产品部门的职责是进行工艺开发、设计、新设计的保护，以及提出需要进一步研究的理论问题和技术问题。搭建这样一个平台，要明确这个成果转化平台不仅仅是一个物理平台，也是一个管理平台，要通过对创新过程的管理，实现科学技术成果的产业化以及技术成果的资产化和证券化。

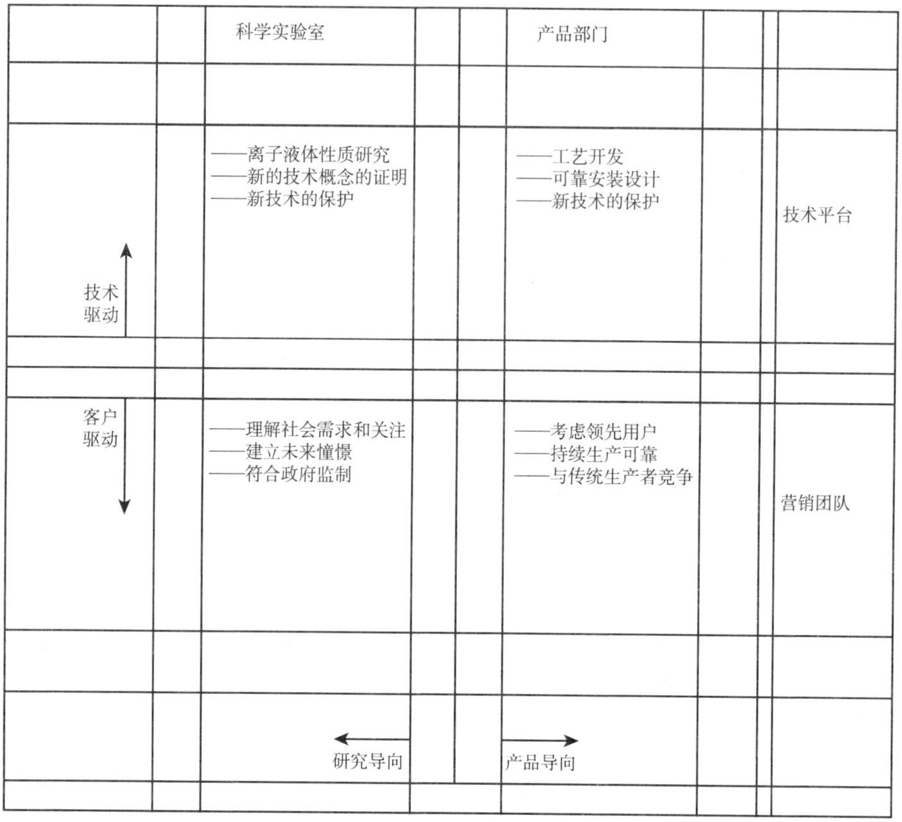

		科学实验室			产品部门		
		——离子液体性质研究 ——新的技术概念的证明 ——新技术的保护			——工艺开发 ——可靠安装设计 ——新技术的保护		技术平台
技术 驱动							
客户 驱动		——理解社会需求和关注 ——建立未来憧憬 ——符合政府监制			——考虑领先用户 ——持续生产可靠 ——与传统生产者竞争		营销团队
		研究导向			产品导向		

图 2.21　构建支持技术导向创新的成果转化平台的关键

此外，最新的研究还表明大企业的参与可显著降低基于技术导向的创新的成本和风险。产业化应用和技术并购是大企业参与创新的主要手段。因此，需构建大企业参与的途径并设计合适的交易结构。新的创新周期进化很快，在每个周期里网络能够降低创新风险，并通过大公司的市场系统以低价格为创新者提供进入市场的通道。

2.4.7　知识产权资本化和证券化

加快科技成果转化为现实生产力，是实现科技和经济紧密结合的关键环节。长期以来大量的科技成果葬身于"死亡之谷"，无法实现商品化和产业化，困扰着我国技术创新和产业升级。科技成果能否顺利产业化与科技成果的利用方式有关。一直以来，我国科技成果转化过程中只是将科技成果当成一种普通的商品在技术市场上进行交易，这种交易对象一般是简单技术和成熟的技术，但是很多原创性的高新技术成果很难通过外部交易实现转化。主要原因如下：首先，技术市场交换的是显性的知识和技术，忽略了隐性知识和技术以及核心技术人员的转移；其次，获得科技成果的企业吸纳技术能力比较差；最后，在技术交易市场上，传统 DCF 方法往往采用较高的贴现率，使科技成果经济价值评估值偏低，并忽视了科技成果转化所创造的期权及其价值。要克服这些障碍就必须转变现行的科技成果转化方式，突出科技成果作为一种高技术无形资产的资产价值属性，利用资产证券化技术促进科技成果转化。

目前知识产权资本化和证券化的主流途径包括科技成果入股企业、私募股权入股科技型企业、知识产权资产证券化和科技成果质押贷款资产证券化。

1. 科技成果入股企业

科技成果入股企业就是指在科技成果交易过程中，科技成果持有方将成果的使用权或所有权出售给企业，企业在支付权利金时，不是以现金支付，而是以相应金额折算的股权支付。从本质上说这是一次科技成果转换成企业股份的过程，在这一过程中科技成果的价值形态由无形资产转变为可分割、交易和转让的有价凭证。相对于之前的科技成果直接买卖的转化机制，科技成果入股能够把科技成果获取方的企业和科技成果转让方的大学、科研机构及科技人员紧密地联系在一起，形成最牢固、最有效的技术联盟。通过科技成果入股这一机制，可以促使学研部门和生产部门在自愿结合、利益共享、风险同担的原则基础上，充分发挥企业科技成果转化的主体作用和学研部门的技术主力军作用，有利于提高科技成果转化率和自主创新能力。科技成果入股的企业如果发展顺利，未来股权的收益远远高于一次性转让所获得的收益，因此，科研机构和高等院校鼓励股份制形式转化科技成果，科技成果入股已经逐步取代科技成果在技术市场上直接交易或转让的技术转移方式，而成为一种主要的科技成果转化机制。

2. 私募股权投资入股科技型企业

私募股权投资入股科技型企业一般是指私募股权投资对科技型创业企业进行权益性投资，以投资盈利为主要目标，并在特定时期通过一定的渠道（如并购、股权转让或上市等）退出的投资方式。私募股权投资入股科技型企业和科技成果入股企业比较类似，都是将科技成果转变为可交易和转让的股份，但促进科技成果转化的机制却不一样。技术入股主要是通过解决初创企业资本金不足的问题以及建立技术联盟来促进科技成果转化，而私募股权入股科技型企业是通过提供股权资本、先进的管理经验以及丰富的社会网络资源并以其敏锐、专业和灵活的优势，将处于科技成果转化不同阶段的企业与多层次的资本市场有机对接起来，有效推动中小企业的成长和产业创新转型。

3. 知识产权资产证券化

知识产权资产证券化是孵化器资本与知识资本的一种有效结合，是以孵化器技术为依托，以知识产权的信用为担保，以证券化为载体的融资方式。其具体过程是将具有可预期现金收入流量的知识产权即基础资产，通过一定的结构安排对基础资产中风险与收益要素进行分离与重组，转移给一个特设载体（Special Purpose Vehicle，SPV），并由该特设载体发行一种基于该基础资产的现金流的可以出售和流通的权利凭证，以此融资的过程。世界知识产权组织认为："知识产权资产证券化是一种新趋势"。目前，美国是资产证券化最发达的国家，也是知识产权证券化理论和实践的发源地。随着实践不断发展，证券化的对象从电子游戏、音乐、电影、娱乐、演艺、主题公园等与文化产业关联的知识产权，到时装设计的品牌、最新医药产品的专利、半导体芯片，甚至专利诉讼的胜诉金，几乎所有的知识产权都已经成为证券化的对象。最著名的案例是 1997 年美国 Pullman Group 公司以英国超级摇滚歌星大卫·鲍伊（David Bowie）出版唱片的许可费收益权作为支撑发行证券，成功地从资本市场融资 5500 万美元，被认为是世界上第一起典型的知识产权证券化案例。在专利领域，皇家医药公司（Royalty Pharma）2003 年选取了 13 种药品的专利许可费收益权组成了专利资产池，将其真实出售给 BioPharma Royalty 信托，然后由 BioPharma Royalty 信托以此为支持私募发行了 2.25 亿美元的浮动利率债券。

4. 科技成果质押贷款资产证券化

长期以来由于科技型企业与银行等孵化器机构信息不对称，使得企业作为科技成果拥有者无法获得必要的融资，而银行作为资金拥有者不了解科技成果的商业价值，造成资金的供需双方不匹配。另外，科技型企业多无形资产少实物资产的资产结构使得其不能提供足够的抵押物而难以从银行获取贷款。以科技成果（如知识产权）向银行抵押获取贷款是一种解决科技型企业融资问题的新型方式。但是由于科技成果价值评估困难以及商业化的不确定性和高风险性，使银行面临较大的风险，科技成果质押贷款资产证券化可以有效解决这一问题。通过质押贷款基础资产的"真实出售"以及风险隔离机制，银行不仅可以将贷款的风险转移给广大投资者，而且可以及时回收资金减少流动性风险，同时企业也获取了科技成果转化所需的资金，这将极大地促进科技成果的商业化过程。其具体操作流程与普通的信贷资产证券化相似，同样需要经过组建 SPV、真实出售、信用增级以及发行资产支持证券等过程。

第 3 章

基于新兴产业创新的孵化器产业化

历史证明，产业创新是迎接工业革命的必由之路。20 世纪 60 年代初至 80 年代后期以日、韩两国为代表的新兴工业国家通过二次创新模式实现了产业发展的阶段性跳跃式推进。90 年代以美国为代表的发达经济体在受到新兴工业国家产业全方位冲击后，选择核心技术创新模式保持战略性产业领先地位。第四次工业革命正在兴起，发达经济体认定的战略新兴产业正处于核心技术突破的临界点，可能带动经济新一轮高增长（Manyika et al.，2013）。

我国企业为迎接新技术革命挑战，正逐步从以技术引进为主转向以原始创新为主的产业创新模式（张来武，2012）。一些先进产业技术和完备产业链上下游资源的大型科技企业，普遍具有鲜明的创业导向特征，如百度、腾讯等科技型企业，频繁地通过内部创业和外部创业应对新一轮工业革命。由于需要大量能转换延续产业内部资源的非定向性创业项目或者产业技术轨道上的定向技术创业项目，一些企业探索性地设立了产业/创业投资基金，主动开展创业孵化服务。

产业创新模式的变化与大企业的创业导向需求会引发频繁的创业活动，创业活动又引发了多样化的创业孵化需求，推动了多条孵化服务通路的供给。在此过程中，传统意义的公共孵化器凸显出供给与需求的矛盾，市场化程度更高的商业孵化器应运而生。孵化器在美国经过 50 多年的市场化调整和发展，已成为一种非常有效的产业工具。我国的孵化器在近 30 年的发展演变中经营主体、服务内容和资源配置也出现了较大调整，在孵化对象、资本对接、商业模式和协同参与等方面都有了实质性的创新，具备了创业服务产业的雏形。本章探索性地将孵化器产业化脉络纳入产业创新过程中，以理顺我国孵化器产业的发展方向。

3.1　基于新兴产业创新的 A – U 扩展模型

产业创新过程实质是现有产业间资源的优化配置与技术创新推动产业变革，表现为：新兴产业的兴起、主导产业的成熟壮大、支柱产业稳定发展和基础产业的衰退，也包括主导产业的更替以及传统产业的技术改造和内在价值的提升（王少永等，2014）。每一次技术变革周期连接形成了犹如波浪形状的曲线，看作为创新浪潮（如图 3.1 所示），不同时期的创新浪潮创造了不同时期的主导产业（Freeman et al.，1997）。因此，产业创新的对象是产业技术，伴随技术成熟度与产业生命周期的变化，构成了产业发展的不同创新导向。在产业生命的不同周期阶段，存在推动产业发展的不同创新导向，指导着不同工业革命时期的新兴产业涌现和主导产业更替。

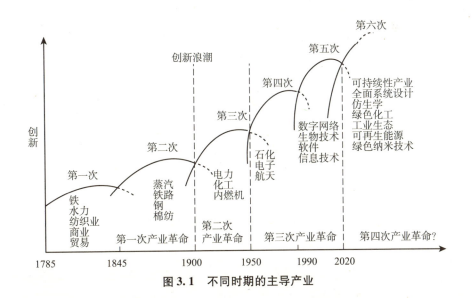

图 3.1　不同时期的主导产业

3.1.1 A – U 模型的局限性与 A – U 扩展模型

A – U 模型是从单一技术视角展开的,基本假设是产业顺延特定技术轨道进行创新,是单一的连续与渐进的过程。当以新兴产业为分析对象时,呈现出了以下局限性:一方面,A – U 模型的分析对象是模块化和规模化生产的产业,产品创新过程也局限于由产品制造商发起并完成的。然而,新兴产业具有开放式的创新特征,创新过程表现为用户参与到产品创新中成为创新的主体。另一方面,商业模式创新并未被纳入 A – U 模型中。然而,在新兴产业发展过程中,新商业模式也会对旧商业模式产生替代,实现对在位企业的破坏式创新。另外技术并不具备商业本质,商业模式能够实现产品创新的市场化,甚至有机会在利基市场上形成全新的市场、新的技术轨道和新的产业。

据此,将 Hype Cycle 曲线和 A – U 模型集成(如图 3.2 所示),产业发展所依赖的主导技术伴随着技术成熟度的变化,就构成了产业发展的不同创新导向。基于主导设计的技术成熟度,将产业创新分为三类创新导向(如表 3.1 所示),以区分当前或未来的主导产业所处的阶段及发展导向。

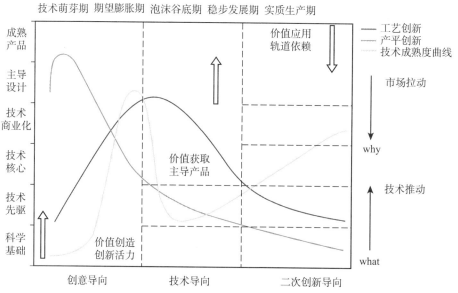

图 3.2　基于创新导向的 A – U 扩展模型

表 3.1   产业创新模式三类创新导向

	创意导向	技术导向	二次创新导向
技术成熟度	技术萌芽期和期望膨胀期	泡沫谷底期和稳步发展期	生产高峰期
产业创新	不稳定阶段	过渡阶段	稳定阶段
创新活动	产品创新活动高频	工艺创新增加速度大于产品创新减少速度	工艺创新为主
产业规模	技术轨道尚未形成，产业规模小	技术轨道已逐渐形成，产品向主导产品过渡	产业技术轨道形成，主导设计成型
创新方向	多为非定向性创新频繁涌现	非定向性技术创新被抑制，定向性技术创新出现	企业创新遵循技术轨道做定向创新
创业主力	技术创业者	科学家及核心技术专家	资本型企业家
新兴产业	物联网、节能环保	信息技术、新材料、新能源汽车	高端装备制造、传统汽车

（1）技术萌芽期和期望膨胀期基本对应于产业创新的不稳定阶段，技术先驱和市场领先者创造性地将新兴技术与新需求结合起来，开展高频度的创新活动，产业规模小、企业数量多，产品具有多样性，变化速度快，技术轨道尚未形成，企业创新多为非定向性创新，创新所面临的不确定性很高，创新导向主要为创意导向，创业的主力是技术创业者。

（2）泡沫谷底期和稳步发展期基本对应于产业创新的过渡阶段，鉴于客户群体偏好和技术满足难度的增大，创新难度增大，但产业技术轨道已逐渐形成，工艺创新也开始增加，大量同一技术范式的技术创新产生并获得一系列市场成功。产品向主导产品过渡，此阶段在企业内部非定向性技术创新被抑制，定向性技术创新速度加快，主导设计趋于成型，创新更多依赖于科学家及核心技术专家。创业主体是高校与科研机构中掌握核心技术的科学家及专家个人自主知识生产的外向型创业。

（3）生产高峰期基本对应于产业创新的稳定阶段，此时主导设计成型，产业技术轨道形成，创新被强制在技术轨道上，竞争的焦点以降低成本、提高性能为重点，强调规模经济，以工艺创新为主，该阶段定义为二次创新导向，创业主力是资本型企业家，围绕处于二次创新导向的产业中的重大产业项目进行投资，促进企业转型，带动产业升级。

3.1.2 二次创新模型面临的挑战

吴晓波教授通过对发展中国家的创新规律进行研究，提出了发展中国家应立足于建立与发挥后发优势的二次创新理论（郭京京等，2009），即利用引进成熟技术及再次创新，实现比技术输出国更快的技术发展速度。在二次创新模型中，首先是工艺模仿阶段，遵循主导产业成熟技术"技术轨道"的技术创新，结合自身的市场条件追赶发达国家的成熟产品，如我国家电产业中大多数细分产业都是通过开展二次创新实现技术跨越的（李正卫，2004）；在引进技术的基础上，受制于既有"技术范式"，只能遵循新的"技术轨道"以突破原有的"技术范式"，实现技术的"二次创新"。

然而，来自理论与实践的证据正在挑战二次创新模型的适应范围（任秀峰，2015）。技术范式的跳跃与技术轨道的变迁会改变产业的发展方向甚至形成全新的产业，二次创新并不会自动演化成我国企业在原有产业中的原始创新（赵明剑，2003；Zhu et al.，2005）。当考虑到新技术创新和产业变革时，二次创新就出现了三种陷阱：思维范式陷阱、技术范式陷阱及创新机制陷阱（胡河宁，2006），另外，企业自主创新问题的背后，也隐藏着研发投入比例结构性失衡、工艺创新投入欠缺和发明专利比例偏低的结构性问题（陈劲，2007）。

以彩电产业在二次创新过程中的战略陷阱为例（如图3.3所示），彩电产业是我国最具有竞争力、市场要素完备和国际化的产业之一。20世纪80年代在CRT显示技术轨道下，我国的彩电企业消化和吸收从松下引进的生产技术、产品技术和质量控制技术，工艺技术和产品技术两个方面同时模仿生产主导产品——CRT彩电，以长虹为代表的彩电企业经过20年的引进消化吸收，完全具备了彩电整机架构设计的技术能力和较为完整的设计开发队伍和创新体系，自主研发的背投电视迅速占据了主要市场份额，实现成功追赶。但在 2000 年后，以显示屏技术和机芯集成电路技术为代表的新一代光电显示技术出现，我国彩电产业却未完全参与液晶和等离子显示屏、机芯集成电路技术的产品创新，而技术先进国家如美国、日本的彩电产业，技术创新速率加快并朝着下一代技术创新的主导技术过渡，引发了平板电视逐渐呈现替代 CRT 彩电并成为彩电产业主导产品的趋势。2005 年后，当日本 NEC、富士通、松下、美国德州仪等彩电企业已掌握了平板显示的核心技术，平板电视已成为彩电产业变革后的主导设计时，我国主要受市场需求、企业的技术知识积累、外部技术可得性和政府政策四个因素的影响，对液晶和等离子技术的产品创新却还尚未完成，也无法获得平板显示的核心技术。因此也没有把握住技术范式的跳跃与技术轨道变迁的机会，中国彩电产业在新兴技术范式下再度落后，陷入了再引进—再追赶的局面（谢伟等，2005；程源等，2005；蒲欣等，2008）。

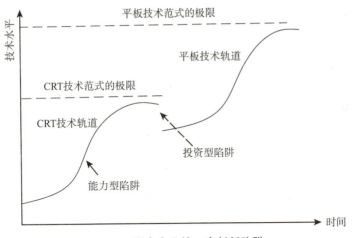

图 3.3　彩电产业的二次创新陷阱

二次创新是我国产业发展最典型的企业自主创新主导路径，基本逻辑是抓住核心技术改造机遇，通过渐进式创新实现技术追赶和技术跨越，并形成拥有核心技术的新产业，如驱动我国经济发展的支柱产业——石油化工、汽车、钢铁水泥等重化工产业在我国开始时，其主导设计已经形成。然而，当前智能制造（3D打印）、信息技术以及清洁能源技术等突破性技术创新正在形成，形成了催生新技术革命的重要机遇，这些新兴技术在A－U模型上正经历高速流动阶段，但新的主导设计尚未形成，正在朝主导设计过渡。

因此，现阶段我国技术创新特点若遵循二次创新模型，将面临外部因素（全球经济复苏疲软和市场萎缩）和内部因素（资源和技术创新不足）的双重挑战。表现在：当新兴技术规模小，技术轨道尚未形成时，我国未完全参与创意导向创新的高频技术创新活动；而当新兴产业在整体上已完成创意导向创新，处于正朝主导设计过渡时期，对于尚未形成主导设计的产业，即使通过引进也无法获取主导设计。

我国正处于产业创新模式转变的关键时期，就我国发展的新兴产业进展而言，所依赖的新兴技术在整体上处于创意导向创新往技术导向创新过渡的阶段，主导设计正经过高速流动阶段，还尚未形成主导技术。基于对下一轮经济发展主导产业关键核心技术的初步判断，结合 Hype Cycle 的周期报告，初步判断新兴技术产业的预测以及产业核心关键技术所处阶段，认为现阶段我国产业发展的创新导向为以创意导向、技术导向为主要方向，二次创新导向为支持方向，表现为：

（1）我国企业的创新活动起点，应是参与主导设计确立前的各种产品创新及相互竞争；

（2）在新兴产业由产品创新朝主导设计形成的过程中，我国企业应致力于掌握技术轨道上的主导设计；

（3）凭借在关键技术领域的突破，率先在新兴产业的技术轨道上建立自己的领先地位。

3.1.3　二次创新导向下的企业现实选择

当新兴产业创新的趋势落实到了我国的市场主体时，"创意导向创新"和"技术导向创新"逐渐成为我国企业创新的主要方向。二次创新的困境迫使企业主动寻求如何进行更好地创新，然而，企业又难以承担仅依靠内部资源的创新活动产生的高成本和高风险。于是，我国一些具有创新精神与创业导向的大企业，主动地寻求外部创意和外部市场化渠道，探索性地做好转型调整和迅速开发新业务的准备，横向或者纵向扩展新业务逐渐成为产业内主要企业的必要选择。

为创业提供支持甚至帮助创业者建立企业的做法变得越来越流行，我国一些大企业正尝试性地为其他初创企业设立创业并购基金，作为研发部门的补充。与一般意义上的并购基金具有的逐利性倾向有所区别，以我国可观察到的上市公司为例，企业创业并购基金就是围绕上市公司对创业企业的并购展开的，基金的设立主体是上市公司。上市公司及其高管会深度参与小企业或创业企业的投资和投后运营，创业孵化导向的并购基金基本锁定孵化工作和自身并购（王力，2014）。

在全球创新创业环境最佳的硅谷，企业设立创业并购基金十分普遍，且多以创业孵化为导向，技术战略联盟、先孵化再技术并购、战略投资孵化以及股权孵化是四种常见的商业模式，如三星硅谷开放创新中心专门设立四个部门来分别负责这四方面的创业孵化工作。

（1）技术战略联盟：企业与初创企业签订技术授权合同，企业在产品生产中使用初创企业的新技术、专利等。这种商业模式的资本耦合度较低，是企业为获得竞争优势结成的相互技术依存的战略合作关系（Terjesen et al.，2011）。企业是否具有联盟经验和自我保护意识、文化距离能否特性互补、战略目标是否一致、战略资源是否共享、交易成本以及机会主义行为等都是联盟成功的关键。以京东的"智慧家庭"创新战略为例，基于京东的智能硬件支持和开放生态系统，成立了一个跨品牌、跨品类和跨行业的智能家居互联互通平台，吸引了众多合作伙伴。各类创新技术与创新企业在平台上经过不断迭代升级，呈现出的差异化优势，成为京东智能家居新业务的核心解决方案。

（2）先孵化再技术并购：是指企业基于技术创新导向，以获得先进技术为目的或获取对方技术能力为主要动机的并购行为（谢伟等，2011）。这种商业模式的关键在于筛选种子期技术并开展孵化工作，是企业为获得核心技术的主要外部资源。知识相关性、技术领先度、核心技术相关度、全要素增长率、技术吸收整合能力、并购收益等都是并购成功的关键。以清华同方为例，依托清华大学的科技和人才平台，形成了"资本＋科技"的先孵化后并购的发展模式。首先，围绕信息技术和节能环保两大产业链，选择孵化同一链条内的多个创业企业，这些企业互为纵向上下游关系；其次，对筛选的核心技术成果或者科研成果采取产业化的孵化手段；最后，把这些产业化成果并购为清华同方控股参股的子公司。

（3）战略投资孵化：指企业依附于所处的产业，以占据产业重要地位等为目的，通过企业股权投资并获得部分股份，形成创新成果的排他性占有（Bustamante et al.，2015）。这种商业模式的资本耦合度较高，以企业纵向扩展新业务的长远目标为赢利点。技术不确定性、市场结构、产业链位置、制度环境、创新创业环境、董事会结构和组织结构等都是战略投资成功的关键。以小米设立"顺为基金"为例，孵化小米产业生态链中对小米手机有战略投资价值的优质创意或者创业企业，围绕小米生态系统未来战略做专利布局，主要包括硬件、软件、内容等创业企业（如小米手环、加一联创活塞耳机、创米智能插座、紫米移动电源、多看电视盒子、西米电视游戏、雷石KTV互动），小米会占有初创企业30%～40%股权，并在小米运营渠道中销售。

（4）股权孵化：在企业内部设立独立孵化部门或与合伙企业共同成立开放平台，与创业者签订协议，获得部分股权或是领导权，帮助创业者建立企业并提供支持创业（Cavicchi et al.，2015）。这种商业模式是大企业为了寻求全新业务增长点，而横向扩展的新业务。商业模式、核心技术、产品创新、管理结构、利益分配和创新创业环境等是股权孵化项目成功的关键。以海尔设立的早期项目孵化器"海创汇"为例，通过"互联网＋引入用户"的自交互系统，用户可实现全流程参与研发设计，海创汇整合全球资源、智慧及创意，为平台用户提供前沿科技以及创新解决方案，在平台完成资源提供方及技术需求方对接，实现创新与创业、线上与线下、孵化与投资相结合。

鉴于我国相对缺乏系统的创业教育，我国企业的创业并购基金普遍存在"新进入缺陷"，创业孵化生态链呈现出了明显短板现象。一方面，创业孵化业务并非大企业的主营业务，可能与企业之间会出现联系的断层，对于外部技术和创业项目的引进和并购会出现滞后的情况。另一方面,参与大企业的创业孵化业务的初创项目,可能面临左右为难的局面。一旦大企业产生了并购意向,初创项目将被迫专注于大企业既定的发展战略,同时还将面临着股权或是领导权的出让;倘若未被大企业并购,在资本市场或者技术市场又将会受到限制。因此大企业的创业孵化业务终究无法成为我国孵化器产业的主体。

3.2　工业革命浪潮中的孵化器产业化脉络

A - U 扩展模型,揭示了产业生命的不同周期阶段存在三种积极推动产业发展的创新导向:处在产业创新不稳定阶段的新兴产业以创意导向为主要创新导向,依赖于技术创业者;处在产业创新过渡阶段的主导产业以技术导向为主要创新导向,依赖于掌握技术轨道的科技企业家;处在产业创新稳定阶段的成熟产业以轨道导向创新为主要创新导向,依赖于资本型企业家。

二次创新强调的是通过对当时主导产业已形成技术轨道的成熟技术引进消化吸收,在已有的成熟技术轨道基础上实现创新,存在对处于稳定阶段的成熟产业技术轨道的依赖性,因此二次创新的产业创新模式存在局限性,当前我国选择二次创新模式难以获得核心技术。在此现实背景下,我国大企业正在尝试性地开展孵化业务,探索性地参与到创业孵化中。

不同创新导向产业的创业活动具有不同的孵化需求,迫使孵化器提供不同的孵化服务。有效的孵化器市场结构形成过程是顺沿产业创新逐渐发展的过程。我国孵化器产业化初现端倪,其中商业孵化器在逐利的商业本质推动下,尽最大努力提升孵化成功率获取营收平衡,创新发展了多样化的孵化服务形态。我国孵化器作为一个新兴产业,也处于更新迭代的转变阶段。

本书研究重点将聚焦于孵化器产业化发展必将面临的市场结构与商业模式等方面问题,如孵化器产业市场结构的演化过程和均衡点、商业孵化器的商业模式创新与投资决策等。另外，虽然大企业的创业孵化业务并非产业运营主体，但也是我国孵化器产业的一部分，本书还将单独对其做探索性研究。

为了揭示孵化器发展的一般规律和主要特征，将对目前世界主要创新国家的主导产业和孵化器发展的历史进行回顾，并建立科技发展形态的理论模型来更好地刻画各国的科技经济发展模式，探讨科技与孵化器如何实现互动并促进经济发展的问题，以期为我国孵化器工作提供借鉴与参考。

3.2.1 创业孵化网络发展历史沿革

目前世界主要创新国家包括美国、德国、日本、韩国和以色列。图 3.4 展示了自第一次工业革命以来这几个国家主导产业和经济发展的概况。

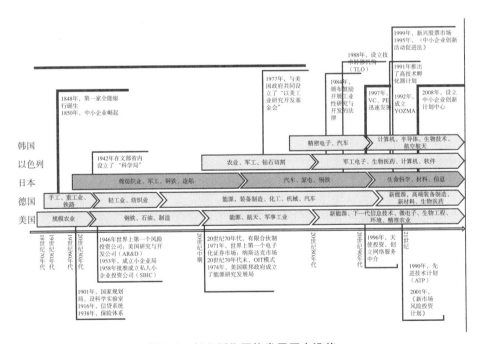

图 3.4 创业孵化网络发展历史沿革

1. 美国

在美国现代农业蓬勃发展的 18~20 世纪，政府先后建立农业发展局及农场信贷系统，完善农业保险体系，支持农业的规模化发展；而在 20 世纪中期，随着钢铁、石油以及装备制造业的发展，风险投资等民间资本的出现支持了大量中小型企业的发展；在之后的二十年间，能源、航天等产业迅速发展，而风险资本也随之扩张，纳斯达克市场以及非银行孵化器机构对产业的发展给了了大力支持。在之后的高科技产业发展过程中，较为完善的孵化器体系将会成为推动其发展的发动机。

美国的经济发展一直同孵化器体系的发展与孵化器结构的演进紧密联系在一起，孵化器体系的发展一直在促进科技创新和经济发展中扮演着重要的角色。在美国经济不断发展的过程中，孵化器结构不断演进，孵化器体系不断完善，逐步建立起了全球最大和最完善的孵化器体系，包括政府、投资市场（投资公司、风险投资、天使投资）、孵化器市场（联邦银行、商业银行、非银行孵化器机构、政策性孵化器机构）、资本市场和信用体系等。美国产业发展与孵化器产业历史沿革如表 3.2 所示。

2. 德国

德国是欧洲最重要的国家之一，其在技术、经济、孵化器方面的发展历程具有一定的代表性和借鉴意义。19 世纪中期到 20 世纪初，德国手工、重工业、铁路蓬勃发展，政府通过专利法来保护各项发明技术。同时，随着第一家全能银行诞生，中小企业开始崛起。20 世纪初到 20 世纪中期，德国的轻工业、纺织业得到快速发展，之后，政府以美国为模式新建一批科研机构，能源、装备制造、化工、机械、汽车工业萌芽，VC、PE 迅速发展。

在德国的孵化器体系中，债券市场比股票市场更加重要，企业自身留存收益是德国企业融资的最重要的来源。德国的企业发展主要依靠银行融资，其商业银行是全能型银行，银行为企业提供短期和长期贷款来支持企业的发展。德国孵化器产业发展史如表 3.3 所示。

表3.2　美国产业发展与孵化器产业历史沿革

时间	相关产业	科技政策	政府支持体系	非政府机构的金融支持	相关机构
基础时期(1776~1939年)	现代农业	1. 以农业研究为重点; 2. 鼓励地方政府发展农业教育和科学研究; 3. 直接组织农业技术研究	1. 各州设立工业科学研究所,1901年成立国家规划局,设有科学实验室,由国家拨款开展科学研究; 2. 赠与土地,提供经费补贴	1. 1916年设立农场信贷系统,由五家区域型农业信贷银行向农民提供信贷和代理保险业务支持农民获得信贷而购买土地。1938年逐步发展和完善的农业保险体系,经历了从政府私营独家经营,再到政府私营补贴并完全交由私营商业保险公司经营几个阶段	美国联邦政府于1914年建立美国农业发展局,以确保美国农民能够从农业知识方面取得的突破在农业私有化方面取得成效,国家标准局后来成为著名的国家标准与技术研究院
初步发展20世纪30~60年代	国防制造技术(原子弹);围绕各种武器的生产,大力发展装备制造技术	1. 逐步确立了政府基础支持体制的新体制规模大、系统化的军事-工业综合体; 2. 加强对基础科学研究的支持	1. 1950年建立了国家科学基金会,促进基础研究与教育,为大学提供资助,给研究项目提供补贴,为大学生设立奖学金,并以国家利益为基础来设立基础科学评价研究成果。 2. 1957~1967年加强了科研管理,将原隶属于国防动员局的科学咨询委员会改组升级为总统科学顾问委员会,同时,成立了联邦科研管理、有的部门也以协调科研,设立了科学官员,来统筹导本部门的科研工作,建立了规模大、系统化的军事-工业综合体	1. 18世纪末到19世纪中期形成了以店头市场和柜台市场为主的市场外交易市场,主要服务于处于初创阶段和幼稚型的企业在资金方面、资产价值评价、风险分散和创业投资的股权交易问题。 2. 1946年世界上第一个风险投资公司——美国研究与开发公司(AR&D)在马萨诸塞州成立,此后,美国的一些富裕家族也开始创设私人基金,向有增长潜力的中小新兴企业投资。 3. 1958年政府首次管理局批准成立私人风险投资企业投资公司(SBIC)。1958~1963年,有692家小企业投资公司成立,它们管理着4.64亿美元的资金	1950年,美国国会的议案促进国家科学教育,给研究项目的基础资助,为大学提供资助,并以国家利益为基础评价研究成果的影响;设立联邦科学技术委员会,以协调科研管理

续表

时间	相关产业	科技政策	政府支持体系	非政府机构的金融支持	相关机构
调整改革 20世纪70~80年代	能源与环境研究	科学技术政策与国民经济协调的发展作为一大系统来进行研究，逐步形成了综合性的国家政策，美国联邦研究开发经费增加；实施能源贷款担保项目，包括1703项目，1705条款贷款担保项目，AT-VM项目	1. 1980年，赋予美国联邦政府在促进商业技术从新方面的职责，建立将商技术从联邦政府积极转移到产业部门的重要计划，联邦政府将在每个实验室中建立一个办公室，负责识别那些具有商业潜力的技术，并将这些技术和知识转移到美国相关的产业部门；2. 1986年，进一步挖掘联邦政府研发各机构成合作研发授权。联邦政府各机构达成合作研发协议，以使联邦政府和参与合作的各方面都受益为目的	1. 20世纪70年代，有限合伙制这一风险投资组织形式的兴起吸引了大量的资本。2. 20世纪80年代，是美国风险投资史上最伟大的增长时代。1978~1981年，美国国会在这4年里连续通过了5个有利于风险投资的法案。70年代投入的风险资本在80年代获得的巨额回报也刺激了风险资本的发展，机构投资者的比例上升。3. 1971年建立世界上第一个电子化证券市场——纳斯达克市场，为小微高新科技企业的发展提供了大量的资金帮助，对美国该技术产业的成长发挥着重要的作用。4. 20世纪70年代末，斯坦福大学首创技术转移办公室（OTT）模式，大多由OTT附属于学校的行政系统，大多由主管学术研究的副校长直接领导，如斯坦福（http://otl.stanford.edu/），MIT。OTT在技术转移中的职责包括扩散大学的研究成果；回收公共研究投资；与企业建立互利关系；鼓励研究发明；提供知识产权专业服务，如斯坦福（http://otl.stanford.edu/），MIT。OTT在技术转移中的职责包括扩散大学的研究成果；回收公共研究投资；与企业建立互利关系；鼓励研究发明；提供知识产权专业服务；完成研究拨款的目的；支持研究及教育计划	1974年，美国联邦政府成立了能源研究发展局。能源部负责组织实施能源贷款担保项目

续表

时间	相关产业	科技政策	政府支持体系	非政府机构的金融支持	相关机构
逐步完善 20世纪90年代至今	以信息、电子、微机、航天、基因为主攻方向	为增强经济竞争力，美国财政支持重点转向新经济领域，特别重视对中小企业技术创新的财政支持。80年代后期政府逐渐成为"工业的伙伴"。新型工业-科研联手为基础的新的科技研发形式：以高校为依托，组建了多学科的工程研究中心，帮助工业界提高其在国际市场上的竞争能力	1. 在民用技术开发中，发出关键技术，在4年内建立170个制造技术推广中心，以支持小企业的技术改造，改革税务制度，使研发低税或免税制度化、永久化。 2. 国防部、小企业管理局，设立"小企业基金研究会"； 3. 开展先进技术计划和制造业发展合作计划①； 4. 联邦政府与企业合作伙伴关系； 5. 鼓励民间参与研发商业化； 6. 小企业管理局，对从事军品科研生产的中小企业发展提供金融支持； 7. 风险投资基金对国防经济运行的基础性技术和产业提供支持	1. 20世纪90年代，风险资本开始显示出其强大的威力，成为推动高科技产业发展的发动机。美国通过风险投资来推动高科技产业的发展，创造新的市场与新的就业名位。不仅创造了7300万个工作岗位，还使得90年代出现了"新经济时代"。 2. 小企业管理局于2001年颁布了《新市场风险投资计划》，依据设计要求的那些新成立的风险投资机构，与人地区域投资基金做股权投资的风险投资机构提供担保。 3. 1992年纳斯达克引导全球的投资者可以参与泛太平洋纳斯达克交易网络。同时，纳斯达克小型资本市场（也称小盘股市场）设立，其上市标准和业绩要求更低。纳斯达克为投资者提供了更为便捷的通道。 4. 从1996年开始，美国给予天使投资诸多发展，不仅很多州建立了美国天使投资网，减收优惠，而且小企业局（SBA）创立了网络服务中介（ACE-Net），重点弥补创业企业在50万~500万元的资金缺口	风险资本开发显示出强大的威力，政府按照计划1990年开始实施，政府按照这些技术的研发对于风险投资本家和那些须注意股东需要的单个企业来说是没有投资吸引力的。这些计划构成了美国工业基础的背景，为美国工人提供了数以万计的工作岗位。在日益激烈的国外竞争之下，由于这些企业的经营不能实现现代化而严重威胁他们的生存。制造

注：①先进技术计划（ATP）是政府和产业部门旨在播种种未来经济增长潜力和就业机会新种子的合作计划。主要研发那些单个企业来说是有巨大潜力，但又是高费用、高风险和投资回收期长的技术，这些技术对于风险投资本家和那些须注意股东和股东利益的单个企业来说是没有投资吸引力的。这些计划构成了美国工业基础的背景，为美国工人提供了数以万计的工作岗位，由于这些企业的经营不能实现现代化而严重威胁他们的生存。制造

②制造业发展合作计划（MEP），旨在为中小制造业者提供关键性援助，旨在为中小制造业经济和地区经济的国际竞争力。在日益激烈的国外竞争之下，由于这些企业不能改善产品质量，降低成本和缩短投入周期等先进适用方法是发展合作计划通过运用先进制造技术和方法来帮助这些企业提高竞争力。

表 3.3　德国孵化器产业发展史

时间	相关产业	科技政策	政府支持体系	非政府机构的金融支持	相关机构
19世纪中期~20世纪初	手工业、重工业、铁路	1. 通过立法保证前沿实用技术的开发、应用，以满足实际经济发展的需要； 2. 国家积极介入自然科学技术的基础研究与开发； 3. 建立了完善的大学制度，鼓励教学和研究相结合	1. 1879年，德意志帝国议会通过了专利法，同时在德国化学界的强力推动下，德意志帝国议会于1895年通过了新的帝国专利法，以便对德国人发明的各项技术进行专利保护。 2. 在企业和高校积极投入科学研究的同时，德国政府为了"克服与西方先进国家相比所处的经济相对落后的状态"，积极介入促进科学技术的研究和开发	德国出现了国家、私人资本，以及市民之间合作支持科学研究技术的发展现状，使得威廉皇帝研究成为历史上的"奇葩"，其中著名的"威廉皇帝促进科学协会"就是这样成立的。1848年，第一家全能银行诞生。1850年，中小企业崛起	1873年建立了国力物理研究所；1877年和1897年又先后建立了国立和国立机械研究所；1887年，在著名企业家、发明家维尔纳·西门子和著名物理学家赫尔曼·冯·赫尔姆霍兹以及天文学家威廉·弗伊尔莎特等人的倡导下，成立了"帝国物理技术机构"，作为国家标准度量衡检测的权威。 1905年，"帝国农、林经济生态学机构"成立，致力于农、林经济的研究
20世纪初~20世纪中期	轻工业、纺织业	1. 政府十分重视人才的培养。先后规定了人人有享受教育的权利，在实行八年义务教育后，还要接受职业义务教育，直到年满18岁； 2. 强调科学研究为军事服务	积极创办学校，促进科技人才的培养		1935年，纳粹德国政府成立了"战争经济全权总办"

续表

时间	相关产业	科技政策	政府支持体系	非政府机构的金融支持	相关机构
20世纪中期~21世纪初	能源、装备、制造、工化、机械、汽车	1. 注重恢复科研机构和高等教育。2. 1956年，联邦政府制订了了一国家科研规划（1956~1962年），标志着政府对科学研究开始对计划管理与集中指导	国家开始注重科学研究，加大对科技研究的投资力度，以美国为模式新建一批科研机构	1997年，VC、PE迅速发展	自1948年起，联邦德国开始重建一些科研机构。1948年2月26日，马普协会（MPG）建立，其资助经费主要来源于联邦和州政府的公共财政。1949年"西德大学校长会议"正式成立，它是德国科学界为保证大学有自主权而建立的最重要的组织。1949年1月11日，德国建立了紧急科学小组。5月10日，又成立了德国研究委员会。1949年，德国民间自发组织了弗朗霍夫协会。它是一个科学自治机构，承担企业委托的自然科学和技术方面的应用研究工作

续表

时间	相关产业	科技政策	政府支持体系	非政府机构的金融支持	相关机构
21世纪初至今	新能源、高新装备制造、新材料、生物医药	1984年的科研工作报告把"扩大和深入科学知识"列为新科技政策的三大目标。1988年发表的联邦政府的科研工作报告中,联邦政府把扩大和加强国际科技合作列为科技政策的重点之一	在许多研究所减少经费投入的情况下,政府对主要的基础研究机构(马普协会等)的资助意志始终保持着5%的年增长率,并使国家用于全国科研经费的经费比例一直占全国科研经费经费的20%。联邦政府2003年3月14日提出了"2010年议程",实行全面的改革,"2010年议程"是一个涉及教育、科研、社会福利和家庭等众多领域将直接或间接地关系到提高科技的新能力。与此同时,德国政府还出台了一系列有利于企业技术创新的政策措施:在法律上,德国先后制定了《中小企业组织原则》《中小企业促进法》《反垄断法》等法律,为中小企业创造良好的发展环境。同时,在政策上,推出了促进中小企业科技研究的科技扶持计划,鼓励中小企业进行研究开发及与大学、科研机构合作		德国大学研究和校外专门从事基础研究的马普协会构成了德国基础研究的主力军。2008年,设立中小企业创新计划中心

3. 日本

由于战争、贸易、科技等影响，日本的经济、技术和孵化器的发展历程具有一定的独特性。第二次世界大战之后，日本在美国占领当局的间接统治下，实行了战后改革。日本政府选定重点产业部门实施价格补贴，设立了"复兴孵化器金库"和科学局，给重点产业部门提供低息贷款，之后的低利率政策则有力地刺激了民间投资的增长。20 世纪 70 年代初日本风险投资机构不断发展，实现了产业结构升级，支持了电子、计算机的发展。80 年代后期到 90 年代日本经济泡沫破裂，进入了漫长的经济萧条时期。90 年代初期，日本经济走出谷底，进入了复苏阶段，但复苏步伐缓慢。这期间，为了扶植创新型的中小企业，日本政府于正式制定了《中小企业创新活动促进法》，并开设高增长新兴股票市场，大力支持中小企业的发展。

日本的孵化器发展主要靠政府所成立的政策性银行等孵化器机构为科技型企业提供债务融资。同时，银行等机构的债券投资以及产融结合的财阀为企业所提供的孵化器服务也为企业的发展起到了重要的推动作用。日本产业发展及孵化器产业的历史沿革如表 3.4 所示。

4. 以色列

以色列在建国后的最初 25 年中所取得的成就，曾经为世人所瞩目，被认为是第二次世界大战后世界"经济奇迹"之一。以色列的孵化器主要靠政府主导的基金来撬动整个资本市场，支持高新技术的转化以及高新技术产业的发展。

20 世纪 70 年代末，以色列政府积极鼓励新技术研究并提供适当补贴，同时还采取了一系列经济宽松政策。80 年代后期，以色列政府采取了更加宽松的经济政策，加大对研发的支持力度，为 90 年代风险投资业的大力发展奠定了良好的基础。从非政府机构的角度，以色列许多公司建立了技术孵化器，并向技术创新型企业提供支持。80 年代中期，以色列的农业、军工和钻石切割产业得到发展。20 世纪 90 年代初至今，以色列经济进入成熟阶段，其着重于发展高精尖科技产业，包括军工电子、生物医药、计算机、软件等。为了鼓励创新，以色列政府启动"技术孵化器计划"，为了进一步促进风险投资业的发展，成立了国有独资的风险基金公司 YOZMA，带动了非政府的投资基金以及整个孵化器体系的发展，对中小企业的发展起到了重要的推动作用。以色列产业发展及孵化器产业的历史沿革如表 3.5 所示。

表 3.4 日本产业发展及孵化器产业的历史沿革

时间	产业	科技政策	政府支持体系	非政府机构的金融支持	相关机构
萌芽与崛起（明治维新时期）	棉纺织业、丝织业、采矿工、冶金工、机械制造、钢铁、造船	1. 利用政府力量引进技术和设备，创办"样板"企业，供私人企业效仿；同时由国家兴办企事业，为工业发展奠定基础； 2. 利用政府力量大力扶持和保护私人资本主义的发展； 3. 政府大力拓展海外市场并积极发展国内市场	1. 建立和完善从初等教育到高等教育的教育体系，开办各种技工学校，培养工业发展所需要的技工、科技人； 2. 出台一系列有利于科技发展的政策法规，如专利法等； 3. 1942 年在文部省内设立了"科学局"，负责科学研究和科技发展		
恢复与发展（第二次世界大战后～20 世纪 90 年代初）	电力、钢铁、交通运输、汽车、石化、家电	1. 大力引进技术和设备，通过外汇管制、税收优惠、金融扶持等政策，鼓励企业进行设备改造和更新，提升产品质量，降低生产成本。 2. 日本政府颁布相关政策，采取贸易保护的方式，限制和替代进口，制定工业产业合理化计划，突出技术在经济发展中的重要地位	1. 1956～1988 年，共制定 11 个经济发展计划，明确科学技术部分的任务，目标和措施； 2. 20 世纪 80 年代后，日本开始实施"科技立国"战略，发展独创性的科学技术提高到国家经济发展的战略高度，把过去的"吸收性"技术，转变为自主开发性的"收获型"技术"，"培育型技术"	1988 年，大学和研究机构纷纷设立技术转移机构（TLO），通过技术转移机构的综合性服务，促进大学等知识产权的申请与保护，新技术、新成果的应用；1972 年以来，风险投资机构不断发展，实现了产业结构升级；1982 年的风险资本支持了电子、计算机的发展	1948 年设立了工业技术厅； 1956 年设立了科技厅； 1959 年设立了由总理大臣牵头的全国最高科技决策机关——科学技术会议

时间	产业	科技政策	政府支持体系	非政府机构的金融支持	相关机构
完善中创新（20世纪90年代以后）	生命科学、纳米技术与材料、信息通信技术、环境及其复合科学	1. 增加政府科研预算，从科研体制上采取多种措施使具有潜在创造能力的人们获得科和条件的机会和条件； 2. 制订有利于促进独创性发展的制度，改革有碍独创性发挥的制度； 3. 改革教育制度，形成有利于培养独创性人才的教育制度和环境； 4. 完善对研究选题的评价，包括对研究选题和研究成果的评价； 5. 在研究采用制度、以开发创造型人才资源为当务之急，改革研究经费获得方面互相竞争的"竞争式"获得和研究环境； 6. 促进研究人才流动，以刺激激独创思想、独创意识的孕育和产生等	1. 1995年11月15日，日本正式公布130号法律，"科学技术基本法"，这是日本第一部有关科学技术的根本大法，且第一次以法律形式实施科技立国，明确了科技发展战略的具体目的； 2. 1996年6月，日本科学技术基本计划，会提出"科学技术立国的行动计划"，是为实现科技立国的行动计划、强化人才培养和加强独创性的基础研究措施； 3. 各省、各厅提出基础研究型新计划，如科技厅的"战略型基础研究推进事业"、文部省"开拓未来学术研究推进事业"、农林省"创造出新技术新领域基础研究推进事业"等； 4. 1997年12月，教育科技和教育省合并成立"教育科学技术省"，促进日本经济重心由汽车等传统支柱产业向信息技术等新兴产业转移	1. 1999年开设高增长新兴股票市场；2000年分部建立；充日本分部建立； 2. 1995年6月为了扶植那些创新型的中小企业，正式制定了《中小企业创新活动促进法》	1. 文部科学省从2002年开始，对现有的科研机构进行改革，并以大学、国立公立研究机构为核心、建立研究机构，风险企业等构成的技术创新基地，开展针对特定技术领域的研究开发，以此提高产业的技术水平和竞争能力。 2. 2001年1月在日本内阁府内设置了综合科学技术会议。总理任议长，其他人员包括管理国家财政和科学技术的各部委大臣，以及企业与大学的知名人士。综合科学技术会议的主要任务是回答总理的咨询，对科技领域的基本政策和重要事项进行审议，对科技领域大规模的研究开发以及国家主导的重要开发项目进行评估等

表3.5 以色列产业发展及孵化器产业的历史沿革

时间	相关产业	科技政策	政府支持体系	非政府机构的金融支持	相关机构
发展阶段：20世纪70年代末至80年代末	农业、军工、钻石切割	采取对新技术研究给予补贴的方式，支持新技术研究。70年代末，以色列政府积极鼓励新技术研究并提供适当补贴，同时，还采取了一系列经济宽松政策，包括放宽外汇管制等	80年代后期，以色列政府采取了更加宽松的经济政策，加大对研发的支持力度，以及经济状况的稳定、基础设施的改善、地区紧张局势的进一步缓和等，这些都为90年代风险投资业的大力发展奠定了良好的基础	以色列许多公司建立了技术孵化器，并向技术创新型企业提供支持。80年代中期，以色列涌现出一批风险投资者，几家由风险投资公司支持的企业成功地在纽约股票交易所上市	1977年以色列与美国政府共同设立了"以美工业研究开发基金会"，对两国间开展的民用工业技术给予研究项目给予支持
成熟阶段：20世纪90年代初至今	军工电子、生物医药、计算机、软件	针对加强商业部门的研发能力，增加了初创企业的数量以及风险投资实验。商业部门的研发补助金有了显著增长，科技部的"磁铁计划"大大促进了企业间的合作和联合研发	于1992年启动的"技术孵化器计划"，这是一个针对创业阶段企业家为期三年的支持计划，是私人企业家拥有和管理的，由政府提供财政支持。1992年，以色列政府为了进一步促进风险投资业的发展，设立了1亿美元的风险基金，同时成立了了国有独资的风险基金公司YOZMA	1996年，以色列涌现出3亿美元的风险投资基金，并首次吸引了多种基金竞争以投资同一项目的情形	建立工业与贸易部首席科学家办公室。它是YOZMA基金项目的主管部门，也是相关法律法规实施的负责部门

105

5. 韩国

韩国于 20 世纪末确定了"科技立国"战略,目前已确立了以计算机、半导体、生物技术、精细化工、航空航天等基础产业为主导,以企业为主体的国家创新体系。韩国政府审时度势,正确选择重点产业领域,利用财政和行政计划等手段引导其发展,技术前瞻、规划计划制定实施、后期评估紧密结合,形成科技规划与计划工作的完整框架。同时政府以借贷和优惠政策为条件,推动众多家族企业逐步聚拢形成大规模的网络型企业机构,成立风险和技术投资公司及创业投资公司,推动科技成果转化。

20 世纪 60 年代,韩国重点扶持以纤维、胶合板等为代表的劳动密集型产业的发展,并正式转向出口导向的产业发展模式。引入公共贷款,对民间企业引进国外贷款进行审批和提供支付保证。进入 70 年代后,韩国政府对发展模式进行重大调整,重点支持重化工业发展,提供税收优惠。之后,韩国放弃了片面强调资本密集型重化工业的高速增长方式,提出"科技立国"口号,将目标转向高新技术产业,重点发展电子、精密机械、精细化工、新材料、新能源等技术密集型产业。20 世纪 90 年代以后,韩国集中发展计算机、半导体、生物技术、新材料、新能源、精细化工、航空航天等 28 个知识型产业及服务业,通过风险投资和创业投资来支持技术的转化和产业的升级。

通过对上述各国产业、孵化器和经济发展的脉络的梳理,我们整理得出了图 3.5,图 3.5 是创业孵化网络形成过程的理论模型。在该模型中,我们分别用原有主导产业向新兴主导产业的转型速度和原有主导产业的技术发展阶段对各个国家的技术和产业特征进行刻画,并根据上述各国的具体情况对模型进行了分析,结果认为:韩国的政府主导性强,产业技术不断深化,转型速度快;德国的政府主导性较强,产业技术不断深化,转型速度较慢;日本的政府主导性较弱,产业技术成熟,转型速度慢;美国的政府主导性弱,产业技术不断深化,转型速度快;以色列的政府主导性强,产业技术领先,转型速度快。

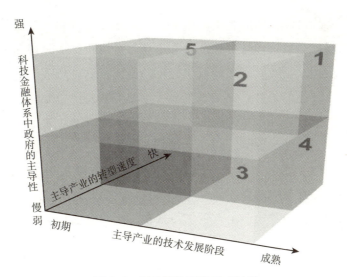

图 3.5　创业孵化网络形成过程

国外的经验为我国孵化器的进一步发展提供了以下几方面宝贵的经验：

（1）孵化器体系的建立与发展是一个不断探索与实践的过程。建立孵化器体系需要结合经济发展态势和主导产业的技术发展阶段，并要考虑技术创新特征及产业多样性等因素。

孵化器体系是促进科技开发、成果转化和高新技术产业发展的一系列孵化器工具、孵化器制度、孵化器政策与孵化器服务的系统性、创新性安排，是由向科学与技术创新活动提供孵化器资源的政府、企业、市场、社会中介机构等各种主体，及其在科技创新融资过程中的行为活动共同组成的一个体系，是国家科技创新体系和孵化器体系的重要组成部分。不同国家的经济特点，不同产业发展阶段以及不同技术创新形式都会对孵化器体系产生重要的影响。因此，孵化器创新体系建设需要政府部门、孵化器机构、中介服务机构和企业相互配合，并且要结合经济发展以及技术发展的形式，综合考虑技术创新和产业变化的多种因素。

（2）完善的孵化器体系对高新技术的首次商业化应用具有重要意义，是主导产业不断转型轮换的重要条件，但在孵化器体系不够完善时，专业化的孵化器服务能力可显著提高技术导向性创新的产业化，促进产业的升级。

比较而言，目前美国的孵化器体系是相对比较完善的，无论是美国政府还是资本市场已经投资领域都逐渐发展建立起对高新技术能够有力支持的体系，加快了美国高新技术首次商业化应用的步伐，也对高新技术成果的顺利市场化提供了便利的条件，促进了主导产业的不断转换。美国科技投资渠道是多元的，形式有联邦拨款或资助、州政府拨款或资助、大公司出资、基金会赞助、贷款、风险投资等。因此，政府的作用除了直接增加投资外，也包括建立其他投资渠道和对其他渠道投资的刺激。而除美国之外，德国、日本、以色列等国家的孵化器体系都不是很完善，但在这些国家中，仍然有不同的专业化孵化器服务的侧重，辅之与其相匹配的科技政策和政府支持，进而促进新兴产业的崛起。

（3）虽然持续性创新在某些特定的条件下，对主导产业的转型升级具有重要意义，但从长远的视角来看，突破性创新较持续性创新更有利于主导产业的转型升级，因此单纯加大对大企业银行信贷支持和对小微企业的政策性孵化器支持并不能解决主导产业的转型升级问题。

从以上国家孵化器发展的历史分析和结构分析不难看出，有着突破性创新的美国在产业升级转型上一直处于优势地位，而依靠持续性创新获得快速发展的日本只能依靠已有技术的深化，很难在国家主导产业过程中做到游刃有余，对社会经济的长远发展会带来不利的影响。渐进性创新与突破性创新不仅在同一项技术的发展轨道上出现的先后顺序不同，而且技术水平的变化轨迹也是显著不同的。突破性创新由于整个过程不确定性很大。新的突破性技术在起步阶段甚至可能比旧技术的技术水平要差，主要表现在产品性能比前一代产品性能差，而且在改善的过程中，因为方案的变更或工艺的变革以及不同技术的采用，可能出现产品性能与技术水平的较大波动。而渐进性创新是对现有技术的改善，是现有技术的拓展，一般而言其轨迹是稳定上升的平滑线。但应该指出的是，尽管突破性创新的过程轨迹是剧烈波动的，但最终其突破性技术或有关产品的技术性能要比渐进性创新高得多。

（4）政府通过孵化器的引导作用可显著加快特定领域和特定阶段的科技成果转化，从而加快主导产业的转型升级。

在所有国家的孵化器发展过程中，政府的作用都是不能小觑的。即使是在市场化非常发达的美国，政府的相关科技政策和经济支持对科技的发展沿革也都起着非常重要的作用。尤其是近年来发展迅速的以色列，以政府为主导的引导基金也是国家高新科技得以飞速发展的主要推动力。在以色列，政府干预的主要形式是政府通过设立基金直接参与风险投资的具体运作，这是一贯奉行自由经济政策的以色列所采取的具有计划经济色彩的政府行为。从20 世纪 80 年代末到 90 年代初，以色列涌现出大量的高新技术企业，但是由于缺乏风险基金的支持，很多企业没有最终在市场上获得成功。鉴于自由市场机制在发展风险投资方面已经失败，以色列政府于 1992 年拨款 1 亿美元设立了 YOZMA 基金作为启动资金，将发展风险投资纳入整个科技发展规划中，一切活动都围绕发展技术含量高、出口竞争力强的产品和高技术企业进行，将风险投资作为推动高技术发展系统工程中的重要环节而不是一项孤立的活动。这就保证了风险投资业的发展方向，也使各项政策、计划更加协调配合。由此可见，政府干预是孵化器发展不可或缺的部分，但是，如果政府对事物的发展判断失误或滥用工具，可能会对主导产业的转型升级带来严重的负面影响，因此，政府还需对经济的发展和科技发展的时机进行很好的把握，做到适时且有效的引导。

3.2.2　中美孵化器产业化过程对比

中美两国孵化器创业服务体系的发展都经历了较长时间的调整和完善，是一个逐步发展的过程（如图 3.6 所示），产业创新导向不同，孵化器的市场化程度也不同。本节将借鉴并改进 SCP 范式，采用孵化器市场结构—孵化器孵化行为—产业创新绩效分析范式，探寻产业创新在孵化器创业服务体系中所起的作用，以美国孵化器市场结构的有效演化为例，期望能揭示出我国孵化器创业服务体系的发展方向。其中，孵化器市场结构是指不同时期的孵化器主导类型，孵化器孵化行为是指为实现产业创新目标，根据 A－U 扩展模型中产业不同的创新导向，孵化器提供出的孵化服务；产业创新绩效是指孵化行为所形成技术创新和产业创新等方面的最终孵化成果。

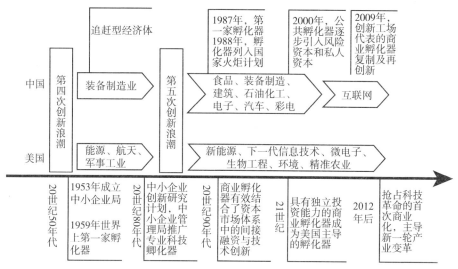

图 3.6　中美孵化器创业服务体系发展脉络

1. 美国孵化器市场结构有效性分析

公共孵化器主导阶段：20 世纪 50 年代，信息技术创新浪潮引发了第三次产业革命，美国小企业表现活跃，创业教育蓬勃发展，1959 年第一家孵化器诞生于美国纽约。70 年代美国创业浪潮来临，80 年代世界范围的科技革命进入高潮，创业活动直接引领了孵化器的发展。美国中小企业管理局推广专业科技孵化器，建立中小企业创新研究计划，以引导和促进国家整体自主创新产业化的水平提升。孵化器作为准公共品专注于技术创新，以产品创新率高的创新驱动型企业为符合对象，至 1990 年公共孵化器数量接近 400家，确保了最新科学科技成果的首次商业化，成为美国引领信息产业的重要条件。

商业孵化器主导阶段：20 世纪 90 年代，信息产业革命推动着技术创新的高速流动，风险资本推动了互联网创业风潮，高技术服务业日益成为新的技术增长点。信息技术产业创业活动的高额商业投入及其产生的高额回报吸引了私人部门的竞相追逐，美国的孵化器以新兴产业的形式存在，开始了优化治理结构的企业化运作，出现了整合服务资源、融合风险投资、多元化控股和多样化孵化功能的商业孵化器，到 2000 年总数达到了 1000 家，其中有

15%是属于实现盈利的商业孵化器。商业孵化器有效结合了资本市场体系中的间接融资与技术创新，促进了社会化技术创新体系的形成和完善。2000年以来，伴随多层次资本市场与私募股权投资市场的规模化与多样化，大公司战略并购需求及移动互联网创业浪潮，具有独立投资能力的商业孵化器成为美国主导的孵化器（Barbero et al.，2014），美国成为孵化器运作最成熟的国家，如图 3.7 所示。

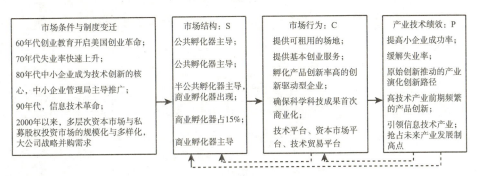

图 3.7　基于 SCP 范式的美国孵化器市场结构演化过程

基于以上分析发现，美国由公共孵化器主导向商业孵化器主导的市场化转变过程是信息技术产业逐渐发展的过程，也是孵化器成为新兴创业服务产业的过程。

2. 中国孵化器创业服务体系发展方向

20 世纪 80 年代，我国是在一定成熟的主导技术起点基础上的追赶型经济体，产业发展是基于引进外国的先进技术实现二次创新。因此，我国孵化器建设初期就是为了跟踪研究外国成熟产业的主导技术，具有驱动我国经济发展战略支柱产业的导向。1987 年，为促进科技成果转化为生产力，我国第一家孵化器诞生于武汉东湖创业者服务中心，最先发展的是仪表及电子电器制造产业，这类产业的主导技术已形成。1988 年，孵化器列入国家火炬计划，鼓励地方高度政策性主导扶持公共的高新科技产业园区孵化器，支持区域科技服务体系的发展、研发设计和科技转移。

与美国八九十年代的准公共孵化器专注于原始创新并逐步实现科技首次商业化及盈利不同，我国孵化器以实现信息技术落后追赶、高科技的集成应用和产业化为目标，大规模引进消化吸收国外的核心技术，助推了我国高新区产业形成（梁云志等，2010），至 2000 年公共孵化器数量发展到 131 家。2000 年以来，得益于国家层面扶持力度与民间资本大规模进入，2012 年迅速扩展到 1239 家。2012 年以后伴随国内创业环境的根本改变与国外商业孵化器的成功，民间资本设立的市场化运作的商业孵化器也逐渐发展起来，典型孵化机构如车库咖啡、创新工场等，商业孵化器具备投资能力，尚处于探求盈利模式阶段（如图 3.8 所示）。

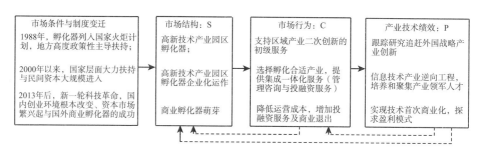

图 3.8   基于 SCP 范式的中国孵化器市场结构演化过程

我国孵化器的发展脉络明显具有国家主导产业发展推动的特征：最初是纯物理空间供应商的公共孵化器，到物理空间搭载基础行政服务的半公共孵化器再到具备投资能力的商业孵化器，市场化程度不断提升。对比美国的创业服务体系，我国商业孵化器正复制及再创新美国商业孵化器的商业模式与商业本质，通过前期创业服务净投入获取后期股权盈利。

如今，以美国为代表的发达国家在智能制造、信息技术以及清洁能源技术等领域正面临突破并将形成新的产业，可能成为催生新技术革命的重要机遇。我国正经历新一轮的技术创新与产业变革，在举国推动创新创业大的背景下，我国企业的创新创业活动的起点将是参与主导技术确立前各种设计范式竞争，方兴未艾的商业孵化器恰巧适合实现科技前期的孵化，我国孵化器的迭代更新呈现出一种创业服务产业化趋势，公共孵化器的主导地位正发生变化。

3.2.3　产业创新、技术创新与我国孵化器产业化

在我国，科技企业孵化器分为"园区管委会＋园区开发建设公司"模式的公共孵化器与"天使＋创业服务平台"的商业孵化器两大类。那么商业孵化器是否适合推动我国主导产业升级？公共孵化器能否取代商业孵化器促进原始创新推动产业萌芽期发展？这两个问题本质上是科技变革与产业革命下，不同产业和技术创新对孵化器不同创业服务的要求。本节将结合中美科技产业发展与孵化器创业服务体系发展脉络，从"十三五"时期我国战略性新兴产业及实体经济发展所依赖的主导产业出发，并结合 2015 年"大众创业，万众创新"政策，着眼于驱动产业转型发展的技术创新及其变化，从技术成熟度强弱的角度出发，探讨商业孵化器与公共孵化器通过不同创业服务满足不同技术成熟度产业需求，从而促进技术革命和产业变革的作用机制。

中美科技产业发展与孵化器创业服务体系的发展脉络显示，技术创新、产业变革与孵化器建设之间的协同演化过程中呈现出一种三元互构关系。三主体的变动机制不断强化三边的演化动力，形成三重主体互动空间行为（如图 3.9 所示），即指在创业—筛选项目—投资—管理—服务—技术商业化—技术创新—产业变革的各阶段中的一系列空间刺激—反应过程。技术创新、产业变革与孵化器建设三方的复杂性演化，通过资金流、科技流、信息流、政策流关联三方之间互动，依据市场流动程度和科技成熟度构成两种演化路径交叉进行。

路径一：产业创新的动力来源于技术不断产生和获取超额利润的能力，加上互联网的成熟发展，商业模式创新也为产业创新提供支持。在宽松、便利的创新创业环境基础上，技术创新与商业模式创新引发了频繁的创新创业活动，大量孵化需求产生。孵化器必须为创业活动提供技术、资本、市场等孵化服务的支持，促进新兴产业在发展关键环节中的技术选择和技术成果转化，提高技术创新成果率并促进新兴产业的发展。

路径二：创业投资回报与大公司战略并购需求为孵化器提供不同的市场

需求和盈利空间，孵化器充分地为创业活动提供有效的创业孵化服务以提高孵化成功率，获取孵化盈利。

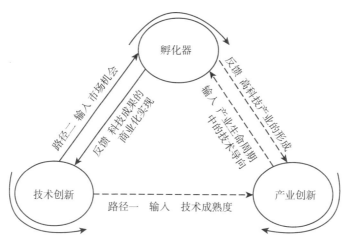

图 3.9　三主体互动空间行为模型

3.2.4　孵化服务的需求与供给

中美科技产业发展与孵化器创业服务体系的发展脉络显示，在对技术成熟度和孵化需求进行分类的基础上，企业技术成熟度、创业不确定性和产业创新导向的不同，决定了创业活动具有不同的孵化需求（如表 3.6 所示）。

表 3.6　　　　　　　　　　产业创新导向下的创业孵化需求

产业创新导向	技术成熟度	创业主体	孵化需求	孵化主体
创意导向产业 （如移动互联网，智能硬件，生物医药等）	技术萌芽期 期望膨胀期	技术创业 商业模式 创客	技术产品化	商业孵化器
技术导向产业 （如新一代信息技术，新能源汽车）	泡沫谷底期 稳步发展期	科学家、 核心技术专家	技术产业化 产品规模化 资产证券化	公共孵化器

　　孵化器基于技术成熟度位置和市场反应，决策创业企业所处产业的创新导向，选择了不同的孵化对象（如图 3.10 所示），通过优化创业成功率的孵化决策点，围绕股权投资和科技成果商业化实现，建立"创意导向、技术导向、二次创新导向"三条创业孵化通路（如图 3.11 所示），实现技术资本化与资本证券化。

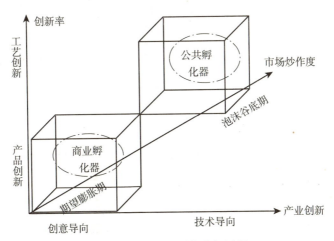

图 3.10　孵化器孵化选择过程

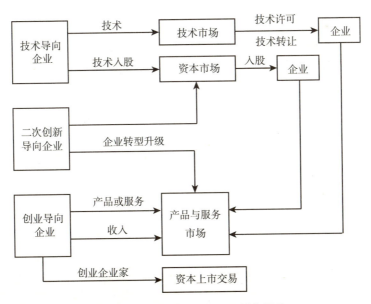

图 3.11　创新导向下的创业孵化通路

（1）创意导向产业的创业活动主要面临来自创新不确定性（如技术信息和市场价值的信息不完整）的挑战，此时需要创意孵化平台对接产品与市场。关键是技术先驱者在研发工作和市场领先者的需求活动间找到最优的需求链结合点。企业通过硬件与软件结合，以捕捉用户群精准度最大化为目标，为用户参与创造分享提供创意平台，实现创意驱动创新。创意产品需求链的形成过程强调多目标、多模式的试错改善，迭代式创新完成技术积累进入技术轨道，实现技术的产品化，最终推向技术贸易市场或者商品市场。

处于萌芽期的新兴技术以及与新兴商业模式相关的初期创业活动，通过创新工厂、创客空间等模式搭建创业活动平台，进行大众创业。市场热情推动商业孵化器向创意导向产业延伸孵化链条。由于具有天使投资和种子期风险投资能力，商业孵化器会选择孵化创意项目与科技资本市场的对接，实现科技交易，促进原有技术范式突破，这种突破以市场选择为主。商业孵化器不仅仅是一个工作空间，也是一个众包、众筹和众创平台，能精确孵化服务的供给与需求，专注于在产品迅速迭代的同时延长产品生命周期。

（2）技术导向产业的创业活动，主要面临着来自科学和技术不确定性的挑战，关键是首席科学家和工程团队的技术成果的产业化。此时需要技术孵化平台驱动技术创新。当创业过程中面临成熟性、稳定性、经济性和可推广性的技术成果扩散时，创业活动产生了规模化、扩大化的融资需求，包括支持产品成型并规模化的中长期投资需求，通过大量固定资产的投入来解决产品制造问题的需求，进入资本市场或产权市场实现资产证券化的需求。

公共孵化器明确的技术创新目标和良好的融资环境，为技术发展提供了充足的长期资本供给，并为技术轨道形成提供了平台，具有有效满足技术快速发展和激烈竞争情况下的大量资本投入的能力。公共孵化器并非一般意义上的产学研结合，它既是一个物理平台，也是一个管理平台，通过对创业过程的管理，实现科学技术成果的产业化，通过将外部资源融合形成资产化和证券化获取收益。

第4章

基于中关村案例的孵化器产业
市场结构演化研究

学术界一直在泛意义上探讨孵化器发展壮大的动力机制，阿兰·瑟斯坦等（Alain Thierstein et al.，2001）发现了技术创新对于孵化建设的动力作用，表现在制造业集中且技术创新活跃的区域，孵化器集中且基础设施服务发达。欧庭高（2006）则研究了孵化器降低技术创新风险的动力作用。扎露尼（Jarunee，2015）论述了创新创业革命中企业孵化器是推动技术转让与商业化的动力作用，并发现产业变革、技术革命与国家技术转移战略也对孵化器建设具有深刻的影响。

但是关于孵化器产业发展动力机制的研究却寥寥无几，巴贝罗（Barbero，2012；2014）曾通过多篇文章从企业层面角度研究，提出不同孵化器对于推动不同阶段企业创业与产品创新的动力机制，但也仅是对孵化器创业服务支撑系统进行了区分。因此虽然众多文献探讨了创业、新技术、新产业协同演化（郭俊峰等，2013；Woolley et al.，2014），却难以明确产业技术创新与孵化器市场化程度之间的动态交互状态，也难以解释孵化器产业市场结构变化的均衡点是什么。

因此，本章将探讨孵化器产业的市场行为问题。基于创业服务需求与供给的匹配，探讨不同技术创新导向的产业与不同市场化程度的孵化器之间的互动演化关系。以中关村示范区内的孵化器为研究对象，采用广义脉冲函数法实证分析不同创新导向的产业与不同市场化程度的孵化器间的非线性关系，并应用方差分解进一步预测各自在解释对方变动时的相对重要性。基于A－U扩展模型，构建商业孵化器与公共孵化器在孵化器产业市场结构中的演化博弈模型，探索孵化器产业市场结构的动态演化均衡点。

4.1 产业技术创新导向与孵化器市场化程度的互动演化

以中关村等为代表的我国孵化器最初起源于政府行为（杨震宁，2011），在建设初始即被纳入国家火炬计划，作为科技政策辅助产业发展，对国家产业政策具有显著的路径依赖特征，因此，公共孵化器在我国一直处于主导地位（李振华，2014）。然而伴随投资主体增加，尤其是2010年后民间资本火热参与设立完全市场化运作的商业孵化器，如创新工场等，虽处于探求盈利模式阶段，但市场表现不断创造热点（刘伟，2014）。在风险投资、创业投资的参与下，我国孵化器逐步向盈利性企业转变，扩大了孵化器产业的市场化程度，公共孵化的主导地位正在发生变化，那么这种变化的动力作用机制是什么？

4.1.1 互动演化空间行为

在产业技术创新导向与孵化器市场化程度的互动演化过程中（如图4.1所示），存在着技术创新结构和孵化器市场化程度两个模块。

（1）技术创新结构模块：技术创新一般可以分为技术商业化（创意导向创新）与技术产业化（技术导向创新）两个阶段。根据技术轨道理论，处于不同阶段的技术创新具有不同需求，通过新技术扩散和普及带来不同投资机会，推动产业结构升级和经济增长。因此，如何将孵化服务和技术创新有效结合，将科技成果转化为现实生产力，这是孵化器推动技术创新的核心问题。

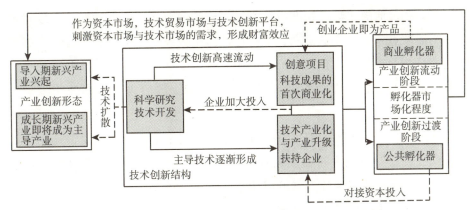

图 4.1　产业技术创新导向与孵化器市场化程度的互动演化模型

（2）根据自身的市场化程度与新兴产业技术创新下的创业需求，不同孵化器选择不同的孵化对象。在孵化对象选择过程中，商业孵化器与公共孵化器将依据技术成熟度和市场流动程度两个因素来孵化不同技术创新导向的产业，为创业企业提供创业支撑系统。

产业技术创新导向与孵化器市场化程度的互动演化过程还存在着正反两条路径：图 4.1 中的实线箭头指向的"正向路径"和虚线箭头指向的"反向路径"。

正向路径中，我们以科技成果的产生直到产业化推动孵化区建设作为这一路径的主线。这条主线线路为：科技成果的产生→科技成果商业化（产业化）需求→商业孵化器以创意项目为产品（公共孵化器对接资本投入区域扶持企业）→增加创意导向产业的市场供给（响应创意导向产业发展需要）→满足技术导向产业的市场供给（推动技术导向产业转为主导产业）。在这条路径中的每一个阶段，都有相应的市场实体参与相应的市场环境。

科技成果一般产生于企业和科研机构，并不能直接在市场上交易和转化，经过科技成果评估变成技术资产，由企业家对包括技术等要素进行重新"组合"，形成具有投资前景的创意项目。在这一阶段，市场对此类创意导向产业的创意项目具有强烈追捧（如电子手环产业），因此商业孵化器会选择孵化创意项目与科技资本市场的对接，实现科技交易，促进原有技术范式突破，这种突破以市场选择为主。

当一个行业的主导设计即将形成时，产业创新基于技术导向，市场对该产品的需求进入了一个稳定期，此时可认为科技成果即将实现产业化，公共孵化器具有明确的技术创新目标，遵循主导产业技术范式突破路径，处于期望膨胀期的学术创业企业是其选择的孵化对象，风险投资周期处于发展期投资。

反向路径中，表现为孵化器的市场选择对技术创新结构的反馈作用从而推动产业创新。商业孵化器以创意项目作为产品，参与创意项目的创业活动，增加了技术研发主体企业的成功率，激发创意导向产业中基于产品创新的创业热度，引导科技先驱者的创业企业进入商业孵化器，实现在商业孵化器中的科技交易，激发技术导入期创业者的积极性，支持和引导处于流动阶段的科技创业者进入技术轨道。

公共孵化器定位于科技成果产业化转化平台，通过对创新过程的管理，实现科学科技成果的产业化。孵化器将外部资源融合，形成资产化和证券化，支持掌握技术轨道的科技企业家实现科技转换，加速技术导向产业的创新进程。

4.1.2　中关村创业服务产业的案例描述

中关村是中国最具创新特色的区域，以中关村为代表的我国孵化器都是在20世纪80年代从科技产业园发展起来的第一批孵化器。20世纪80年代，以信息科技为代表的第三次科技革命和中国解放思想、改革开放的社会大变革交汇，为中关村的发展创造了前所未有的历史机遇，因此也肩负起培育和发展国家主导产业的重任。

中关村示范区创业孵化机构的发展大致经历了三个阶段：1988～1999年为第一阶段，政府主导建设中关村科技园区；1999～2009年为第二阶段，以政府培育扶持，促进科技成果转化和推进孵化器专业化建设为特征，中关村形成高端产业功能区；2009年至今为第三阶段，从建设中关村示范区开始，以政府为引导，以市场需求为导向，孵化链条向早期阶段延伸，催生了一批服务于创业者早期项目的创业服务机构，完善了中关村创业服务链条聚集创新资源。

2000～2014 年，中关村的公共孵化器数量占比逐渐降低，商业孵化器数量占比逐渐提高（如图 4.2 所示）。从 2013 年中关村指数可以看出，在其现有的 800 多家各类创新创业服务机构中，分享经济模式发展迅速，该模式与"大众创业、万众创新"契合，并具有众创、众包、众扶、众筹等特征。对于国家创新驱动战略而言，中关村的重要作用不言而喻，并已率先完成了"大众创业、万众创新"的布局。

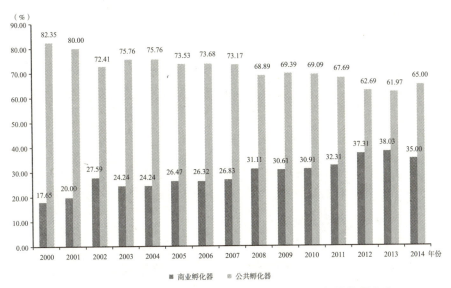

图 4.2　2000～2014 年中关村商业孵化器与公共孵化器数量占比

结论 1：以中关村为代表的我国孵化器都是在 20 世纪 80 年代从科技产业园发展起来的，具有明显的主导产业选择特征。伴随新一轮科技革命推动着产业革命和产业经济的发展，中关村的孵化链条开始向早期阶段延伸，从源头上发现和汇集原创科技和优秀团队的机制。

2009 年至今，中关村重点发展新能源、节能环保、电动汽车、新材料、新医药、生物育种、信息产业等高新技术产业，建立了由大学科技园、科技孵化器、留学人员创业园、小微企业创业服务楼和各类协会商会组织等主要孵化器组成的创业孵化服务体系，各创业孵化服务机构呈现多元化发展趋势，中关村创业孵化服务机构针对不同区域特点、不同产业类型和创业者需求，探索出一系列各具特色的创业孵化服务新模式（如表4.1所示）。

表4.1　　　　　　　　　中关村产业导向特征的孵化模式

市场结构	创业孵化服务模式	代表孵化器	孵化的产业类型
商业孵化器 （32.7%）	创业导师＋天使＋产品	创新工场	新一代信息科技产业
	创客空间	车库咖啡	匹配风投与项目
	孵化＋创投	清华科技园	产业链高端早期项目
公共孵化器 （67.3%）	创业教育＋创业指导	青年创业园	高新科技、休闲娱乐
	创业培训＋天使投资	联想控股与中科院	符合主导产业的科技成果
	平台建设＋产业联盟	汇龙森科技孵化器	生物医药产业公共实验中心
	创业导师＋持股孵化	博奥联创科技孵化器	光机电产业公共实验中心

资料来源：中关村指数2013。

结论2：中关村中的孵化器几乎涉及孵化所有高新技术产业行业，公共孵化器重点孵化科技导向产业，商业孵化器支撑孵化创意导向产业，成为推动中国高新技术产业发展的最重要力量。

4.1.3　向量自回归模型的指标选取和数据说明

在传统回归分析中，需事先确定外生变量与内生变量（储德银等，2013），而本书具体要证明的是：（1）不同技术创新导向的产业对不同市场化程度的孵化器具有显著影响；（2）随着孵化器市场化程度的变化，不同技术创新导向的产业发生变化的趋势。在产业技术创新导向与孵化器市场化程度之间存在的相互影响系统中，难以区分外生变量与内生变量。因此，本节需要将产业技术创新导向与孵化器市场化程度作为整体来预测，以得到合理的预测结果。

向量自回归模型（Vector Autoregression，VAR）（陈兴红等，2015）把系统中每一个内生变量作为系统中所有内生变量的滞后值来构造模型，通过脉冲响应函数捕捉一个变量的冲击因素对另一个变量的动态影响路径，通过方差分解分析每个扰动因素影响模型内各个变量的相对程度，可满足本书的研究需求。因此，本书将选用向量自回归模型研究产业技术创新导向与孵化器市场化程度的长期作用关系与相互冲击下的动态变化路径。

本节试图详细反映不同产业技术创新导向与不同孵化器的相互关系及影响程度，因此在模型构建上，本节分两个 VAR 模型进行实证研究。实证步骤如下：首先，对各时间序列做平稳性检验，以此为基础判断各变量之间的协整关系与单位根检验；其次，分别建立产业技术创新导向与商业孵化器的两变量 VAR 模型、产业技术创新导向与公共孵化器的两变量 VAR 模型，并检验两个 VAR 模型的平稳性；最后，利用脉冲响应函数分析两个变量彼此结构冲击与动态影响，方差分解预测均方误差考察彼此间的贡献率。

对于技术创新导向的判断是孵化器选择投资孵化对象的重要环节。学术界对于技术创新导向的选择已经形成了包括德尔菲法、层次分析法、专利分析法、文献计量法以及技术路线图法等在内的理论方法体系，却仅仅适用于评估成熟产业的技术创新度，对国家或企业在主导产业的投资决策选择起到一定作用。瞿海燕等（2014）发现 Google Trends 中的"用户关注度"在实践中被证明能够准确地反映出事物的实际走势，因此本书将借鉴用户关注度，通过确定当前关键投资热点来判断不同创新导向的产业热度。

"硅谷指数"从技术创新角度为风险投资和上市公司并购对象评估高科技企业提供标准，成为硅谷风投走向、瞪羚企业成长、创意导向产业培育与新兴产业投资的重要风向标，因此更适合判断本书提出的创意导向创新产业热度和技术导向创新产业热度。本书根据"硅谷指数"中技术创新度指标，基于清科数据库，统计每年创意导向产业与技术导向产业的并购投资事件数占全年并购投资总数比例，来测量不同创新导向的技术创新热度。CO 表示创意导向创新度，是创意导向产业并购投资事件数占比；TO 表示技术导向创新度，是技术导向产业并购投资事件数占比。

中关村中的孵化器几乎涉及所有高新技术产业的孵化服务。在中关村网站中，公共孵化器与商业孵化器分类明确，孵化对象区别明显。因此本书基于中关村网站，统计中关村创新型孵化器和公共孵化器数量占中关村孵化器的比例，来表示孵化器市场化程度。BI 表示商业孵化器占比，PI 表示公共孵化器占比。本书数据均来源于《清科数据库产业——并购事件与投资事件》和《中关村指数》，时间跨度为 2000～2014 年，分析软件为 Eviews 6.0。

4.1.4 VAR 模型设定与检验

在 A－U 扩展模型中，技术与市场两个维度是冲击不同技术创新导向产业的两种效应力量，记为 $\varepsilon_技$、$\varepsilon_市$。本节将应用 VAR 模型分离出这两个相互独立的效应冲击，通过脉冲反应给予动态的反映，基于方差分解量化两种效应力量对各变量变动的贡献率，进而分析两个冲击对各变量的动态影响。

首先构建 VAR 模型：$X_t = V(t) + A(0)e(t) + A(1)e(t-1)\cdots\cdots = \sum\limits_{j=0}^{\infty} A(j)e(t-j)$

根据上述变量构建两个二元向量自回归模型，即变量的 VAR 模型如下：

$$\text{VAR (4.1)}: \quad X_t = \begin{pmatrix} BI \\ CO \end{pmatrix} = \begin{pmatrix} a_{11} & a_{12} \\ a_{21} & a_{22} \end{pmatrix} \begin{pmatrix} \varepsilon_市 \\ \varepsilon_技 \end{pmatrix} \tag{4.1}$$

$$\text{VAR (4.2)}: \quad X_t = \begin{pmatrix} PI \\ TO \end{pmatrix} = \begin{pmatrix} a_{11} & a_{12} \\ a_{21} & a_{22} \end{pmatrix} \begin{pmatrix} \varepsilon_技 \\ \varepsilon_市 \end{pmatrix} \tag{4.2}$$

1. 数据平稳性检验

VAR 建模需要检验时间序列数据的平稳性。如果系统中的各个变量是平稳的，即可保证系统的平稳性，则可以进行 VAR 建模。平稳性检验结果如表 4.2 所示，在 10% 显著水平上，时间序列 PI、BI、CO 与 TO 不能通过检验，为非平稳时间序列，而经过一阶差分后，在 10% 的显著性水平上获得到了平稳状态，这说明 BI、PI、CO、TO 都是一阶单整序列即 $I(1)$，时间序列 BI 与 CO、时间序列 PI 与 TO 存在协整的可能，可以进一步判断是否存在长期均衡关系。

表4. 2   单位根 *ADF* 检验

变量	*ADF* 值	*P* 值	临界值			结论
			1%	5%	10%	
商业孵化器占比 *BI*	− 1. 711	0. 405	− 4. 004	− 3. 099	− 2. 69	不平稳
D − BI	− 6. 127	0. 001	− 4. 122	− 4. 95	− 2. 714	平稳
创意导向创新度 *CO*	− 3. 071	0. 056	− 4. 122	− 4. 95	− 2. 74	不平稳
D − CO	− 4. 128	0. 005	− 4. 058	− 4. 7	− 2. 701	平稳
公共孵化器占比 *PI*	− 1. 711	0. 405	− 4. 004	− 3. 099	− 2. 69	不平稳
D − PI	− 6. 127	0. 001	− 4. 122	− 4. 95	− 2. 714	平稳
技术导向创新度 *TO*	− 2. 248	0. 199	− 4. 004	− 3. 099	− 2. 690	不平稳
D − TO	− 4. 086	0. 009	− 4. 058	− 4. 70	− 2. 701	平稳

2. JJ 协整检验

在进行协整检验之前需要选择适当的阶数，本书采用 *AIC* 和 *SC* 信息准则来选择最优的滞后长度。经过 Eviews 6. 0 的筛选结果，最终确定时间序列 *BI* 与 *CO* 最佳滞后阶数为 3 阶、时间序列 *PI* 与 *TO* 最佳滞后阶数为 4 阶，再进行 Johansen 协整检验（如表4. 3 所示），轨迹统计量和最大特征值统计量表明在 10% 的显著水平下，商业孵化器占比 *BI* 和创意导向创新度 *CO* 两者间存在一个协整关系，具有长期稳定的关系；公共孵化器占比 *PI* 和技术导向创新度 *TO* 也存在一个协整关系，具有长期稳定的关系。JJ 协整检验结果表明：以上时间序列间都满足建立 VAR 模型的前提。在短期内由于随机干扰，这些变量可能偏离均衡值，但这种偏离是暂时的，最终会回到均衡状态。

表4. 3   变量 Johansen 协整检验结果

时间序列	原假设	特征根	迹统计值	$\lambda - max$ 统计值
BI 与 *CO*	None *	0. 694242	21. 63944	14. 21953
	At most 1	0. 461154	7. 419911	7. 419911

续表

时间序列	原假设	特征根	迹统计值	λ－max 统计值
PI 与 TO	None*	0.884835	29.65037	24.27529
	At most 1	0.413802	5.875082	5.875082

注：＊表示在 10％ 的水平下拒绝原假设。

3. 特征根检验

对建立的 VAR 模型进行特征根检验才能最终确定模型的正确性，模型特征方程的特征根均落在单位内（如图 4.3、图 4.4 所示），说明两个 VAR 模型都是稳定的，都可以进行脉冲响应分析。

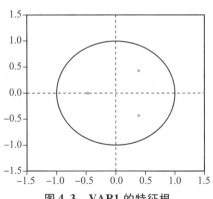

图 4.3　VAR1 的特征根

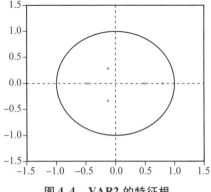

图 4.4　VAR2 的特征根

4.1.5　VAR 结果分析

商业孵化器和创意导向产业两者间的二元向量自回归模型 VAR（4.1），公共孵化器和技术导向产业两者间的二元向量自回归模型 VAR（4.2），实证回归结果如下：

$$BI = 0.482BI(-1) + 0.271BI(-2) - 0.227CO(-1) + 0.152CO(-2) + 0.116$$

$$CO = -0.162BI(-1) + 0.445BI(-2) + 0.606CO(-1) - 0.217CO(-2) + 0.157$$

$$PI = 0.462PI(-1) + 0.303PI(-2) - 0.103TO(-1) + 0.076TO(-2) + 0.161$$

$$TO = 1.423PI(-1) - 0.907PI(-2) + 0.604TO(-1) - 0.067TO(-2) + 0.157$$

将上述方程写成矩阵形式，得到 $C_{11}=(0)$、$C_{12}(0)$ 等，估计 $A(j)$ 矩阵。由 VAR 回归结果可以看出，VAR（4.1）中的 $a_{11} = C(1) = -0.99$，$a_{12} = C(2) = 0.029$，$a_{22} = C(3) = 0.057$，$a_{21} = 0$。VAR（4.2）中的 $a_{11} = C(1) = 0.032$，$a_{12} = C(2) = -1.273$，$a_{22} = C(3) = 0.074$，$a_{21} = 0$。

1. 广义脉冲响应函数

用广义脉冲响应函数来考察，冲击响应期设定为 15 期，横轴表示年数：图 4.5 和图 4.6 为商业孵化器与创意导向产业之间冲击响应，图 4.7 和图 4.8 为公共孵化器与技术导向产业之间冲击响应。冲击反应是指不同技术创新导向产业与不同市场化程度孵化器相互影响的动态轨迹。冲击反应模拟的结果如下：

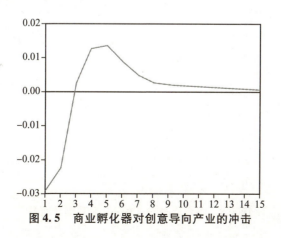

图 4.5　商业孵化器对创意导向产业的冲击

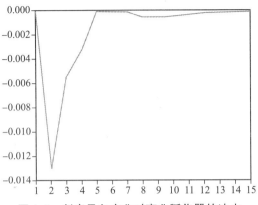

图 4.6 创意导向产业对商业孵化器的冲击

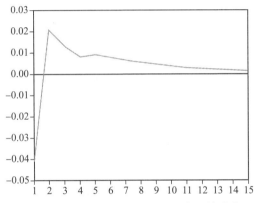

图 4.7 公共孵化器对技术导向产业的冲击

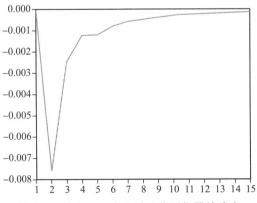

图 4.8 技术导向产业对公共孵化器的冲击

图 4.5 显示：发展商业孵化器将给创意导向产业带来同向冲击，冲击效应在第 5 年达到最大之后将趋于稳定，即发展商业孵化器对创意导向产业具有显著促进作用并具有长期持续效应。图 4.7 显示：发展公共孵化器将给技术导向产业带来同向冲击，由于技术导向创新的主导技术即将形成，冲击效应在第 2 年就达到最大之后将趋于稳定，即发展公共孵化器对技术导向产业具有显著促进作用并具有长期持续效应。上述结果表明：发展不同的孵化器将推动不同创新导向产业的技术创新。

图 4.6、图 4.8 显示：无论是创意导向产业对商业孵化器建设的冲击影响，还是技术导向产业对公共孵化器建设的冲击影响，响应函数结果都具有滞后特征，这表明由于在孵化器产业的市场化伊始，尚未意识到不同孵化器将有利于不同产业的技术创新。但是，图 4.6 显示出：在资本市场和技术市场选择下，商业孵化器市场嗅觉敏锐，对创意导向产业创新的反应相对迅速，冲击效应在第 5 年就会达到最大之后将趋于稳定。图 4.8 显示公共孵化器由于受政府干预，对技术导向产业创新的反应慢，冲击效应缓慢发展直到第 15 年才达到最大值。

2. 方差分解结果

方差分解显示：发展商业孵化器对于创意导向产业创新的贡献率均值达到 27%，发展公共孵化器对于技术导向产业创新的贡献率达到 25%，因此不同孵化器对于各个产业技术创新度的作用显著。

创意导向产业创新热度增加对于商业孵化器比例增加的贡献率达到 9%，说明商业孵化器以创业服务或早期投资驱动，体现的是市场化导向，更容易受到资本市场和技术市场的影响，在创意导向产业创新度增加时，快速反应增加对此类产业的孵化。

技术导向产业创新度增加对于公共孵化器比例增加的贡献率仅 3%，这同样说明公共孵化器具有滞后性，由于公共孵化器建设承担国家扶持科技创新的职能，体现的是国家科技政策的导向，往往受政府干预会保持既定孵化方向，对技术导向创新的创意导向产业的孵化服务并非其工作重心。

4.2 孵化器产业市场结构的均衡点

由于我国产业创新具有主导技术二次创新及产业路径依赖特征，公共孵化器侧重实现我国主导产业的逆向工程，然而我国的产业创新较少参与前期的产品创新，割裂了技术创新与市场需求之间的协同关系。2009 年后，移动互联网、生物基因科技、数字制造科技等为我国高科技创业拓展了巨大空间，民间资本开始引入美国商业孵化器的商业模式，出现了如创新工场等商业孵化器。方兴未艾的商业孵化器具有实现科技前期创意导向产业的孵化选择，引起我国孵化器市场结构发生了变化。因此，本节将基于协同演化视角，对孵化器的市场结构的演化均衡点进行研究和动态拓展。

4.2.1 孵化器市场结构变化阈值

在本书第 3 章的 A – U 扩展模型中，创意导向产业的创新过程存在两个阈值（如图 4.9 所示），阈值 1 之前，创意导向产业的技术创新零星间断出现，并未得到市场认可，阈值 1 是创意导向创新积累到一定程度时，市场对此开始具有需求反应，顾客选择引发创业企业的市场竞争；阈值 2 是指在创意导向产业向技术导向转变过程中，关键性核心技术的创新输出即将形成主导技术。

本节将尝试建立在我国孵化器市场结构的演化博弈模型，研究孵化器市场结构与技术创新的关系。根据弗里德曼的财富数量公式的思想，财富等于收入除以利率。财富是指资产价值，利率指市场利润率，未来预期收入可以化为一个固定的年金收入。投资者根据估计的投资会带来的年金收入，除以利率，求得现值的财富，再与该投资的现值成本相比，就会得出投资选择（张五常，2011）。

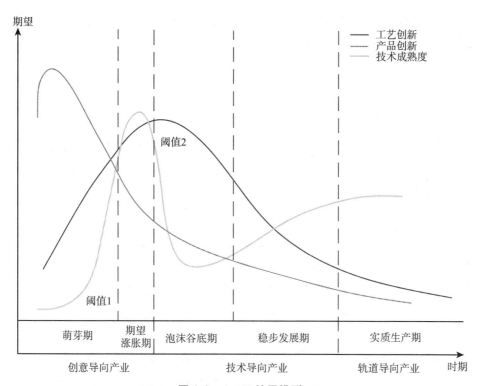

图 4.9　A – U 扩展模型

根据以上思路，假定市场上存在商业孵化器与公共孵化器，市场在时期 t，商业孵化器占市场结构的比例为 BI，孵化成本为 c；公共孵化器占市场结构的比例为 $1 - BI$，孵化成本为 c'，并且 $c' < c$。假设我国要发展某一产业，该产业的技术成熟度为 s_0，市场炒作期望为 $r_t = BI_t s_0$，商业孵化器的孵化风险为 $1 + r_t$（朱瑞博，2011）。

商业孵化器与公共孵化器的规模相等为 G、商业孵化器收益回报速度为 $\mu(0 < \mu < 1)$，预期收益为 μG；公共孵化器收益回报速度 $\lambda(0 < \lambda < \mu < 1)$，预期收益为 λG。商业孵化器获得的收益为：$R_1(r_t) = \dfrac{\mu G}{(1 + r_t)} - c$。

由于孵化服务的收益来源于服务费用与社会收益，因此公共孵化器总能获得收益。基于孵化服务导向的公共孵化器获得的收益为：$R_2(r_t) = \dfrac{\lambda G}{1 + t_t} -$

131

c'。商业孵化器与公共孵化器的演化博弈支付矩阵归纳为表4.4。

表4.4　　　　　　　　　商业孵化器选择孵化的支付矩阵

技术创新与产业变革		商业孵化器		公共孵化器
		实现收益	未实现收益	服务收益
商业孵化器	实现收益	$\dfrac{\mu G}{1+BI_t s_0}-c,\ \dfrac{\mu G}{1+BI_t s_0}-c$	$\dfrac{\mu G}{1+BI_t s_0}-c,\ -c$	$\dfrac{\mu G}{1+BI_t s_0}-c,\ \dfrac{\lambda G}{1+BI_t s_0}-c'$
	未实现收益	$-c,\ \dfrac{\mu G}{1+BI_t s_0}-c$	$-c,\ -c$	$-c,\ \dfrac{\lambda G}{1+BI_t s_0}-c'$
公共孵化器	服务收益	$\dfrac{\lambda G}{1+BI_t s_0}-c',\ \dfrac{\mu G}{1+BI_t s_0}-c$	$\dfrac{\lambda G}{1+BI_t s_0}-c',\ -c$	$\dfrac{\lambda G}{1+BI_t s_0}-c',\ \dfrac{\lambda G}{1+BI_t s_0}-c'$

假设孵化器的市场结构是逐步调整的，商业孵化器的期望收益为：

$$ER(r_t)=BI_t ER_1(r_t)+(1-BI_t)ER_2(r_t)$$
$$=BI_t[R_1(r_t)-(1-s_0)c]+R_2(r_t)(1-BI_t)$$

若商业孵化器在运营过程中发现孵化该产业收益高于其他产业时，商业孵化器的比例将不变，否则下一期的市场结构中比例将减少，每一期商业孵化器占比率变化如下：$BI_{t+1}=BI_t\dfrac{ER_1(r_t)}{ER(r_t)}$。

商业孵化器市场结构占有率为：

$$BI_{t+1}=BI_t\frac{ER_1(r_t)}{ER(r_t)}=BI_t+\frac{BI_t(1-BI_t)[-s_0(c-c')BI_t+(s_0\mu-\lambda)G-(c-c')]}{-s_0(c-c')BI_t^2+[(s_0\mu-\lambda)G-(c-c')-s_0c']BI_t+\lambda G-c'}$$

令上式中 $BI_{t+1}=BI_t$（郭继东等，2015）：

若 $(s_0\mu-\lambda)G-(c-c')>0$ 且 $|s_0(c-c')|>|(s_0\mu-\lambda)G-(c-c')|$，商业孵化器市场结构占有率的系统动力学方程有均衡点0，1，$\dfrac{(s_0\mu-\lambda)G-(c-c')}{s_0(c-c')}$。

若 $(s_0\mu-\lambda)G-(c-c')>0$ 且 $|s_0(c-c')|<|(s_0\mu-\lambda)G-(c-c')|$ 或 $(s_0\mu-\lambda)G-(c-c')<0$，方程有均衡解0，1。

4.2.2　均衡解的性质

（1）当 $(s_0\mu - \lambda)G - (c - c') > 0$，$|s_0(c - c')| > |(s_0\mu - \lambda)G - (c - c')|$ 时，$BI_t = \dfrac{(s_0\mu - \lambda)G - (c - c')}{s_0(c - c')}$ 是演化稳定均衡点，见图 4.10 中 S 点。

（2）当 $(s_0\mu - \lambda)G - (c - c') > 0$，$|s_0(c - c')| < |(s_0\mu - \lambda)G - (c - c')|$ 时，$BI_t = 1$ 是演化稳定均衡点，见图 4.10 中 X 点。

（3）当 $(s_0\mu - \lambda)G - (c - c') < 0$ 时，$BI_t = 0$ 是演化稳定均衡点，见图 4.10 中 O 点。

图 4.10 描述了孵化器选择商业孵化器的商业模式的动态过程。初始状态在稳定点 O 时，市场上全部是公共孵化器；初始状态在稳定点 X 时，市场上全部是商业孵化器。O、X 两点均为不良"锁定"状态。S 点与两个非均衡解 W、U 两条折线 WS 与 US 是市场收敛于不同目标客户的临界线。S 在 OX 上的移动，S 越靠近 O，ZSMXZ 越大，市场结构收敛于以商业孵化器，即市场结构中商业孵化器所占比例更大。反之，市场结构中公共孵化器所占比例更大。

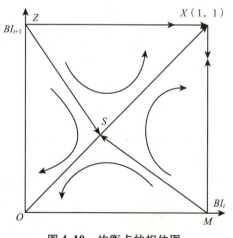

图 4.10　均衡点的相位图

因此，当 $(s_0\mu - \lambda)G - (c - c') > 0$ 且 $|s_0(c - c')| > |(s_0\mu - \lambda)G - (c -$

c') | 时，即 $\dfrac{G\lambda + (c-c')}{\mu G} < s_0 < \dfrac{G\lambda + (c-c')}{\mu G - (c-c')}$，$BI_t = \dfrac{(s_0\mu - \lambda)G - (c-c')}{s_0(c-c')}$ 是

演化稳定均衡点，此时 $\dfrac{dBI_t}{ds_0} = \dfrac{\lambda G + (c-c')}{s_0^2(c-c')} > 0$。

其中，$\dfrac{G\lambda + (c-c')}{\mu G}$ 是图 4.9 中的阈值 1，$\dfrac{G\lambda + (c-c')}{\mu G - (c-c')}$ 是图 4.9 中的阈值 2，在我国需要发展处于流动阶段的创意导向产业时，商业孵化器比重增加，并随技术成熟度的增加而增加，直到技术成熟度达到 $s_0 > \dfrac{G\lambda + (c-c')}{\mu G - (c-c')}$，创意导向产业已经转变为技术导向产业进入产业过渡阶段，商业孵化器不适应孵化技术导向产业，公共孵化器比重增加。

4.2.3 算例研究

下面对演化博弈模型作数值实验，分析在市场长期动态调整并趋于稳定的结构状态后，商业孵化器孵化不同产业时在市场机构中所占的比例。其中纵坐标表示商业孵化器在市场结构中的比例 BI_t，横坐标表示时期 t。

（1）当需要发展的产业是技术导向产业时的商业孵化器比例。假设参数取值为：$s_0 = 0.8$，$c = 8$，$c' = 4$，$G = 50$，$\mu = 0.36$，$\lambda = 0.2$，数值模拟结果如图 4.11 所示，市场结构经过长期的动态调整将会趋于稳定结构状态的均衡点 0.125。这种市场稳定结构状况是商业孵化器所占比例仅为 12.5%，公共孵化器所占比例为 87.5%。

（2）当需要发展的产业是创意导向产业，参数取值为：$s_0 = 0.5$，$c = 8$，$c' = 4$，$G = 50$，$\mu = 0.6$，$\lambda = 0.2$，数值模拟图结果如图 4.12 所示，市场结构经过长期的动态调整将会趋于稳定结构状态的均衡点 0.5，商业孵化器与公共孵化器所占比例各为 50%。也就是说，由于具备较高的资本与科技交易能力，尽管商业孵化器选择孵化创意导向项目机会成本较高，但是科技资本市场交易成功后的收益却会足够高，就可能引导更多科技先驱者的创业活动进入商业孵化器。但是在其他参数值不变条件下，技术成熟度减少的前提是商业孵化器的孵化能力必须要大于 $0.58G$。

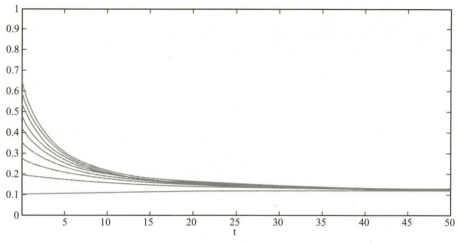

图 4.11 孵化对象为技术导向产业

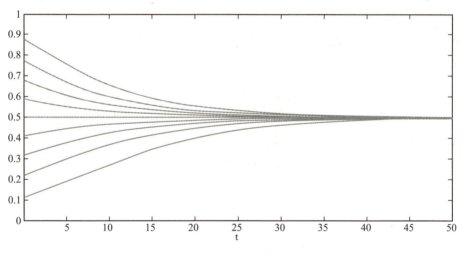

图 4.12 孵化对象是创意导向产业

我国孵化器产业的市场结构在第四次工业革命的背景下将发生变化，这一动态演化过程并非是随机、无序的，如果以技术变革催生产业革命为空间运作的初始状态，那么商业孵化器和公共孵化器会提供不同的创业孵化服务：（1）创意导向产业的目标是技术创新能力的商业化，科技革命的兴起推动商业孵化器的孵化链条延伸至产品创新前期；（2）当创意导向产业的技术创新在整体上已完成产品创新成为技术导向产业时，关键性核心技术创新输出的目标是结构优化升级，技术创新驱动公共孵化器锁定技术导向创新的孵化，助推传统产业变革的需求。

广义脉冲函数的实证结果与方差分解结果支持了动态演化过程的理论假设，表明孵化器市场化和技术创新之间，的确具有明显的非线性关系特征，表现为以下两方面：（1）在孵化器市场化过程中，商业孵化器对创意导向产业创意导向技术创新的影响、公共孵化器对技术导向产业创新的影响都是直接和显著的；（2）技术创新对孵化器建设的影响具有相对滞后性，公共孵化器由于受政府干预，对技术导向产业技术创新的反应缓慢；然而商业孵化器市场嗅觉敏锐，对创意导向产业技术创新的反应迅速。

孵化器本身是一种新兴的创业服务产业，具有商业本质。公共孵化器遵循主导产业的科技范式，专注于技术导向产业的创业活动，对创意导向产业的创业活动扶持力度是有限的。在孵化器产业的市场结构中，商业孵化器与公共孵化器之间的动态转化均衡关系，则是突破公共孵化器孵化瓶颈的内在要求，表现为：（1）创业企业需要根据孵化器的市场化程度针对自身所在产业的创新导向选择合适的孵化器，以提高创业成功率；（2）不同的孵化器需要提高产业与技术的识别度，选择适合本孵化器内的产业与企业，以减少孵化服务的滞后性。

即将出现的新一轮科技革命和产业变革与我国加快转变经济发展方式形成历史性交汇，孵化器在作为政策性工具助推我国产业变革的同时，也应作为产业工具参与科技交易：（1）政府不仅要助推孵化器孵化当前的新兴产业，还应以发展的眼光发展孕育期中的新兴产业，参与前期高频的创意导向创新活动，引导科技先驱者的创业企业进入商业孵化器，实现在商业孵化器中的科技交易，激发科技种子期创业者的积极性，支持和引导处于创意导向产业的科技创业者进入技术轨道。（2）公共孵化器应定位于科技成果产业化转化平台，这不仅是一个物理平台，也是一个管理平台，通过对创新过程的管理，实现科学科技成果的产业化以及将外部资源融合形成的资产化和证券化。政府部门应引导高校、科研机构与商业孵化器合作，促使高校与科研机构中的科技先驱与公共孵化器对接，优先支持掌握科技轨道的科技企业家实现科技转换并加速其产业化进程。

第 5 章

以技术价值为核心的商业孵化器
创业投资创新模式

　　传统意义上的孵化器是政府职能延伸的公共事业机构，仅提供房屋租赁、人力资源、财务管理咨询及相关政策的公益性服务。从 1959 年第一家孵化器出现，至 20 世纪 90 年代后期，孵化器一直处于高速流动阶段，先后出现了专业孵化器、虚拟孵化器、企业孵化器等多种形式。近年来，技术创新的不断深入、消费者多样化需求及产业融合推动了企业业务形态的形成和商业模式的创新。伴随多层次资本市场与私募股权投资市场的规模化与多样化，大公司战略并购需求及移动互联网创业浪潮，创业企业需要孵化器提供技术平台、资本市场平台、技术贸易平台。

　　显然传统意义上的孵化器无法提供创业企业多样化的需求，孵化器职能呈现向服务产业功能的过渡。因此，商业性孵化器需要通过商业模式创新为孵化器、客户和社会创造新价值。美国的创业孵化集团，以硅谷的 Y Combinator、TechStars、Startups 500 等著名孵化器为代表，定位于整合天使投资，培育生产科技新创公司的企业。这些呈现商业化运作趋势并具备独立投资功能的商业孵化器，引发了孵化器公益性特征的突破性变革。

　　一般意义上的商业模式创新是基于产品服务市场的，以苹果公司为例，其商业模式就是基于产品市场的创新，通过扩大产品创新轨迹，将高科技产品与服务完美结合（Osterwalder et al.，2005）。但是，作为创新型企业，商业化孵化器生产的产品是创意项目或者创新企业，客户是资本市场（多轮投资）或技术市场（大企业并购需求）。因此，商业化孵化器的商业模式创新更大程度上是基于资本市场与技术市场的创新，其价值主张是向创业企业提供技术和资本方面的软件服务，吸引创意项目及科技成果入驻，并寻求在资本市场与技术市场的退出渠道。

鉴于资本、技术市场与产品服务市场的差异性，本章从商业模式基本原理出发，采用理论框架设计的应用研究与案例研究法，构建基于资本市场与技术市场的商业孵化器商业模式的描述框架，并证明此类商业孵化器商业模式的存在性及描述框架的实用性。

5.1 我国商业孵化器的类型

孵化器是当今高新技术转化为现实生产力的重要途径之一，是推动科技创业发展和科技创新的重要载体，是国家创新体系中的重要环节。商业孵化器的设立鼓励了大众创业、万众创新，对新常态下经济的稳定增长和市场活力的增强起到了重要促进作用，成为振兴区域经济的"推进器"。但随着创业环境的不断完善和创新创业活动的不断增多，国内孵化器的发展已进入新的调整期和转型期，以期不断调整以更好的方式为创新创业活动提供更为全面的服务。随着孵化器数量的不断增加，同质化、营利性和白炽化竞争等问题掣肘孵化器的创新发展。因此，国内孵化器需对创业企业进行深耕细作，沿着重服务和创业投资的主脉络进行新的探索创新，方能找到未来的创新发展之路。

20 世纪 50 年代，伴随着新技术产业革命的兴起，精益型的高新技术小企业作为创新的新兴力量，爆发出惊人的创新速度和盈利速度。小企业爆发式的增长，使得小企业逐步受到美国各界的关注，被视为能够带动美国经济走出"滞胀"阶段的重要措施。但小企业融资困难及缺乏相应的创业所需的服务，成为困扰美国政府的难题。在此情况下，具有多重功能的商业孵化器应运而生。1980 年，商业孵化器开始在美国本土快速发展并经欧洲传向世界，欧洲的商业孵化器最早出现在工业发达的英国。从欧美商业孵化器的成功发展历程来看，都离不开以下几个因素：政府的重视与支持、社会网络关系维护带来的社会资源、企业化运作模式、与投资机构对接紧密以及孵化对象的明确（如表 5.1 所示）。这些成功发展经验都可为我国孵化器发展提供参考经验。

表 5.1　　　　　　　　　　　　国外商业孵化器成功要素分析

成功因素	具体内容
政府重视与支持	出台了相关孵化器的立法，使孵化器的服务与活动有法可依； 政府对孵化器的建设与经营提供经费资助
重视社会网络的关系	与科技园、专业服务机构和高校等保持友好合作关系； 与在孵企业的关系严格遵循市场经济规范的同时，保持良好互动，办公环境和谐； 与其他孵化器建立正式或非正式的网络联系，扩展社会人脉和资源
企业化运作模式	企业孵化器与入驻企业的关系严格遵循市场经济的规范，按照市场原则规范化运作
与投资机构紧密结合	与股权投资机构保持良好合作关系，为被孵企业提供发展资金支持
孵化对象明确	以高科技企业为主要服务对象，筛选标准严格

孵化器作为一个企业，基于其可用的资源和能力，挑选有商业潜力的创意或者科技成果项目，通过其特有的渠道参与研发这些项目，市场运营直至项目成熟，生产成为独立子公司，面对资本市场的投资需求或高科技大企业的并购需求，提供为以上客户群体定制的公司，确定成本和收益模式，最终使创业企业活动资本市场认可或被收购，实现孵化器的盈利。如美国一批具有世界影响力的高科技企业——微软、苹果、谷歌等的高速增长，其直接因素是基于专业化和相关多元化的战略并购，而并购项目往往来源于各类孵化器。

在"大众创业，万众创新"的号召下，中国已经成为全球孵化器数量最多的国家。截至 2015 年底，中国有科技企业孵化器 2530 家、全国上报众创空间名单 2345 家，两项合计 4875 家，成为全球孵化器数量最多的国家。虽然中国孵化器数量发展成为全球最多的国家，但创客空间的发展却远不如国外。美国创客空间发展最为快速和完善，例如微软创客空间在全球建立分支，为微软集团不断输送全球最先进技术和优质可投标的；以微软集团的快速发展带动当地经济的转型升级。中国虽设立多个创客空间，但其发展并不具有中国特色，中国创客空间的全面开花尚待时日。随着国内中小企业数量的不断增长，国内孵化器的功能愈发多元化，满足不同中小企业的发展需求。孵化器也由最初的 1.0 升级到现在的 4.0 模式，无论孵化功能还是孵化效率都有着质的飞跃。

在我国经济转型升级的压力下，商业孵化器具有弥补公共孵化器孵化链条短缺的先天优势，各类商业主体参与设立商业孵化器，相互组合分化出了更加灵活和创新的孵化服务，主要有以下两类市场化的孵化服务供给形态：

1. 创客空间

创客空间孵化器是具有互联网思维的大企业或者互联网从业人员创立的创业服务企业。孵化目的是实现大企业转型或创业成功，因此创客空间也是创业企业。孵化对象是具有互联网思维的硬件创意爱好者和大公司离职人员创业团队。孵化链条是微型的创业生态圈，以创客空间为中心点连接创客、创投与用户，创客空间对于创客是孵化器，对于创投是投资项目来源，对于用户是领先用户体验平台。孵化服务供给形态表现为基于共享办公设备的开放式办公空间，引入用户参与创客创新活动的反复迭代，创客空间最后通过直接购买创客产品或者天使投资退出来完成整个孵化链条。

2. 天使孵化器

天使孵化器是效仿美国成熟商业孵化器的主要形态，运营主体是创业投资、风险投机和公司创业投资等机构，孵化器的投资人担任导师，如创新工场。孵化目的是获取股权投资收益，往往是首轮投资的收益回报。孵化对象甄别标准严苛，主要来源于各类新兴产业的非定向性创意导向创业。孵化链条往往开始于严格评估筛选创意项目，主张配备导师协助创业团队完成企业设立，提供创业培训和首轮投资，甚至参与企业运营和产品设计。孵化链条往前可延伸至创意想法，往后可延伸至创业企业首轮投资后的多轮投资。在首轮投资置换股权的资本收益驱动下，孵化服务供给形态表现为根据创业团队的创业经验提供分阶段的创业培训，最大可能地确保创业孵化服务的供给与需求相匹配。

创客空间与天使孵化器的区别如表 5.2 所示。

表 5.2　　　　　　　　　创客空间与天使孵化器两者的区别分析

两者区别	类型	具体表现形式
孵化时间	创客空间	缩短孵化时间，一般为 3~4 个月
	天使孵化器	孵化时间较长，一般为 6 个月~23 个月
商业模式	创客空间	投资
	天使孵化器	投资
筛选标准	创客空间	拥有创业点子的初创企业，筛选标准较低
	天使孵化器	严格遴选出优秀的成长型企业为其做加速
合作方式	创客空间	企业以较少股权交换少量的资金和指导
	天使孵化器	以股权换取企业初期所需的综合性支持
培训与教育	创客空间	法税课程，产业策略及投资战略规划等课程
	天使孵化器	结构化研讨会，精简高效的短篇幅课程学习
退出方式	创客空间	没有明确要求
	天使孵化器	企业入住一定时间后，肯定会离开孵化器

自 2014 年 9 月在夏季达沃斯论坛上，国务院总理李克强公开提出"大众创业、万众创新"的口号，鼓励社会各界人士积极参与创新创业活动之后，社会上掀起一股创业热潮，"大众创业、万众创新"的局面逐渐在全社会蔚然成风。初创企业数量呈现大幅上涨趋势，进一步促进孵化器的创新发展。随着孵化器的不断更迭创新，提供的服务也从简单的基本服务发展到较深层次服务（如图 5.1 所示）；但由于孵化器投资主体、经营宗旨、组织形态等不同，形成了各具特色，形式多样的孵化器。归纳起来主要有七种类型：国家综合企业孵化器、新型科技企业孵化器、专业技术/产品孵化器、人才孵化器、国际孵化器、虚拟孵化器和创业投资主导孵化器。孵化器的不

断发展也逐步带动国内加速器的起步，加速器的诞生对孵化器创新发展起到了承上启下的作用，从一定程度上对孵化器的功能作用进行了补充和完善。两者都是为初创企业发展提供服务，但在根本上还存在一定差异。

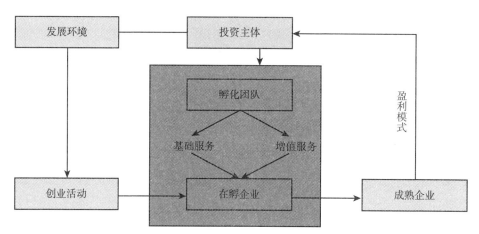

图 5.1　国内创新型孵化器的运作模型流程

　　孵化器虽然起源于欧美国家，在中国起步晚、发展时间不长，但孵化器发展模式却多种多样，主要有大企业平台型、"天使 + 孵化"型、开放空间型、媒体依托型、新型地产型、垂直产业型和跨国合作型如图 5.2 所示。无论何种模式孵化器，对于当地经济的发展都起到了促进作用，承载了当地政府对于初创企业扶持发展的重任。其中，"天使 + 孵化"模式孵化器主要是效仿美国等发达国家孵化器的成功模式，该模式的特点就是提供"场地 + 资金 + 导师"一站式保姆服务，靠股权投资获得盈利。在这些孵化器类型中，政府干预最多的孵化器类型为垂直型孵化器，此类孵化器把具有地方特色或带有政府倾向性的产业扎实地发展起来。地方政府会依据产业优劣势，选择具有优势的产业进行定向孵化，以带动区域产业的升级与改造。孵化器发展模式不尽相同，但其目标都是扶持中小企业，共同促进经济发展和产业升级。

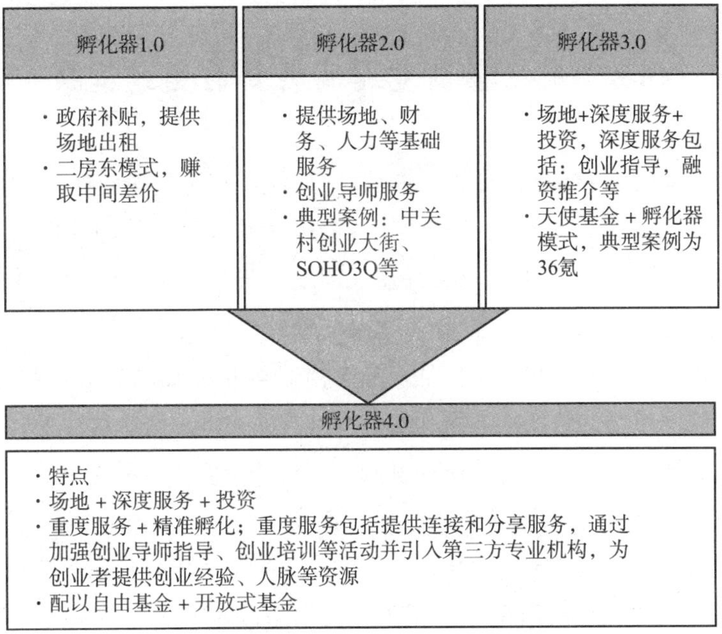

孵化器1.0	孵化器2.0	孵化器3.0
·政府补贴，提供场地出租 ·二房东模式，赚取中间差价	·提供场地、财务、人力等基础服务 ·创业导师服务 ·典型案例：中关村创业大街、SOHO3Q等	·场地+深度服务+投资，深度服务包括：创业指导，融资推介等 ·天使基金＋孵化器模式，典型案例为36氪

孵化器4.0

· 特点
· 场地 + 深度服务 + 投资
· 重度服务 + 精准孵化；重度服务包括提供连接和分享服务，通过加强创业导师指导、创业培训等活动并引入第三方专业机构，为创业者提供创业经验、人脉等资源
· 配以自由基金 + 开放式基金

图 5.2　我国商业孵化器模式发展变化情况

在"双创"浪潮的孵化下，国内科技创新创业活动表现较为活跃，中小企业数量也逐年增长；孵化器作为发展创新经济和培育内生增长能力的战略工具已经在我国广泛发展。但国内孵化器的服务水平并未跟上初创企业的发展步伐，不对称的发展促使孵化器创新服务亟待提高。政府也相继出台了一系列扶持孵化器的优惠政策，对创新创业起到一定推动作用，但部分政策并不是孵化器所迫切需要的，优惠政策并没有真正落到实处。因此，政府应因地制宜制定并落实有效且支持孵化器发展的政策。确定孵化器的法律地位，从仅提供场地、硬件设备和网络设施，变为提供全方位服务，从根本上改善创业环境。此外，随着孵化器不断创新发展，未来也会出现新发展趋势，例如，创业导师团队将成为孵化器标配软实力；持股孵化模式成为重点发展模式等。

5.2 孵化器商业模式创新的描述框架

在以 2008 年《哈佛商业评论》上发表的《如何重塑商业模式》为代表的很多经典文章中，都阐述了商业模式的框架并分析了其构成因素，提供定制服务满足客户的个性化需求，是现代市场经济中的企业商业模式创新的全新价值主张。然而关于科技企业孵化器的商业模式研究仍缺乏理论与实践框架，孵化器作为一家公司，提供的产品是为资本市场定制公司。现有文献缺乏从资本、技术市场的角度描述孵化器的商业模式。本书将从商业模式基本理论出发，借鉴孵化器的商业模式研究基础，构建基于资本市场与技术市场的孵化器商业模式描述框架，该框架从客户、市场、产品、过程、组织、风险承担者、政府与社会出发，考虑孵化器所处的商业生态系统及其在系统中的位置。

在商业模式理论的研究中，基于存在论的商业模式框架（BMO）具有最广泛运用范围（Kim et al.，2012；Gordijn et al.，2005），本书将基于 BMO 总体框架（Osterwalder A.，2004），顺延商业模式框架的研究脉络，从产品、客户群体、资源整合能力、成本收益模式四个因素，构建科技企业商业孵化器商业模式描述框架，框架中的因素与其他因素间的关系，都是为了描述商业孵化器实现盈利的逻辑（如图 5.3 所示）。

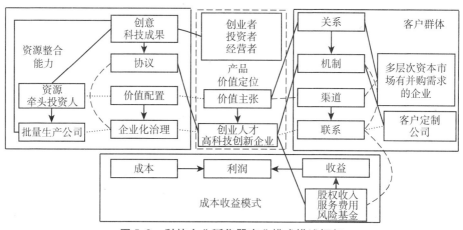

图 5.3　科技企业孵化器商业模式描述框架

1. 产品——以创新工场为例

创新工场是我国最早的商业孵化器，是一家致力于早期阶段投资并提供全方位创业培育的孵化器平台。创新工场通过引进资金、商业、技术、市场、人力、法律、培训等专业公司入驻，将天使投资引入孵化器中，以信息产业创业者为孵化对象，团队化地参与投资项目研发与市场运营，直至成为创新工场的独立子公司，等待上市或并购。其价值主张创新点在于，创新工场作为规模化与产业化的孵化器，通过天使投资 + 参与产品创新，将孵化器作为风险投资企业，在确保初创企业管理质量的同时减少了孵化器的运营成本，以实现初创企业市场化收益。

以创新工场第一批成功的投资项目——魔图精灵为例，通过三阶段孵化计划，在政府关系、研发、资源、财务指导、用户、资金、渠道等方面提供一揽子服务，上线后有接近 1000 万用户，最后被百度全资收购更名为百度魔图，产品、技术及团队等资源悉数整合进入百度（如图 5.4 所示）。

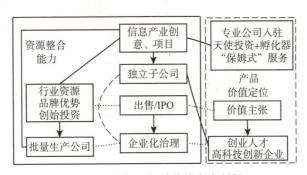

图 5.4　创新工场的价值主张创新

2. 客户群体——以张江高科为例

张江高科是国内公共孵化器与高科技园区产业运营商的代表，从事高科技技术园区的房地产项目开发、销售与租赁业务，却成功完成向商业孵化器的转型。一方面为吸引大公司到园区投资建设，园区引进各级科研机构，直接投资园区内高新技术项目与创业型企业，实现科技成果转换，通过产业链招商，吸引发达国家拥有成熟技术的上下游跨国公司。另一方面，为撬动社会资本扩大政府和张江园区并购基金规模，张江高科充当资本孵化器，直接投资园区核心产业相关企业，个性化服务使企业基本达到上市要求，助推企业尽快进入多层次资本市场。最大化对投资企业的控制能力和未来收益，使张江高科进入加速产业化、资本化阶段（如图 5.5 所示）。

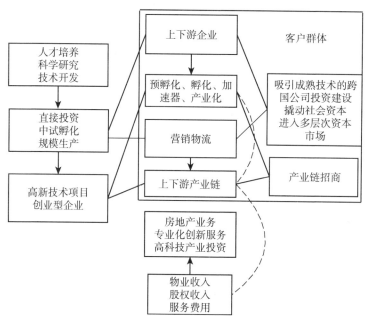

图 5.5　张江高科客户群体界面

3. 资源整合能力——以清华科技园为例

清华科技园是我国大学科技园的成功范例，拥有独特的"创源"价值配置，主张科技型中小企业利用全球资源，围绕融资渠道、创业导师、硬件设施和综合服务这四方面为企业提供孵化服务，通过先引入再投资的资源核心能力，引进一些处于产业链高端的尚未推出产品的创业团队进驻，并给它们提供场地、数据中心、创业指导以及人力资源，输出自身管理服务模式，等待其逐步发展后再决定是否投资。清华科技园内聚集了知识产权、法律和会计代理机构、银行、风险投资公司等各类服务机构或中介机构，推动园区企业与大学资源、企业与企业、企业与政府资源、企业与金融中介机构等在园区内产生相互交流和相互作用，促进企业成为技术创新的主体，同时，使得政产学研金介互补互动、互惠互利、共同发展（如图5.6 所示）。

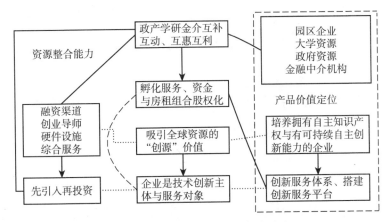

图 5.6   清华科技园的资源整合能力

4. 成本收益模式——以联想之星为例

作为国内的企业内部孵化器与企业创业投资基金的代表，联想控股旗下的联想之星开创了"创业培训＋天使投资＋孵化器开放平台"的"三位一体"商业模式。由母公司联想控股完全出资 4 亿元构建联想之星天使投资资金，使其没有有限合伙人的募资压力，而能专注于种子期和极早期投资。截至 2012 年底，已经投了 30 多个项目，总金额近 2 亿元，约 50% 的项目在投资时还没有成立公司，约 69% 的资金投给了没有任何收入的极早期企业。显然这些投资风险高，而联想之星通过"隔轮退出"减少投资风险，即对企业进行天使投资，然后在帮助企业引入 A 轮融资后，并不会退出，而是要等到 B 轮融资进来后，才开始考虑退出的问题（如图 5.7 所示）。

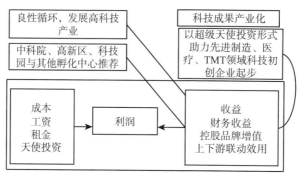

图 5.7　联想之星收益成本模式

5.3　案例分析：Y Combinator 孵化集团商业模式框架

作为"十大美国创业孵化器与加速器"排名第一的 Y Combinator（YC），是以利益驱动为前提的新创企业，也是创造公司的公司，每年孵化两批创业公司。YC 拥有经验丰富的管理团队、高素质管理人员、创业者同伴社区及企业发展战略、品牌经营和公司治理结构方面的专业支持，只关注早期创业团队并提供 2 万美元左右的"种子资金"，占 2% ～10% 的股份。YC 作为牵头投资人为入驻企业吸引风险投资、投资银行及其他基金。

截至 2012 年，YC 投资企业组合价值 100 亿美元，共有 172 家被收购、关闭或成功融资的公司，总价值为 77.8 亿美元，平均每家公司的价值达 4520 万美元，创投项目 74% 已盈利和获注资。例如，2010 年被 Rackspace 以 5000 万美元收购的云端服务器监控与管理的工具 Cloudkick；2011 年获得 1.12 亿美元投资，估值 10 亿美元的点对点房屋短租服务 Airbnb。YC 快速生产有竞争力的企业这一商业模式是适应硅谷特殊环境和自身发展的结果（如图 5.8 所示）。

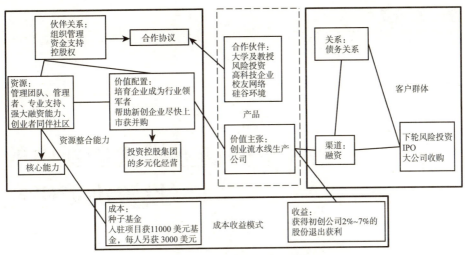

图 5.8　Y Combinator 孵化集团商业模式框架

基于以上的案例，我们可以发现：

（1）基于资本市场的孵化器商业模式框架具有普适性。事实上，这一框架内的构成因素都是存在的，本书只是将这些因素有机整合成为一个框架。若通过对更多孵化器的深入访谈，更能证明这一框架的普适性。

（2）尽管各个孵化器的商业模式与经营出发点不同，但它们的共同目标都是尽可能注重软件的建设，为创业者营造全方位的创业和成长环境，并从各方面给予支持，同时在孵化理念上不断创新，为社会生产优秀企业。在同样得到政府支持与面临同样目标的情况下，科技企业孵化器在不同经营出发点下可以通过不同因素的组合选择最有效的商业模式。而孵化器想确定哪种商业模式是最佳选择，则需通过商业模式框架予以分析。

（3）国内孵化器的商业模式大致有四种类型：国企运作型（张江模式）、创客空间（创新工场）、企业参与孵化业务（联想之星）及大学科技园（清华科技园）。而在这四种类型的孵化器无一例外是具有政府引导、天使投资与孵化器相融合的特征。

第 6 章

创客空间商业模式创新中的
投资决策研究

　　创客空间是商业孵化器基础上的全面商业模式创新，其创新路径在于：创客空间通过参与创客的技术创新，并寻求投资收益，创客空间与创客之间形成了一种创新驱动的协同创业关系。整个创客产业链生态系统以金字塔形式存在，这也是创客向创业者蜕变的过程：金字塔底层是创客，是创客空间内的创新原始驱动力；往上一层是创客社区（如"一起开工社区"），创客在创客社区中组建创新团队并利用基础模块设计样机实现创意原型化，创客社区仅收取基础设施和创业服务费用；如果原型成功，创客再往上一层发展进入制造空间（如"富智康"InnoConn），创客利用硬件制造商在硬件制造各阶段的经验和工艺水平实现原型产品化与小规模试产，但是制造空间仅收取制造费用；如果试产成功，创客可直接商业化；但是风险巨大，因此创客会进入金字塔顶端——商业化创业平台（如"海尔海立方"），创业平台基于产业链的全链条参与创客创新活动，购买创客产品共同实现产品的大规模商业化，创客具有供应商和用户的角色重叠特征。

　　在"大众创业、万众创新"的国家政策和孵化器产业化浪潮中，创客空间如何通过核心竞争能力参与创客产品创新活动？创客如何从创客空间中获得最实质的产品创新服务？众多学者通过概念性框架分析与具体案例研究提出创客空间参与创客创新活动过程：林特纳（2012）田野调查发现创客空间的创新模式具有开源、开放、分享、快速迭代与共同改进的特征。徐思彦（2014）对创客与创客空间追踪溯源，提出创客空间参与创客从创意到产品的创新过程，创客空间的本质是公众参与创新的社会网络。胡贝贝等（2015）分析和归纳了互联网时代创客获得特征，发现创客空间形成的互联网创业网络推动了开放创新和用户参与，支撑了创客的创业机会挖掘、创业资源整合、团队组建活动、创业项目开发过程。谢莹等（2015）通过对深圳"创客圈"的考察提出创客空间在生产链及生产系统中承担着制造商的角色。盖拉（Kera，2012）认为创客空间参与创客创新活动是一种商业孵化器参与早期创业投资的行为，加速了创客对于原有产业的破坏性创新，形成新的技术轨道。

本章基本假设在互联网经济下，创客空间与创客之间形成的是一种创新驱动的协同创业关系，另外创客空间和创客的创新活动绩效和开发成本能够被迅速预测，创客空间通过产品化服务投资提高创客产品创新能力并降低创新成本，从而提高创客空间的用户体验并扩大收益。但是创新过程却充满了不确定性，加上创客自身能力与实力的有限性、产品创新本身的难度与复杂性，或由于技术突破过慢达不到预期目标，可能导致创客空间的低出货量、低直通良率等问题出现，因此创客空间创业投资创客的决策具有风险性。

为解决以上问题，本章首先基于价值网理论，根据创客空间参与创客的价值主张，提出协同创业活动经历的三阶段演化；其次重点关注创客空间与创客之间形成的互联网分布式协同投资决策；最后研究可实现技术创新的技术成熟度范围，以及创客空间与创客技术各自的投资水平。

6.1 基于商业模式突破性创新框架的创客空间价值网创新

价值网源于在价值系统中不同利益主体的价值偏好和价值结构（李垣，2001），是 Mercer 咨询顾问公司提出的一种包含顾客/供应商合作、信息交流活动的商业模式，是一种交互式网络关系，反映着价值创造的基本属性，以满足客户需求为价值主张，与客户、供应商之间形成高度协作网络，最终形成价值合理分配，其中客户、供应商、竞争者或互补者可以是同一角色扮演的多重身份。

在创客空间中，创客既是客户也是技术供应商，不同创客之间，既是竞争者也是互补者，创客空间与创客之间纵横相连，演绎出整个创客空间的价值创造系统。因此本节将结合创客空间实际情况，分析其价值创新网络框架（如图6.1所示），重点关注协调创客空间与创客、创客空间与创客在价值创新网络中实现价值增值的过程，分析创客空间参与创客的协同发展与各自分工，明确创客空间的创新支持范围。

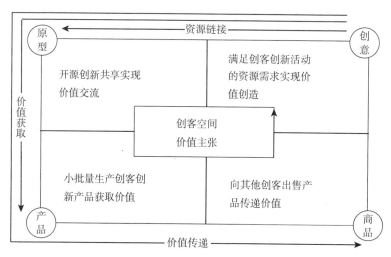

图6.1 创客空间价值创新网络框架

围绕创客空间的价值创新网，考虑创客空间与创客的协同演化过程，通过不同的节点经历了"资源链接—价值获取—价值传递"三个阶段，匹配"扩大知名度与用户群—产品化应用案例—扩展配套硬件"三个核心价值。在不同阶段中，创客空间在价值创新网络框架中，关注的重点也不尽相同。

6.1.1　创客社区的资源链接

图 6.2 描绘的创客社区是创客空间与创客协同创业的第一阶段。创客空间围绕价值创新网络中的资源链接工作形成协同创业。在该阶段中，创客空间表现为单纯的社交活动场所。基于创客的兴趣爱好，通过社区会员制认证吸纳创客，定期组织交流分享活动，创客在社区中结交知识创新的跨界互补，最终组成创意原型化的研发流程团队。

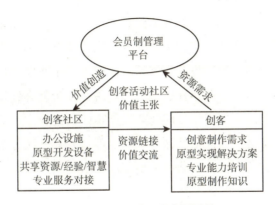

图 6.2　创客社区的资源链接

创客社区的价值主张注重实现价值创造到价值交流的过程，对应于创客创意原型化的过程。创客社区并不参与具体生产，仅仅为创客输出方法论，表现在创新思路培育、创意传播和创客团队运营培训，收入来源于硬件资源（办公工位租赁、会员会费）和软件资源（创业实训与创客课程、产品服务费用、运营经验整合服务），其中硬件资源是创客社区的基础，软件资源是创客社区的核心价值，硬件资源与软件资源相辅相成，软件资源可以吸引创客参与壮大社区硬件资源，社区硬件资源升级又可输出更加多元化的软件资源，软件资源和硬件资源共同改善了需求链。

"一起开工社区"是协同创业第一阶段的典型。"一起开工社区"是融和了环球经验与本土文化的"联合办公＋众创＋众包"社区。价值主张是围绕创客不同阶段的资源需求，通过线上、线下两个空间链接团队资源和知识共享资源，确保每一次共享都能实现资源的连接。创客会员是无创业冲动却有知识技能共享意愿的创意群体，因此"一起开工社区"并不参与项目生产，仅仅根据创客需求召集跨界会员组成创新团队，分解任务流程帮助创客创意原型化。"一起开工社区"的硬件资源由自由工作区和固定办公位组成，办公区出租费用和咖啡品牌周边产品为社区提供了50%的收入；软件资源包括线上会员社区和运营实训，具体为创新思维、用户研究、商业模式、软件产品开发等的知识分享和训练，知识分享活动场地租金门票和会员费为社区提供了另外50%的收入。

创客社区会因专注的产业领域不同而有所区别，但是在遵循创客社区机制的主张规则下，创客社区与创客协同创业在长期合作中，都能实现自身价值收益。这种收益不以项目投资为来源，而可能源于政府补偿或周边产品及市场化的资源连接活动。创客社区最大的作用在于为创客链接起一些能快速组合也能快速解散的创新资源，既能降低创客的试错成本，又能增加创客创新活动的灵活机变度。当前众多创客空间也都以创客社区起步，聚集各个领域中最具创新意识的人群，不断创造出新的需求链与产品链。

6.1.2 制造空间的价值创新链

图6.3描绘的制造空间是创客空间通过价值获取实现原型产品化的协同创业第二阶段。在该阶段中，创客空间表现为创客的制造空间，制造空间是基于产业链细分度和专业度形成的价值创新链。在创客创意原型化后，制造空间为创客提供工程技术和批量生产的制造资源，形成可接受市场考验和用户体验的创新产品一代。

制造空间的价值主张注重价值获取的过程，对应于创客原型产品化和规格定案上市的过程。制造空间并不拥有创客产品的知识产权，也不参与创业投资，仅满足创客从开模到量产的各种需求，表现在规格定案或样品打件、开模制作设计定案样品、试产和量产的相关技术支持，确保产品生成或管控生产良率，收入来源于参与产品制作中的自主技术销售、制造费用和产品销

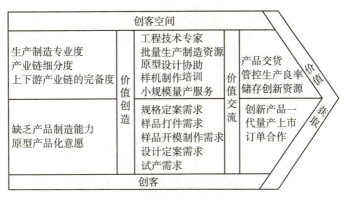

图 6.3　制造空间的价值创新链

售分成。现实中的制作空间往往依托于大企业积累的优势产业链资源和制造优势，吸引具创新能力的创客。这些本不擅长频繁创新的大企业还可借机储存创新资源或者实现转型。

　　"富智康"（InnoConn）是制造空间的典型代表，它是富士康科技集团在香港上市的生产制造组装手机的子公司，也是全球手持式无线通信设备制造服务龙头，拥有全球最高的机构件、SMT、整机组装和测试等制造能力和自动化程度。InnoConn 是富智康开展的一项由代工制造向开放平台转型的微观支撑业务，为硬件创客不设下限地制造新型设备。InnoConn 的价值主张是匹配创客的创新创造能力与富士康代工制造的量产技术能力，通过与创客合作生产促进双赢。进入 InnoConn 的创客是缺乏产品制造能力但具有创业意愿的群体，因此 InnoConn 为创客提供产品 DFX 设计协助、样机制作、少量生产和小规模量产的服务。InnoConn 的收入来源于传统代工费用、物料代工带料费用、技术入股和成本转投资，但是 InnoConn 更加关注智能硬件发展前景与挖掘硬件创业企业成功机遇，便于开拓富士康核心服务之外的市场。

　　制造空间往往依靠传统制造业给予创客在制造产业链上下游的扶持。制造空间与创客协同创业在长期合作中都能实现自身价值：在制造空间完备的产业链资源下，创客减少试错频率、学习流程管理甚至获得国际订单合作，同时也给大企业迅速开发智能硬件新业务带来便利，活化大企业研发部门。当前越来越多的大企业，如联想、TCL 等都加入创新热潮，设立类似创客空间推动产品快速上市，搭建开放平台，对接产业链上下游资源，打造智能硬件开放生态圈。

6.1.3 创业平台的互联网分布式协同创业

图 6.4 描绘的创业平台是创客空间在价值创新网络中完整实现价值传递后，形成的协同创业第三阶段。在该阶段中，创客空间表现为开放式创新产品研发平台，通过众筹和用户参与的方式筛选创客。在创客空间里，内部创新资源盘活了外部的创客资源，外部创客带动产品创新的迭代速度，内外相互影响维持着创客空间的动态平衡，创业平台形成协同创业生态圈（刘旭，2015）。

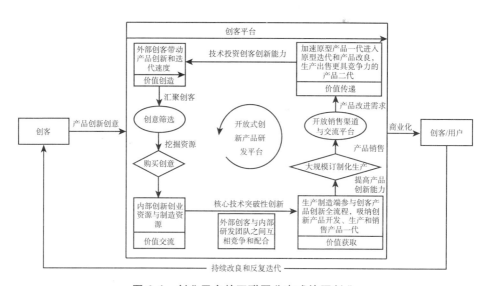

图 6.4　创业平台的互联网分布式协同创业

创业平台的价值主张注重实现整个价值网中的价值传递，对应于创客创意商业化的过程，与创客之间形成了互联网分布式协同创业。创业平台全程参与创客创意原型化和产品化过程，创业平台购买创客具有商业化潜力的创意产品，最终基于产品多轮迭代和反复创新，由创业平台批量生产出更符合消费者需求的产品并出售。但考虑到平台收益，创业平台会遇到以下的问题：创客项目筛选工作量大；创客的产品创新能力难以匹配用户的迭代；创客产品一代或者二代的产量难以匹配创业平台的制造资源要求；创业平台内部研发能力难以参与创客的产品创新。因此即使创业平台的收入来源十分广泛（如贴牌收费、扶持占股、制造抽成等），但它们仍会十分谨慎地选择合作对象。

"海尔海立方"是互联网分布式协同创业的典型，它是海尔基于家电产业链资源并调动创客资源的家电制造开放式创业生产平台，致力于互联网家电定制电器的突破性产品研发与生产。价值主张是对筛选入平台的创客开放品牌、产品线、设计制造能力等资源，调动内部研发部门参与创客的产品创新活动，购买创客的产品并获得批量生产与销售权限。海立方平台里的创客主要由海尔内部创业团队和严格筛选进入的外部创客组成。外部创客与内部研发团队之间能互相竞争激发创新能力，创客与创客之间、创客与用户需求之间又能互相配合形成良性互动。海立方利用海尔的生产制造端参与创客产品创新的全流程，吸纳创新产品开发、生产和销售更具竞争力的产品。

互联网分布式协同创业是一个闭合链条，是创客空间的价值网各部分的协同耦合，也是创客的创意商业化过程。创业平台连接创意、生产装备、生产制造、大批量生产全流程，形成了完全闭环。闭环的开放式创新汇聚创客、挖掘资源、最终在创业平台中形成核心技术的突破性创新。从研发的角度来看，创客仅具有单独开发产品、零件、接口标准和产品架构能力，必须通过创业平台的功能模块化才能实现大规模订制化生产与商业化，这也是创业平台的核心作用。

显而易见，在创业平台的互联网分布式协同创业中，创客结合互联网将制造业搬到线上，实现产品概念的样机产品化，一般意义的代工工厂却由于产品具有规模不经济性的特点而拒绝生产。因此面对创客需求，创客空间为实现创客产品的商业化，提供了全套生产销售流程：创客空间实行开源创新，建设一个开源平台为创客生产产品，与创客之间形成创新社会网络；采用协同与产品营销，鼓励创客专注于设计研发与原型制造，创客空间小规模批量生产硬件模块化产品，销售对象定位于全球范围内的创客。

创客空间金字塔顶层的互联网分布式协同创业活动十分复杂，创客空间与创客活动投资决策和投资绩效都会影响整个协同创业价值网，而投资决策和投资绩效又受创新能力等各种因素的影响，因此下面将重点研究互联网分布式协同创业活动中的决策问题，在 6.2 节中，创客空间就是指处于金字塔顶层的具有商业化特征的创业平台。

6.2 互联网分布式协同创业活动的基本假设

创客创新硬件产品的商业化过程是一个基于原型的反复迭代和持续改良的过程。在创新社会网络中，产品每一轮迭代都会倒逼创客新一轮的产品创新，必然引致创客持续改良，设计生产需求高、能被多个创客项目共用的模块。这样可以降低原型制造成本，从而降低创客空间的小批量生产成本，使得创客空间也能从中获得一定的增量利润。

然而，由于创客在每一轮迭代下的产品创新能力有限，创客会加入创客空间并利用模块化基础工具提高自身产品创新的能力，但仅以自身利润最大化来确定产品创新的投入。在此情形下，相对于创客空间整个开源创新网络而言，产品创新无法达到最优程度。因此创客空间会采取产品化服务的投资机制，例如参与设计图纸修改、模具反复开发、多轮品控测试直到最后的量产阶段，确保创客能有足够的创新能力可实现每一轮迭代。

这种创客空间与创客之间的互联网分布式协同的执行，能够整合开源创新的社会化资源，使得创客空间的创新绩效更接近协同最优。在一个互联网分布式协同创业中，有两层创新活动，图 6.5 表示创客空间参与创客的互联网分布式协同创业过程中的双方博弈决策过程。

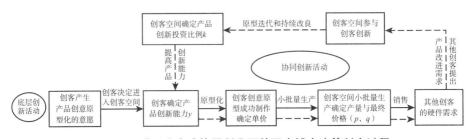

图 6.5　互联网分布式协同创业下的双方博弈决策制定过程

（1）底部创新活动表现为：某创客具有产品创意原型化的意愿，决定是否进入创客空间，进入创客空间后可利用模块化基础工具开发产品原型，但需要由创客空间负责产品化与市场化，原型需要参与创客空间的众筹活动。

（2）协同创业表现为：在底部创新活动实施后，创客空间会将原型产品出售，产品进入原型迭代和改良的过程中。创客空间识别出该原型产品的市场价值，采取产品化服务投资机制，为创客提供从研发辅助、采购生产到渠道分销的配套服务，确保创客有足够的创新能力，共同实现产品的新一轮迭代，降低原型产品的批量生产成本并扩大收益。

6.2.1 底层创新活动

假定产品逆需求函数为 $p = a - q (q > 0)$，c_1 是创客空间小批量生产的单位成本，w 是创客的创意原型化后出售的价格，c_2 是创客的创意原型化的单位成本，因此创客进入创客空间前的双方利润函数为：

$$\pi_m = q(w - c_2) \tag{6.1}$$

$$\pi_i = q(p - w - c_1) \tag{6.2}$$

创客决定进入创客空间后，根据自身掌握的产品技术成熟度（$v \leqslant 1$），预测自身的产品创新能力（y）。创客的产品创新能力表现为具有降低原型生产成本的能力，创客在创客空间内通过产品创新，将原型生产成本降低为 $c_2 - y$。创客基于自身预测的产品创新能力，确定投资成本 Iy^p，$I > 0$。投资成本是指创客开展产品创新活动需要付出的客观投入。其中，由于创客的产品原型具有规模不经济性，$\rho > 1$，为方便计算，假定 $\rho = 2$。

经过创客产品开发实现原型制造并验证可用后，创客将产品出售给创客空间，售价为 w，创客空间根据此价格确定小批量生产量和价格（q，p），最终出售给全球范围内的其他创客，创客空间的利润会由于产品创新度的提高而上升。

创客的利润函数为：

$$\pi_m = q(w - c_2 + y) - Iy^2 \tag{6.3}$$

创客空间的利润函数为：

$$\pi_i = q(p - w - c_1) \tag{6.4}$$

6.2.2 协同创业活动

在新一轮迭代中，创客需要更大的产品创新能力实现持续改良，这就超出了其自身实际的创新能力。倘若创客空间能参与进创客的产品创新活动中，便会承担创客的部分投资成本。在创客空间决定参与创客的创新活动前，会提前确定可接受的创客产品创新能力（y）和自身愿意提供的服务投资力度（k）。

鉴于创客是产品创新的发起者，创客有权利确定产品原型价格，创客空间根据此价格，确定最终小批量生产时的产量和价格（q，p）。

创客的利润函数为：

$$\pi_m = q(w - c_2 + y) - (1 - k)Iy^2 \tag{6.5}$$

创客空间的利润函数为：

$$\pi_i = q(p - w - c_1) - kIy^2 \tag{6.6}$$

整个互联网分布式协同创业活动的利润函数为：

$$\pi(q, y) = \pi_m + \pi_i = q(w - c_2 + y) - (1 - k)Iy^2 + q(p - w - c_1) - kIy^2 = q(a - q - c_1 - c_2 + y) - Iy^2 \tag{6.7}$$

令 $\frac{\partial \pi(q, y)}{\partial q} = 0$，得到在整个互联网分布式协同创业活动中的最大产量

为 $q = \frac{a - c_1 - c_2 + y}{2}$，将该值代入式（6.7），得到整个互联网分布式协同创业活动的最大利润函数为：

$$\pi(y) = \frac{(a - c_1 - c_2 + y)^2}{4} - Iy^2 \tag{6.8}$$

由于创客的产品原型具有规模不经济性，因此 $\frac{\partial^2 \pi(y)}{\partial y^2} = \frac{1}{2} - 2I < 0$，得

$I > \frac{1}{4}$。

6.3 互联网分布式协同创业活动的投资决策

6.3.1 底层创新活动中产品技术成熟度区间

实际上，创客的产品创新行为是一种"反馈循环"，在创客的原型产品化阶段，创客空间会通过众筹活动验证产品的市场接受度，以确定市场需求量。因此，首先创客空间要根据其利润函数对 q 求偏导，确定最终产量为：$q = \dfrac{a - w - c_1}{2}$；当产量确定下来后，创客根据需要生产的产量，确定原型产品价格 w 和其产品创新能力 y，创客的利润是原型产品价格和产品创新能力的函数：

$$\pi_m(w, y) = \frac{a - w - c_1}{2}(w - c_2 + y) - Iy^2 \qquad (6.9)$$

令 $\dfrac{\partial \pi_m(w, y)}{\partial w} = 0$，得创客确定的原型产品最优价格 $w(y) = \dfrac{a - c_1 + c_2 - y}{2}$ 并代入式（6.9），得到创客利润函数为 $\pi_{m_0}(y) = \dfrac{(a - c_1 - c_2 + y)^2}{8} - Iy^2$，其中创客产品创新实现的毛利润是 $\dfrac{(a - c_1 - c_2 + y)^2}{8}$。

当创客进入创客空间后，会考虑到自身产品创新的技术成熟度。创客产品创新实现的实际毛利润为 $v \cdot \dfrac{(a - c_1 - c_2 + y)^2}{8}$，创客进入创客空间后的期望利润函数为：$\pi_{m_1}(y) = v \cdot \dfrac{(a - c_1 - c_2 + y)^2}{8} - Iy^2$。通过对 y 求偏导，创客确定利润最大化下可投入的产品创新能力：$y_1(v, I) = \dfrac{(a - c_1 - c_2) \cdot v}{8I - v}$。通过 $y_1(v, I)$ 对 v 与 I 分别求偏导发现：

$$\frac{\partial y_1(v,\ I)}{\partial v} = \frac{8I(a - c_1 - c_2)}{(8I - v)^2} > 0，得结论一。$$

$$\frac{\partial y_1(v,\ I)}{\partial I} = \frac{-8v(a - c_1 - c_2)}{(8I - v)^2} < 0，得结论二。$$

显然，$\pi_{m_1}(y_1(v,\ I)) \geqslant \pi_{m_0}(0)$，计算 $v \cdot \dfrac{(a - c_1 - c_2 + \frac{(a - c_1 - c_2) \cdot v}{8I - v})^2}{8} - I$

$\left(v \cdot \dfrac{(a - c_1 - c_2)}{8I - v} \right)^2 \geqslant \dfrac{(a - c_1 - c_2)^2}{8}$，求解得 $v \geqslant \dfrac{8I}{8I + 1}v^1$，则在底层创新活动中，创客的技术成熟度区间为 $\left[\dfrac{8I}{8I + 1},\ 1 \right]$。当创客判定自身的产品创新能力能否顺利实现产品原型化时，会根据这一产品技术成熟度区间确定，得结论三。

结论一：创客的产品创新能力会随着产品技术成熟度的降低而降低。因为，产品创新的技术成熟度降低，说明创客的产品创新活动是处于 A – U 扩展模型中的创意导向阶段，并不断向前端推进，这时产品在技术和商业上都处在不断"尝试—纠错—尝试"阶段（刘友金，2001），产品创新的良品率不断降低，甚至根本无法实现产品原型化。

结论二：创客的产品创新能力会随着产品创新客观投入的增加而减少，因为，增加产品创新的客观投入，会增加产品创新成本，创客会由于产品创新成本太高而不愿意实现的产品原型化。

结论三：$\dfrac{8I}{8I + 1}$ 值越小，表示越靠近 A – U 扩展模型的创意导向前端，技术创新频率高，创客创新活动具有产品多样性和变化速度快特点的创意导向。这时，创意产品需求链正在形成，强调创客通过多目标、多模式试错改善的迭代式创新完成技术积累，但是仅凭创客自身的产品创新能力难以实现，确实需要创客空间支持和引导处于流动性阶段的技术创业者进入技术轨道。

6.3.2 协同创业活动中产品技术成熟度区间

在协同创业活动中，创客空间参与创客产品的创新行为，也是一种"反馈循环"。因此同样需要先验证产品市场并确定市场需求量。

首先，创客空间确定最终产量同样为：$q = \dfrac{a-w-c_1}{2}$；当产量确定下来后，创客确定原型产品价格 w 和产品创新能力 y，得出利润函数为：

$$\pi_m(w, y) = \frac{a-w-c_1}{2}(w-c_2+y) - (1-k)Iy^2 \qquad (6.10)$$

令 $\dfrac{\partial \pi_m(w, y)}{\partial w} = 0$，得创客确定的原型产品最优价格是 $w(y) = \dfrac{a-c_1+c_2-y}{2}$，并代入式（6.10），得到创客的利润函数，这是关于其产品创新能力 y 的利润函数：$\pi_{m_0}(y) = \dfrac{(a-c_1-c_2+y)^2}{8} - (1-k)Iy^2$。

考虑到产品创新的技术成熟度时，创客的期望利润函数为：$\pi_{m_1}(y) = v \cdot \dfrac{(a-c_1-c_2+y)^2}{8} - (1-k)Iy^2$。

通过 $\pi_{m_1}(y)$ 对 y 求偏导，创客即可确定利润最大化下可投入的产品创新能力：$y_2(v, I, k) = \dfrac{(a-c_1-c_2) \times v}{8(1-k)I - v}$，且 $y_2(v, I, k) > y_1(v, I)$，得结论四。

通过 $y_1(v, I, k)$ 对 k 求偏导得：$\dfrac{\partial y_2(v, I, k)}{\partial k} > 0$，得结论五。

同样地，$\pi_{m_1}(y_1(v, I, k)) \geqslant \pi_{m_0}(0)$，计算 $v \cdot \dfrac{(a-c_1-c_2+\frac{(a-c_1-c_2)\cdot v}{8(1-k)I-v})^2}{8} - I \cdot (1-k) \cdot \left(\dfrac{(a-c_1-c_2)\cdot v}{8(1-k)I-v}\right)^2 \geqslant \dfrac{(a-c_1-c_2)^2}{8}$，求解得 $v \geqslant \dfrac{8(1-k)I}{8(1-k)I+1} = v^2$，则协同创业活动中创客的技术成熟度区间是 $[v^2, 1]$，$v^2 < v^1$，得结论六。

结论四：$y_2(v, I, k) > y_1(v, I)$ 进一步阐释了协同创业活动对于促进创客产品创新能力的作用，说明创客空间提供的产品化服务投资，可激发创客原型迭代过程中产品创新能力。

结论五：$y_2(v, I, k)$ 是 k 的增函数，说明在创客空间参与创客创新活动中，创客空间如果采取更大的产品化服务投资力度，创客的产品创新能力将会增强。创客空间的全方位、全流程、多元化服务及创业资金扶持，对创客产品创新与商业模式提炼的可行性具有提升作用。

结论六：$v^2 < v^1$ 表示协同创业活动将技术成熟度往前端推进。这样，创客的产品创新活动将开展于 A－U 扩展模型的创意导向的较早阶段，也提升了创客的积极性，解决了原本由于产品技术成熟度较低而无法实现产品原型化的问题。

6.3.3　协同创业活动中创客空间的产品化服务投资力度

至此分析了协同创业活动对于创客提高产品创新能力、实现创客空间收益最大化的作用，下面将研究在协同创业活动中，创客空间在参与创客创新时，确定的产品化服务投资力度。

这种投资活动是一种创业孵化的软服务，例如，项目提炼、资源链接、市场运作、商业模式包装与创业资金扶持等。前提必须是寻求获取的利润增加与投资活动成本之间的均衡：倘若选择较高的产品化服务投资力度，投资活动承担得过多，成本也就越高；倘若选择较低的产品化服务投资力度，不足以支持创客在新一轮迭代中的产品创新能力，也无法实现利润最大化。因此，必须根据创客空间的利润最大化，创客空间才能确定产品化服务的投资力度。

在协同创业活动的"反馈循环"中，经过创客空间确定最终产量 $q = \dfrac{a - w - c_1}{2}$、创客确定最终原型产品价格 $w(y) = \dfrac{a - c_1 + c_2 - y}{2}$、创客确定利润最大化下可投入的产品创新能力 $y_2(v, I, k) = \dfrac{(a - c_1 - c_2) \cdot v}{8(1-k)I - v}$ 后，创客空间的利润函数为：

$$\pi_i(k, I, v) = \dfrac{\left(a - c_1 - c_2 + \dfrac{(a - c_1 - c_2) \cdot v}{8(1-k)I - v}\right)}{8} - k \cdot I \left[\dfrac{(a - c_1 - c_2) \cdot v}{8(1-k)I - v}\right]^2$$

$$(6.11)$$

令 $\dfrac{\partial \pi_i(k,\ I,\ v)}{\partial k}=0$，创客空间根据其利润最大化，确定参与创客创新产品化服务的投资力度是 $k(I,\ v)=\dfrac{1-v+(v^2/8I)}{1+v}$。

通过 $k(I,\ v)$ 对 I 与 v 分别求偏导，且 $I \geqslant \dfrac{1}{4}$，$v \leqslant 1$：

$$\dfrac{\partial k(I,\ v)}{\partial I}=\dfrac{v^2}{-8(1+v)^2}<0，\text{得结论七。}$$

$$\dfrac{\partial k(I,\ v)}{\partial v}=\dfrac{(1+v)^2-(1+16I)}{8I(1+v)^2}<0，\text{得结论八。}$$

结论七：$\dfrac{\partial k(I,\ v)}{\partial I}<0$ 表示在协同创业活动中，创客空间产品化服务的投资力度会随着产品创新客观投入的增加而减少。这是由于创客的产品创新客观投入太高迫使原型价格提升，从而增加了创客空间小批量生产的成本，也降低了创客空间参与意愿。

结论八：$\dfrac{\partial k(I,\ v)}{\partial v}<0$ 表示协同创业活动中，创客空间产品化服务的投资力度会随着产品技术创新成熟度的增加而减少。

这是因为，技术创新成熟度的增加预示着产品创新活动是处于 A－U 扩展模型的创意导向的后端，甚至进入了技术导向阶段。该阶段的技术创新特点表现为定向性技术创新速度快速增加的技术导向创新，此类创新活动面临来自科学和技术不确定性的挑战，创新与创业主体是首席科学家和工程团队的技术成果产业化，由企业群和政府以社会经济效益最大化为目标来完成，而不再适合于创客反复迭代的创新活动，技术成果产业化也并非创客空间参与就能实现的。

创客空间是商业孵化器的一种创新型商业模式，削弱了大规模生产的优势，具有用户（创客）参与创新的特征。创客与创客空间的协调创新网络也处于不断演进发展中，创客与创客空间的双向双赢是协同创业网络的帕累托最优。

本章首先基于价值创新链视角，定性分析了创客空间与创客之间形成的互联网分布式协同创业体系，通过对比创新体系中的底层创新活动与协同创业活动，指出了创客产品创新过程与其所需的产品创新服务、创客空间参与创客产品创新活动过程中的核心竞争能力。然后构建基于创客空间与创客双方的投资决策模型，发现可实现技术创新的技术成熟度范围与产品创新成本，是影响创客产品创新能力与创客空间产品化服务投资力度的两个主要因素，并分析了各自的影响程度。

（1）在创客的底层创新活动中，创客空间并不参与创客创新活动，创客的产品创新活动集中于 A－U 扩展模型的创意导向阶段，产品在技术和商业上处于不断"尝试—纠错—尝试"阶段，产品技术成熟度较低和产品创新成本太高都会影响创客的产品创新能力，甚至无法实现产品原型化。

（2）在创客空间与创客的协同创业活动中，创客空间参与创客创新活动降低了确保创客产品创新能力需要的产品创新技术成熟度，可促进创客的产品创新活动往 A－U 扩展模型的创意导向前端推进，创客空间提供的产品化服务投资力度越高，越能提高产品创新能力。但是由于创客空间小批量生产具有规模不经济性特点，创客空间所能提供的产品化服务投资力度受产品创新客观投入的限制，创新客观投入会增加创客空间小批量生产的成本，也会降低创客空间参与协同创业活动意愿。

（3）创客空间仅参与创客的创意导向创新活动，以完成产品的迭代式创新，支持和引导处于流动性阶段的技术创业者进入技术轨道为己任。技术创新成熟度的增加并不会增加创客空间参与技术创新的产品化服务投资力度，因为技术创新成熟度的增加会迫使创客产品创新活动往 A－U 扩展模型的技术导向阶段推进，这就超出了创客空间力所能及的范围。

第 7 章

基于创业孵化导向的企业创业
投资决策研究

    企业单点突破成为产业内主要企业后，横向或者纵向扩展新业务的创业投资成为企业应对二次创新困境的必要选择。在产业持续更新、技术迅速转化和创新创业活动层出不穷的背景下，企业通常设立并购基金引入风险投资，发挥资金杠杆效应，纷纷开展创业孵化业务参与到孵化器产业中。但是大企业创业并购基金并非都具备创业孵化导向，大多数企业是出于扩大收入渠道的目的。

    大企业的创业孵化导向表现为：企业通过开展创业孵化的新业务，以孵化的企业为并购标的，拟通过这项新业务获取内涵发展。创业孵化的主题包括内部员工创业孵化和外部创业孵化（Dahlander L.，2011）。其中，外部创业孵化既能提高创新程度，又具有持续创新能力，是企业主要的创业孵化对象（Van de Vrande V. et al.，2011）。国外大互联网企业如谷歌、苹果、三星等，都设立了具有创业孵化导向的互联网创业投资基金，其中三星将早期项目孵化、种子期投资与创业并购设定为三星并购基金的关键业务；谷歌甚至在 2014 年就参与 100 多家创业企业的孵化工作。

    我国企业创业并购基金的设立逻辑是：大企业是创新驱动发展的接盘手，创业活动最终要在资本层面和创新层面，与大企业实现闭环。一方面，创新成果的商业化过程需要大企业的孵化，大企业的产业经验在技术、产品和商业模式的创新升级方面具有先天优势；另一方面，在我国现阶段，创业活动的财务退出主要是依靠大企业并购实现的。鉴于我国相对缺乏系统的创业教育，中小板和创业板上市企业创业并购基金普遍存在"新进入缺陷"，往往需要利用资金杠杆，并引入创投机构设立创业投资公司或创业并购基金。我国企业创业投资基金的实践背景也十分活跃，2015 年 1～8 月，A 股上市企业（除券商）共 125 家公司设立了 130 只创业并购基金，数量呈井喷式发展，其中 80% 由创业板和中小板上市企业设立。

作为我国创业并购基金的主要设立者，创业板和中小板企业是最具有高新技术特征且技术轨道特征明显的企业群体，他们的创业并购基金也并非都具备明显的创业孵化导向。因此，企业所处的技术轨道是否影响这些创业并购基金的创业孵化导向？另外，在"大众创业、万众创新"的创新创业环境刺激下，尤其基于创业孵化的投资并购现象不断涌现，选择创业企业更多受到外部创新创业环境的制约（李杰等，2011）。良好的创新创业环境贯穿于整个创业孵化过程，是否也会影响这些基金的创业孵化导向？本章将通过实证研究回答以上问题。

7.1　问题的提出

7.1.1　企业创业孵化导向的技术轨道制约

技术轨道反映了技术领域内技术发展的方向、逻辑性与内在规律。文卡特斯等（Venkatesh et al., 2007）指出企业对技术轨道的把握反映了企业的技术创新能力，技术轨道决定了企业创新方向。企业掌握技术轨道的方式很多，设立某一个特定孵化部门或者设立风险投资基金是其中的一种。工作内容都是负责将外部创新和内部创意市场化，或者内部创意通过外部渠道创造价值。因为，集思广益更容易获取最具生命力的技术，发挥各自优势则更容易制造出最具竞争力的产品。（Weiblen et al., 2015）。倘若企业是基于技术轨道设立的创业并购基金，说明创业并购基金的设立目的更倾向于实现技术、产品和商业模式的创新，因为这关系到企业未来在核心技术的领先程度和持续竞争能力。

由于技术创新能力是我国中小板和创业板上市企业的核心竞争能力，纵观中小板和创业板中设立创业并购基金的企业，发现具有创业孵化导向的企业创业并购基金更多涉及了技术获取方式和技术战略任务。通过对样本统计发现，这些企业的技术轨道特征明显，处于不同技术轨道的企业具有的创业孵化导向程度也明显不同：在 94 只完全具有创业孵化导向的企业创业并购基金中，技术轨道类型为"专业化供应商"的占 39%，技术轨道类型为"以科学为基础"的占 29%，而技术轨道类型为"供应商为主导"的仅占 1%。显然，企业创业孵化导向会受技术轨道约束并具有很强的技术依赖性。

7.1.2　企业创业孵化导向的创新创业环境依赖

欧洲创新环境研究小组（GREMI）在阐明产业内部创新的条件和机制时，提出了创新环境的概念。在创新、创业文化环境下，企业的创业导向和创新导向更为显著（Craig A. Conrad，1999）。创新环境具有社会和地域上的根植性并且融入了当地文化和制度环境（薛捷，2015），区域的创新环境培育和创造了区域内企业的创业导向活动（Smith et al.，2009，Pervan et al.，2015），企业创新创业行为与环境系统交互作用，形成了适应环境系统的行为导向（罗公利，2015）。

对潜在创新创业的形成和开展产生影响的各种因素和条件的总和被称为创业环境（夏清华等，2009）。创业环境决定企业的创业行为（Hansen et al.，2009），对创业机会的认知行为具有强影响力（陈忠卫等，2009）。清华大学启迪创新研究院在总结了清华科技园创新创业实践经验的基础上，发现在创业孵化体系中，创业是创新实现的"最惊险的跳远"阶段、是企业通过持续性技术突破获取持续竞争优势的起点、是企业技术创新的精神支撑（启迪创新研究院，2015），因此将"创业环境"纳入欧洲创新环境研究小组的"创新环境"，首次融合了创新环境与创业环境的概念，扩展成为创新创业环境（陈晨，2013）。

在我国，企业创业并购基金已经被纳入国家各地区的宏观经济政策制定部门的视野，被鼓励参与创业企业的孵化、投资和收购兼并（李曜等，2014）。在各地区的创新创业环境中，企业既是创新创业环境的最大受益者，也是创新创业环境的直接参与者和构建者。因此，了解并购基金所在地的创新创业环境如何影响企业创业并购基金的创业孵化导向，不仅对我国激励企业参与创业孵化具有重要的现实和理论价值，而且可以为通过优化创新创业环境促进创新型企业持续成长提供借鉴意义。

7.2　研　究　假　设

产业技术轨道把握能力（杜跃平，2004）与外部资源环境稀缺性（杨省贵等，2009）使企业的创业孵化活动充满了技术与环境的不确定性。首先，鉴于我国中小板和创业板企业的主营业务明确且战略决策具有较强的技术轨道依赖性（刘伟等，2014），为了确保创业孵化活动符合企业所处的技术路径，技术轨道会影响企业创业并购基金的创业孵化导向。其次，创新创业环境作为创业孵化活动必需的外部资源环境，也会影响创业并购基金具有的创业孵化导向。因此结合中小板与创业板企业的创新创业活动活跃的特点，本章需要研究技术轨道与创新创业环境对企业创业孵化导向的影响。

7.2.1　技术轨道对企业创业并购基金的创业孵化导向的影响

根据行业主要技术来源和技术战略任务的不同，技术轨道可分成五种类型（如表7.1所示）："供应商为主导""规模密集型""信息密集型""以科学为基础"和"专业化供应商"（和矛等，2006）。基于技术轨道识别方法（如专利引文网络法），可识别出五类技术轨道的典型核心行业、技术发展的关键路径及发展图谱（杨中楷等，2011）。企业技术轨道不同，产品创新率与创新分布机会也都不同（Souitaris，2002），其中在企业学习能力和创新创业环境的支持下，技术轨道变化快的行业更容易把握创新机会，也更具有创业导向（夏若江，2010；刘伟等，2014）。

表 7.1　　　　　　　　　　　　技术轨道分类

类型	供应商主导型	规模密集型	信息密集型	基于科学的	专业供应商
核心行业	农业、服务业、传统制造业	大宗材料、汽车、民用工程	金融业、零售业、出版业	电子、化学	机械、工具、软件
技术来源	供应商、生产学习	生产工程、学习生产、设计所、专业供应商	软件和系统部、专业供应商	研究与发展、基础研究	设计、高级用户
技术战略	使用来自其他战略伙伴的技术	整合复杂系统中的变化	设计和操作复杂信息处理系统	探索基础科学；开发相关产品	监测高级用户需求，逐步整合新技术
技术轨道	生产过程的优化	生产过程优化规模增加和自动化程度的提高	生产过程产品改良	产品功能、物理特性改善生产过程优化	产品功能、可靠性的改善
学习方法	用中学	干中学用中学	搜索中学习干中学	搜索中学习干中学	干中学相互作用中学习

根据各类技术轨道核心行业的特点、技术来源与技术战略，提出如下假设：

H1：供应商主导企业的创业并购基金不倾向于创业孵化导向。

H2：规模密集型企业的创业并购基金不倾向于创业孵化导向。

H3：信息密集型企业的创业并购基金倾向于创业孵化导向。

H4：以科学为基础企业的创业并购基金倾向于创业孵化导向。

H5：专业化供应商企业的创业并购基金倾向于创业孵化导向。

7.2.2　创新创业环境对企业创业并购基金的创业孵化导向的影响

《中国城市创新创业环境评价研究报告》（以下简称《创新创业环境报告》）中提出，创新创业环境围绕"科技政策""产业发展""人才环境""研发环境""科技金融""中介服务""贸易环境""媒体知名度"八项一级指标测算，具有物质资源的区域根植性与软环境可塑性两个特征。

1. 科技政策与创业孵化导向程度

政府通过制定政策措施为创新创业活动提供适当支持（王丛虎，2006）。地方政府科技部门出台的支持科技创新创业政策，为企业营造良好的政策环境，直接降低了企业创新创业成本，减小了创新创业风险，提高了创新创业热情。实践中，地方政府的科技创新创业政策直接决定了政府对创新创业的支持力度（曾萍等，2014），科技政策对积极引导和促进企业创新创业活动具有非常重要的作用（李名梁等，2014）。据此提出如下假设：

H6：科技政策越支持，企业创业并购基金越倾向于创业孵化导向。

2. 产业环境与创业孵化导向程度

产业环境进一步可分为硬环境和软环境，硬环境包括资源和基础设施环境，软环境包括贸易环境、技术环境和企业网络环境等（Pacheco et al.，2014；Prahogo，2015）。产业环境是企业创新创业活动产生的基础，良好的产业环境会促进企业创新创业活动开展（蔡国良，2014；Dibrell，2014）。据此提出如下假设：

H7：产业环境越优越，企业创业并购基金越倾向于创业孵化导向。

3. 人才环境与创业孵化导向程度

有竞争力的创意者和创业者是企业实现技术创新的主要来源（Faggian et al.，2011），优良的人才环境不仅能吸引大量高素质（如具有创新精神与创业素质）的优秀人才流入，还能吸引企业与风险资本扶持创新创业团队（Yu et al.，2011；何立华，2014）。自20世纪90年代以来，中国许多研究型大学都建设了国家大学科技园，提高了产学互动效率（杜洪涛，2014），也为企业的创业孵化活动提供了更多的人才与技术的储备（杨震宁等，2015）。据此提出如下假设：

H8：人才环境越丰富，企业创业并购基金越倾向于创业孵化导向。

4. 研发环境与创业孵化导向程度

研发环境是研究机构与企业研发部门的研发投入及创新成果绩效

（Stuart，1991）。研发投入程度越大，研发环境越好，企业技术创新能力越强（陈晓红等，2012），研发投入成为衡量区域的创新标准之一（苟燕楠等，2013），以中小板与创业板企业为代表的创新企业就都具有研发投入强的特点（成力为，2012）。同时，研发环境也是孵化器选择技术和产品的开发和商业化的主要支持工具，（Clausen et al.，2012；Al‐Mubaraki et al.，2015），尤其是支持产业发展中具有早期技术转让能力的创业者（Hess et al.，2013）。据此提出如下假设：

H9：研发环境越良好，企业创业并购基金越倾向于创业孵化导向。

5. 科技金融与创业孵化导向程度

科技金融是各金融资源主体（政府引导基金、金融机构、市场投资者等）向各创新体（科技创新研发、成果转化、创业活动等）提供各类资本创新的金融产品和服务的系统性制度安排，是实现科技创新链与金融资本链的有机结合（王宏起，2012）。政府性科技金融服务侧重对接研发投入与成果转化，资本市场性科技金融服务侧重对接企业直接融资、持续创新与创业导向活动，金融信贷性科技金融服务侧重对接产业产出阶段（郑玉航等，2015）。在技术革命与产业变革的交汇时期，科技金融对技术轨道变迁发生和技术创新扩散的重要作用更为明显（Perez，2009）。据此提出如下假设：

H10：科技金融越成熟，企业创业并购基金越倾向于创业孵化导向。

6. 中介环境与创业孵化导向程度

中介环境是为弥补政府和市场"失灵"应运而生的，由会计评估类、金融保险和证券服务类、科技中介类等中介组织构成（贾凌民等，2015）。中介组织集成了买卖双方的需求，连接着创新创业活动的需求方和供给方（Águila‐Obra et al.，2007）。中介组织与企业间可充分实现分散信息的发布、收集、组织与评价，简化了市场信息交易的程序，减少了市场信息不对称，并为企业提供个性化的参考咨询服务，提高了创新创业效率（游达明，2011；张卫东等，2011）。据此提出如下假设：

H11：中介环境越完善，企业创业并购基金越倾向于创业孵化导向。

7. 贸易环境与创业孵化导向程度

贸易环境是对整个贸易过程产生作用和影响的各种软件、硬件和各种因素、条件的总和，可分为商品贸易和服务贸易，体现了区域内金融、制度、文化和税收等方面的完善程度（Cole et al.，2003）。良好的贸易环境吸引创新要素的聚集，促使技术交易与知识溢出，使得企业创新需求活动与市场供给有机结合（汪小雯，2009；邹再进，2009）。总而言之，贸易环境会对企业创新与投资产生正相关的影响（何琼等，2006），据此提出如下假设：

H12：贸易环境越稳定，企业创业并购基金越倾向于创业孵化导向。

8. 媒体知名度与创业孵化导向程度

随着信息时代的到来，媒体知名度在企业开放式创新活动中能锁定创新方向与加速创新扩散（Fenn et al.，2011）。通过对新技术产品概念报道，媒体知名度催化了市场对于新技术的热情（张换高等，2006），使创新成果在短时间内家喻户晓，无限放大了创新空间，激发了潜在的创新者（张际平等，2012），尤其是在技术创新的萌芽期，媒体的活跃度最大，曝光率直线上升并会产生大量不切实际的期望（Park et al.，2015）。企业往往会借助新技术的媒体知名度和曝光度来评估新技术的市场热度（Lajoie et al.，2014）。据此提出如下假设：

H13：媒体知名度越活跃，企业创业并购基金越倾向于创业孵化导向。

7.3 研 究 设 计

7.3.1 样本选择与数据来源

本书数据的采集时间段为 2011 年 1 月 1 日至 2015 年 8 月 31 日，采用的数据来自深圳证券交易所中小板和创业板上市公司所发布的公告，选择时间段内设立的创业投资公司或创业并购基金为初选样本。本书探讨的主体是技术轨道与创新创业环境对创业并购基金的创业孵化导向的影响,因此涉及创业并购基金的创业孵化导向程度数据、技术轨道分类与创新创业环境数据。

本书中,企业创业并购基金的创业孵化导向程度数据来源于 Wind 资讯和巨潮咨询网等平台的交叉检索,通过查看深圳证券交易所中的上市公司公告,查询 2011 年 1 月 1 日至 2015 年 8 月 31 日时间段内,所有中小板和创业板上市公司发布的关于设立创业投资公司(或设立创业并购基金、设立产业孵化基金、设立创业孵化基金)的公告,梳理归纳总结设立的样本创业并购基金的相关信息,包括创业孵化导向程度、创投与企业的距离(distance)、国有风投是否参与(state-owned)、资金杠杆(leverage);

本书技术轨道分类数据也来自 Wind 资讯和巨潮咨询网等平台交叉检索,搜集样本公司所处行业等数据并判断其所处的技术轨道;创新创业环境数据来源于《创新创业环境报告》,先确定创业并购基金设立所在地,再确定设立年份。剔除数据无法获得和缺失的创业并购基金,最终的有效数据涉及中小板和创业板中的 153 家企业共设立的 177 支创业并购基金,其中有 1 家企业最多持有了 3 只基金,完全具有创业孵化导向的基金占 53%,注册地在北京、上海和深圳的基金占 60%。

7.3.2 变量设定

1. 因变量

在实际操作中,企业并购基金的设立方式通常是由上市公司独立设立,或者上市公司引入创业投资企业采取有限合伙形式共同设立。两种设立方式的关键区别在于企业对并购基金的实际控制程度,就此也可窥视出企业创业并购基金的创业孵化导向程度。企业对并购基金的实际控制程度越大,企业设立并购基金的创业孵化导向越明显,企业越倾向于横向或者纵向地扩展新业务。

考虑到并购基金的决策是由投资委员会做出,企业通过占据投委会的若干席位来界定其对并购基金的实际控制程度。因此，有些企业甚至会任命监事长获取一票否决权，以确保企业能够顺利开展创业孵化活动。也有部分企业设立并购基金的初衷并非是开展创业孵化活动，而是拓宽收入渠道与资本运作，因此在投委会中占据少数甚至不占据任何席位。本书通过企业在基金投委会中占据席位比例来衡量创业孵化导向（IO），取值范围［0，1］。

2. 自变量

（1）技术轨道。

借鉴傅家骥等学者的研究，本书设置技术轨道虚拟变量：是供应商为主导（supplier）的企业为1，否则赋值为0；是规模密集型（scale）的企业为1，否则赋值为0；是信息密集型（Infor）的企业为1，否则赋值为0；是以科学为基础（science）的企业为1，否则赋值为0；是专业化供应商（special）的企业为1，否则赋值为0。

（2）创新创业环境。

在衡量地区创新创业环境时，《创新创业环境报告》就"科技政策"（Govern）、"产业发展"（Industry）、"人才环境"（Talent）、"研发环境"（R&D）、"科技金融"（Finance）、"中介服务"（Inter）、"贸易环境"（Trade）、"媒体知名度"（Media）等软硬环境指标，统计编制了我国大陆地区104个地级以上城市（包含直辖市）的创新创业环境总分（Total），系统分析评价了不同城市的创新创业环境特点。因此在本章将根据《创新创业环境报告》中的八个指标衡量创新创业环境，取值范围为［0，100］。

3. 控制变量

（1）公司与创投机构之间的距离（distance）。

考虑到公司采取合伙制方式设立创业并购基金，往往会引入创投机构。在寻找创业孵化工作合作伙伴时，合作伙伴的地理位置是公司需要考虑的重点因素之一（刘伟等，2013）。因为距离直接关系到并购基金所在地与创投机构之间信息传输的有效性及信息沟通协调的成本。对于并购基金来言，创投机构到达基金办公地所需花费的时间才是企业根据地理位置可达性筛选合作伙伴的重要依据（刘伟，2013），因此本书采用公司到达创投机构所需花费时间来度量联合公司与创投机构之间的距离（distance），取值范围为[0，24]。

（2）国有创投（state）。

考虑创投机构可以分为国有、民营和外资三大类，其中国有创投机构在相关政策的支持和引导下，是以孵化科技和扶持创业投资企业发展为目的（贾宁等，2011）。然而，国有创投机构相较于民营和外资，既具有引导社会资金投资的动机，也有可能会限制创业并购基金投资方向与投资项目（杨旭才，2008）。本书采用虚拟变量，引入国有创投为 1，未引入国有创投为 0。

（3）资金杠杆（leverage）。

创业并购基金具有资金杠杆特征，往往上市公司出资能力有限（朱淑珍等，2010），目标基金规模越大，资金杠杆越高，基金运作过程中以追求财务回报为目标越明显（王利明等，2010），本书采用总体目标基金规模与上市公司出资额的比例计算资金杠杆（leverage）。

主要变量定义如表 7.2 所示。

表 7.2 主要变量的定义

	变量（简写）	定义	说明
因变量	企业创业孵化导向程度（IO）	企业对于创业并购基金的控制权	取值越大，并购基金越倾向于创业孵化导向
自变量	技术轨道 供应商为主导（supplier）	是否供应商为主导	是为 1，否为 0
	规模密集型（scale）	是否规模密集型	是为 1，否为 0
	信息密集型（Infor）	是否信息密集型	是为 1，否为 0
	以科学为基础（science）	是否以科学为基础	是为 1，否为 0
	专业化供应商（special）	是否专业化供应商	是为 1，否为 0
	创新创业环境 科技政策（Govern）	政府科技部门出台的创新创业支持政策	取值越大，科技政策越支持
	产业发展（Industry）	资源和基础设施、技术环境和企业网络环境等	取值越大，产业环境越优越

续表

	变量（简写）	定义	说明
自变量	人才环境（Talent） （创新创业环境）	大学及其科技园内的人才与技术储备	取值越大，人才环境越丰富
	研发环境（R&D）	研究机构与区域内企业研发部门的研发投入及创新成果	取值越大，研发环境越良好
	科技金融（Finance）	由政府、金融机构、市场投资者等提供的各类资本创新金融产品、金融政策与金融服务	取值越大，科技金融越成熟
	中介服务（Inter）	会计评估类、金融保险和证券服务类、科技中介类等中介组织	取值越大，中介服务越完善
	贸易环境（Trade）	商品、服务贸易完善程度	取值越大，贸易环境越稳定
	媒体知名度（Media）	媒体知名度对区域技术创新的曝光率	取值越大，媒体知名度越高
	创新创业环境总分（Total）	基于以上八个指标及各子指标的总得分	取值越大，创新创业环境越好
控制变量	公司与创投机构之间的距离（distance）	公司到达创投机构所需花费时间	取值越大，距离越远
	国有创投（state）	是否引入国有创投	引入为1，否则为0
	资金杠杆（leverage）	总体目标基金规模与上市公司拟出资额的比例	比例越高，杠杆越大

7.4 描述性统计与相关性分析

7.4.1 描述性统计

1. 因变量描述性统计分析

表 7.3 中，创业孵化导向（IO）的均值为 72.4%，表明企业并购基金

的创业孵化导向较明显，企业开展创业孵化活动，扩展新业务的意愿较明确；最小值为 0，说明约有 6% 的企业并购基金并不具有创业孵化导向；最大值为 1，说明约有 36% 的企业并购基金完全具有创业孵化导向。

表 7.3　　　　　　　　　　　主要变量描述性统计

变量（简写）			样本数	均值	标准差	中位数	最小值	最大值
因变量		IO	177	0.724	0.321	1	0	1
自变量	技术轨道	supplier	177	0.07	0.252	0	0	1
		scale	177	0.16	0.371	0	0	1
		Infor	177	0.18	0.386	0	0	1
		science	177	0.23	0.419	0	0	1
		special	177	0.33	0.473	0	0	1
	创新创业环境	Govern	177	67.701	26.383	59.17	22.54	100.
		Industry	177	67.746	22.231	65.78	29.63	100
		Talent	177	62.119	31.42	58.1	21.23	100
		R&D	177	70.456	24.209	69.95	26.00	100
		Finance	177	65.505	28.567	63.65	20.33	100
		Inter	177	62.119	31.420	67.66	21.23	100
		Trade	177	66.898	25.267	62.33	21.51	100
		Media	177	67.701	26.383	55.19	22.540	100
		Total	177	67.218	22.220	70.85	23.65	100
控制变量		distance	177	2.116	1.858	1.5	0.5	11
		state	177	0.243	0.430	0	0	1
		leverage	177	4.983	4.983	4	1	50

2. 自变量描述性统计分析

（1）由表 7.3 可见，按照技术创新与迭代速度从低到高排序，技术轨道依次为供应商为主导（supplier）—规模密集型（scale）—信息密集型（Infor）—以科学为基础（science）—专业化供应商（special），这与不同技术轨道企业设立的并购基金的数量排序也相同，为我们分析技术轨道对于企业创业孵化导向的影响提供了便利。

（2）由表7.3可见，从创新创业环境的八个指标及总分来看，最大值均高达满分100，如基金所在地区为北京、上海或者深圳等；最小值均低于30分，如基金所在地区为洛阳、淄博或者晋江等。说明不同地区的创新创业环境存在较大差异性，这为我们分析创新创业环境对于创业孵化导向影响提供了便利。

3. 控制变量描述性统计分析

由表7.3可见，公司与创投机构之间的距离（distance）的最小值为0.5，最大值为11，均值为2.116，说明公司往往会选择距离较近的创投机构合作；仅有24.3%的公司引入国有创投（state）；且多选择4倍的资金杠杆（leverage）引入其他投资者的资金。

7.4.2 相关性分析

在进行回归分析之前，先检验各个变量之间的相关性。

（1）研究不同技术轨道对企业并购基金的创业孵化导向的影响。

如表7.4所示，基金的创业孵化导向程度与信息密集型企业无相关性，但与处于其他四个技术轨道都具有相关性。但这并不能说明因果关系，仍需要应用回归分析验证。由于不同技术轨道之间存在一定的相关性，将分别引入五个指标进行分析以避免自变量之间的多重共线性。

（2）研究创新创业环境对企业并购基金的创业孵化导向的影响。

如表7.5所示，基金的创业孵化导向程度与基金所在地的创新创业环境的八个子指标之间都存在相关性。但这并不能说明因果关系，仍需要应用回归分析验证。由于创新创业环境八个指标之间存在一定的相关性，因此，为避免自变量之间的多重共线性，也将分别引入八个指标进行分析。

表 7.4　基于技术轨道的各变量之间的 pearson 相关矩阵

相关性	1	2	3	4	5	6	7	8	9	10
IO	1.00									
supplier	-0.324****	1.00								
scale	-0.294****	-0.119	1.00							
Infor	0.048	-0.127	-0.208****	1.00						
science	0.200****	-0.146	-0.239****	-0.254****	1.00					
special	0.154**	-0.191**	-0.313****	-0.332****	-0.382****	1.00				
Total	0.191**	-0.071	-0.357****	0.219****	0.149**	-0.032	1.00			
distance	-0.138	0.013	0.154*	-0.208**	0.010	0.056	-0.308**	1.00		
state	0.222**	-0.048	-0.073	0.042	0.103	-0.009	0.085	-0.05	1.00	
leverage	-0.230**	0.028	0.060	-0.057	-0.018	0.018	0.015	0.0015	-0.143	1.00

注：** 在 0.05 水平（双侧）上显著相关，*** 在 0.01 水平（双侧）上显著相关。

表 7.5　　　基于创新创业环境的各变量之间的 pearson 相关矩阵

相关性	1	2	3	4	5	6	7	8	9	10	11	12
IO	1.00											
Goverm	0.225***	1.00										
Industry	0.209***	0.0954***	1.00									
Talent	0.315***	0.212***	0.138	1.00								
R&D	0.248***	0.809***	0.734***	0.341***	1.00							
Finance	0.243***	0.965***	0.891***	0.301***	0.887***	1.00						
Inter	0.216***	0.836***	0.731***	0.339***	0.800***	0.900***	1.00					
Trade	0.230***	0.503***	0.464***	0.722***	0.484***	0.528***	0.495***	1.00				
Media	0.212***	0.750***	0.627***	0.326***	0.780***	0.808***	0.802***	0.477***	1.00			
distance	-0.138	-0.117	-0.131	-0.139	-0.146	-0.122	-0.136	-0.228***	-0.061	1.00		
state	0.222***	0.083	0.062	0.062	0.072	0.043	0.0882	0.108	0.082	-0.049	1.00	
leverage	-0.230***	-0.071	-0.092	0.005	-0.073	-0.056	-0.045	-0.076	-0.104	0.015	-0.143	1.00

注：*** 在 0.01 水平（双侧）上显著相关。

7.5　实 证 研 究 模 型 与 结 果 分 析

7.5.1　技术轨道对于企业并购基金的创业孵化导向的影响

由于技术轨道为虚拟变量，本研究将对不同技术轨道逐一进行分析，分别引入检验模型进行分析。此时创新创业环境做控制变量，为避免八个指标之间普遍存在的相关性，选用创新创业环境总分来测量。构建的检验模型（7.1），表 7.6 是对 H1、H2、H3、H4、H5 的检验：

$$Decision = \beta_0 + \beta_{1i}(supplier + scale + infor + science + special) +$$
$$\beta_2 Total + \beta_3 distance + \beta_4 state + \beta_5 leverage + \varepsilon \qquad (7.1)$$

表 7.6　　技术轨道对于企业并购基金的创业孵化导向的影响结果

自变量	因变量：创业设立创业孵化导向的决策				
	模型 1	模型 2	模型 3	模型 4	模型 5
supplier	−0.300 *** (−4.418)				
scale		−0.233 *** (−3.117)			
Infor			−0.023 (−0.306)		
science				0.162 ** (2.260)	
special					0.169 ** (2.402)
Total	0.133 * (1.864)	0.075 (0.970)	0.159 ** (2.077)	0.129 * (1.712)	0.158 ** (2.127)
distance	−0.082 (−1.147)	−0.068 (−0.925)	−0.082 (−1.077)	−0.089 (−1.197)	−0.087 (−1.175)

续表

自变量	因变量：创业设立创业孵化导向的决策				
	模型 1	模型 2	模型 3	模型 4	模型 5
state	0.164 ** (2.385)	0.168 ** (2.380)	0.176 ** (2.427)	0.161 ** (2.241)	0.176 ** (2.470)
leverage	− 0.199 *** (− 2.902)	− 0.192 *** (− 2.728)	− 0.207 *** (− 2.863)	− 0.205 *** (− 2.874)	− 0.209 *** (− 2.939)
调整的 R^2	0.193	0.149	0.102	0.127	0.131
F 统计量	9.433 ***	7.187 ***	4.984 ***	6.132 ***	6.284 ***

注：括号中的值为 T 值，*、**和***分别表示 10%、5%和 1%的显著水平。

（1）模型 1 的结果显示，供应商主导的企业与其创业孵化导向程度在 1%的水平上显著负相关，验证了 H1：供应商主导企业的并购基金不倾向于创业孵化导向。供应商主导企业如食品加工制造、普通机械设备制造等企业，获取的新技术来源于外部供应商，外部供应商会主动为企业提供变革性技术，因此产业内的企业对于技术变化的敏感度低。除非企业要实现重大转型，供应商主导企业设立的创业孵化导向是一种"搭便车"获取资本回报行为。

（2）模型 2 的结果显示，规模密集型的企业与其创业孵化导向程度在 1%的水平上显著负相关，验证了 H2：规模密集型的企业并不倾向于创业孵化导向。规模密集型企业如大型电信通信系统、电力网络控制系统等企业，获取的新技术来源于内部的设计生产部门，企业内部生产部门专注于改进复杂产品与生产系统的渐进性创新，且具有规模经济，企业产品与生产具有的复杂性意味着频繁的突破性产品创新和新业务探索的代价较大，更加不会主动设立具有创业孵化导向的基金，也不会开展具有规模不经济的创新创业活动。

（3）模型 3 的结果显示，信息密集型企业与其创业孵化导向程度的相关性不显著。传统的信息密集型企业如金融业、旅游业等企业，技术创新活动往往专注于如电子商务网络平台的建设等管理技术创新，或者以提高核心竞争力为目的主营业务创新，此类创新活动涉及企业核心竞争资源，必须由企业内部软件在系统部门内部开展。

但是，2012 年之后，伴随移动互联网产业的兴起，信息密集型企业的技术创新活动发生了根本性转变，多个企业为实现技术共享，围绕产业技术创新链搭建了技术创新联盟。这就突破了单个企业封闭性地提高自身核心竞争力的内部创新概念，例如，阿里巴巴、百度等平台型企业就利用自身数据和流量资源输入口的优势，做资源输出的创业孵化活动。但是这类企业通常是在海外上市的，并未列入本书"信息密集型"企业的样本数据。而在国内创业板和中小板上市的信息技术产业中，如乐视网等的生态型企业，技术战略任务是垂直整合各类生态系统，通过提供整套解决方案实现各类内容、服务与盈利，技术轨道被纳入"专业化供应商"。这些新一轮信息技术产业中的平台型企业或者生态型企业，都与传统信息密集型的技术轨道特征区别很大。因此根据传统信息密集型的技术轨道特征筛选出的样本数据，必然无法解释信息密集型企业对其创业孵化导向的影响。

（4）模型 4 的结果显示，以科学为基础的企业与其创业孵化导向程度在 5% 的水平上显著正相关，验证了 H4：以科学为基础的企业的并购基金倾向于创业孵化导向。以科学为基础的企业如新材料业、医药业等企业，其技术来源主要是严格基于基础科学的研究成果，技术战略是实现新产品开发生产的突破性创新，需要根据频繁的产品创新不断探索产品市场。因此为了快速获取自身需要的新技术与新产品，以科学为基础的企业必须尽可能地获取并购基金的控制权，探索性地孵化掌握主导技术的科学家创业，同时企业内部完善的研究设备与实验条件也为其创业孵化导向提供了硬件基础。

（5）模型 5 的结果显示，专业化供应商的企业与其创业孵化导向程度在 5% 的水平上显著正相关，验证了 H5：专业化供应商的企业的并购基金倾向于创业孵化导向。专业化供应商的企业如 TMT 产业、视频网站产业等企业。专业化供应商的企业与用户之间形成的良性互动过程是新技术的主要来源，技术战略多采用往上下游拓展、延伸产业链、进入细分行业等，技术创新迭代速度是其核心竞争力。这些企业甚至在产品创新活动的概念产生阶段，就将用户纳入了产品创新过程，提供垂直产业链生态整合的解决方案，鼓励用户开展创新创业活动。因此为了调动用户产品创新资源并快速获取匹配用户需求，专业化供应商的企业需要获取并购基金的控制权，探索性地开展技术孵化，尤其引入具有产品创新热情与创新能力的创客。同时专业化供应商的企业的完善产业链也为其创业孵化导向提供了硬件基础。

7.5.2 创新创业环境对于企业并购基金的创业孵化导向的影响

创新创业环境的八个指标之间，产业发展与人才环境不存在相关性，其他指标彼此都存在一定的相关性。为避免自变量之间的多重共线性，本章将分别引入八个变量进行分析。由于技术轨道为 5 个分类的虚拟变量，为避免虚拟变量陷阱，本节将定义技术轨道为 4 个虚拟变量。根据 7.5.1 节的研究结果，选用供应商为主导（supplier）、信息密集型（Infor）、以科学为基础（science）、专业化供应商（special）的企业，因为创新创业环境对这些技术轨道的企业创业孵化导向都具有显著影响。构建的检验模型如式（7.2），表 7.7 是对 H6，H7，H8，H9，H10，H11，H12，H13 的检验：

$$
\begin{aligned}
Decision = {} & \beta_0 + \beta_{2i}(Govern + Industry + Talent + R\&D + Finance + \\
& Inter + Trade + Media) + \beta_3 supplier + \beta_4 Infor + \beta_5 science + \\
& \beta_6 special + \beta_7 distance + \beta_8 state + \beta_9 leverage + \varepsilon \quad (7.2)
\end{aligned}
$$

表 7.7　创新创业环境对于企业并购基金的创业孵化导向的影响结果

自变量	因变量：创业设立创业孵化导向的决策						
	模型 6	模型 7	模型 8	模型 9	模型 10	模型 11	模型 12
Govern	0.140 ** (2.086)						
Industry		0.112 * (1.670)					
Talent		0.190 *** (2.665)					
R&D			0.149 ** (2.234)				

续表

自变量	因变量：创业设立创业孵化导向的决策						
	模型 6	模型 7	模型 8	模型 9	模型 10	模型 11	模型 12
Finance				0.156 ** (2.334)			
Inter					0.136 ** (2.036)		
Trade						0.076 (1.013)	
Media							0.111 (1.650)
supplier	−0.193 *** (−2.640)	−0.197 *** (−2.723)	−0.183 ** (−2.498)	−0.190 *** (−2.609)	−0.191 *** (−2.604)	−0.193 *** (−2.595)	−0.186 ** (−2.536)
Infor	0.154 * (1.822)	0.070 (0.789)	0.151 * (1.786)	0.149 * (1.768)	0.143 * (1.679)	0.135 (1.486)	0.150 * (1.757)
science	0.280 *** (3.211)	0.208 ** (2.298)	0.292 *** (3.4)	0.276 *** (3.182)	0.288 ** (−3.329)	0.280 *** (3.006)	0.293 *** (3.371)
special	0.287 *** (3.235)	0.226 ** (2.486)	0.281 *** (3.166)	0.280 *** (3.164)	0.288 ** (3.242)	0.281 *** (3.054)	0.285 *** (3.180)
distance	−0.096 (−1.430)	−0.084 *** (−1.270)	−0.091 (−1.359)	−0.094 (−1.400)	−0.097 (−1.436)	−0.099 (−1.441)	−0.107 *** (−1.589)
state	0.137 ** (2.064)	0.140 ** (2.142)	0.138 ** (2.077)	0.143 ** (2.157)	0.136 ** (2.042)	0.141 ** (2.096)	0.139 ** (2.075)
leverage	−0.185 *** (−2.804)	−0.190 *** (−2.919)	−0.184 *** (−2.795)	−0.186 *** (−2.824)	−0.190 *** (−2.874)	−0.190 *** (−2.848)	−0.183 *** (−2.758)
调整的 R²	0.254	0.276	0.257	0.259	0.253	0.24	0.247
F 统计量	8.501 ***	8.465 ***	8.61 ***	8.688 ***	8.466 ***	7.932 ***	8.222 ***

注：括号中的值为 T 值，＊、＊＊和＊＊＊分别表示 10%、5% 和 1% 的显著水平。

（1）模型 6 的结果显示，科技政策（Govern）与企业并购基金的创业孵化导向程度在 5% 的水平上显著正相关，验证了 H6：科技政策越支持，企业并购基金越倾向于创业孵化导向。表明在我国实施创新驱动发展战略背景下，企业创业孵化活动在一定程度上仍依赖于政府资源以获取创新创业支持。首先，政府部门在对于企业申请并购基金的设立与审批事项过程中，所持有的"公开、公正、公平"原则,减少了不必要的行政干预,也确保了政府办公行政效率及政府官员的廉洁程度等;其次,政府司法部门能有效分清企业并购基金中各参与主体的各项权益,在出现纠纷的状况下可确保创业企业知识产权等合同的正常执行;最后,政府引导企业的创业孵化导向活动及优惠政策。政府资源在一定程度上可以为企业带来良好的关系资源,如某些企业引入了按照市场化方式运作的政策性国有创投机构,既能增加基金规模,还可以给企业带来更多的储备资源,如区域政府鼓励的新产品和新技术创业。

(2)模型 7 的结果显示,产业环境(Industry)与企业并购基金的创业孵化导向程度在 10% 的水平上显著正相关,验证了 H7:产业环境越优越,企业并购基金越倾向于创业孵化导向。根据熊彼特的经济周期理论,当某一特定产业部门引进了新的重大技术或进行了重大的创新时,一方面,技术创新的强大渗透性、明显超前性和可分享性,使产业内学习、贸易、技术和网络软环境不断优化,增加了企业相互学习的可能性,如企业在产业链上下游中会学习其他企业开展创业孵化活动的商业模式;另一方面,产业中生产工具和基础设施等形成了创新创业需要的硬环境,使得创业活动更加便利,如基于成熟的制造业产业链,创客开展创新创业活动,为企业带来了更多的创业孵化储备资源。

人才环境(Talent)与企业并购基金的创业孵化导向程度在 1% 的水平上显著正相关,验证了 H8:人才环境越丰富,企业并购基金越倾向于创业孵化导向。创业者和企业家是构成创业孵化活动供给侧的基础要素之一,我国的科学家、创业者和企业家具有明显的集群根植性和低流动性的特征,也是企业创业孵化活动的主要孵化对象。一方面,依托于区域内的地方高校和科研院所,科学家具有学术创业能力,是技术创新储备获取主导技术的主要来源,另外产业企业家参与科学家创业活动可提高转化效率;另一方面,大学生是各类创业大赛的主要参与者,通常专注于创意商业潜力的原理性验证,是企业储备转型项目的主要来源,另外大学生创业资金需求量相对较小,企业孵化风险低。

(3)模型 8 的结果显示,研发环境(R&D)与企业并购基金的创业孵化导向程度在 5% 的水平上显著正相关，验证了 H9：研发环境越良好，企业并购基金越倾向于创业孵化导向。研发环境是科技成果熟化的环境支撑，科技成果也是构成企业创业孵化导向供给侧的基础要素之一。区域内科学研究和技术开发取得的技术创新成果的根植性最强，且对知识产权的流动限制程度高，是企业创业孵化活动的主要项目来源。一方面，科研院所的科技成果化产品具有专业优势和技术专长；另一方面，研发机构的科技成果缺乏补充性资产与创业思维，而外部科技成果创新资源的商业化路径从成熟企业内部进行时效率更高。外部成果向企业的流动与转移需要双方建立紧密的关系和高度的信任，企业并购基金的孵化投资机制为知识流动提供了信任关系维持的保障。

（4）模型 9 的结果显示，科技金融（Finance）与企业创业孵化导向在 5% 的水平上显著正相关，验证了 H10：科技金融越成熟，企业并购基金越倾向于创业孵化导向。科技金融服务体系是实现科技与金融对接的资本平台，也是构成企业创业孵化导向供给侧的基础要素之一。成熟的区域创业孵化网络平台体系通过完整的金融产品创新来推动技术和市场结合，为企业并购基金开展创业孵化导向活动培养了投资与融资的资本思维。一方面，企业创业孵化导向需要投资思维实现创业孵化对象与项目的识别；另一方面，企业的创业孵化导向需要形成系统的融资思维实现与其他金融产品的对接。

（5）模型 10 结果显示，中介服务（Inter）与企业创业孵化导向在 5% 的水平上显著正相关，验证了 H11：中介环境越完善，企业并购基金越倾向于创业孵化导向。一方面，企业创业孵化导向需要为创业企业提供技术转移、信息交流、咨询管理、知识产权交易及会计、律师、评估、保险等专业增值服务，中介环境是这些增值服务的主要来源；另一方面，孵化器本身就是创新创业众多中介服务的集合，企业创业并购基金相对于其他类型孵化器更具创业导向性，也更关注中介服务的质量与投资回报。

（6）模型 11 的结果显示，贸易环境（Trade）与企业创业孵化导向没有显著相关关系。贸易环境是完全不具备流动性的，表现为某一特定地理位置内的贸易往来活动与市场消费能力。然而，并购基金并不是企业，无论是否具有创业孵化导向，都不需要与当地企业产生业务、物流或者供应链的往来，也不需要当地市场所能提供的消费者与消费能力。

（7）模型12的结果显示，媒体知名度（Media）与企业创业孵化导向没有显著相关关系。根据3.1的A－U扩展模型，科技媒体的关注点在于创意导向产业，尤其关注频繁活跃的产品创新创业活动，相反并不关注主导技术的产生与技术导向产业的创新创业活动。然而在本书的企业样本数据中，仅仅只有技术轨道是专业化供应商的企业，才能以创意导向产业的产品创新活动为创业孵化对象，而此类企业仅占样本数据的33%，因此无法解释媒体知名度对企业并购基金的创业孵化导向是否具有影响。

本书分析总结了企业的创业孵化导向特征，结合企业技术轨道与我国创新驱动发展战略下的创新创业环境，选取具有创新性与技术性的中小板与创业板上市企业为研究对象，利用2011年1月1日至2015年8月31日期间设立的177个创业孵化导向的数据资料，提出研究假设，探讨了技术轨道与创新创业环境对企业创业孵化导向的影响，实证结果表明：

（1）在"供应商为主导""规模密集型""信息密集型""以科学为基础"和"专业化供应商"五类技术轨道企业中，"供应商为主导"的企业与"规模密集型"的企业对于创业孵化导向具有负向影响显著，更加倾向于拓宽收入渠道与资本运作，并未实际管理运行创业并购基金；"以科学为基础"的企业与"专业化供应商"的企业对于创业孵化导向具有正向影响显著，更加倾向于管理运行创业并购基金，往往占据投委会多数席位甚至拥有一票否决权，以确保实现开放式创新的业务整合；由于传统意义上的"信息密集型"技术轨道的标准并不适用于移动互联网产业，因此根据原有标准筛选的企业样本数据无法解释移动互联网产业普遍存在的创业孵化导向活动。

（2）为进一步探讨创新创业环境对企业创业孵化导向的影响，将创新创业环境分为八个维度进行实证研究，结果表明："科技政策""产业发展""人才环境""研发环境""科技金融""中介服务"这六个要素对企业创业孵化导向的正向影响显著，说明科技政策在一定程度上可以为企业开展创业孵化活动带来稳定基础与关系资源；优越的产业环境使产业链上下游企业更具有开放性与创业精神；丰富的人才环境与研发环境为企业创业孵化导向供给创新创业人才与科技成果；科技金融培养了企业创业孵化导向的投融资思维；完善的中介环境为企业创业孵化导向的专业增值服务提供支持。"贸易环境"与企业创业孵化导向的影响并不显著的主要原因在于，企业创业并购基金并不会在某一特定地理位置产生贸易往来活动。而"媒体知名度"与企业创业孵化导向的影响并不显著的主要原因在于，媒体仅仅关注创意导向产业创新创业活动，而本书的企业样本数据只有部分以创意导向产业为创业孵化对象，样本数据无法解释。

第 8 章

区域创业孵化网络平台设计

　　党的十八大以来，党中央、国务院高度重视科技孵化，明确提出要促进科技与金融结合，大力推动孵化器产品和服务方式创新，积极构建多元化融资渠道，实现了科技资源与孵化产品的有效对接和良性互动，加快建设国家创新体系、实施创新驱动发展战略，科技进步和金融创新是支撑创新驱动的必要条件，科技进步和金融创新的协同发展是加快经济转型重要动力。

　　我国区域创业孵化网络平台的发展历程与经济体制改革、科技体制改革及金融体制改革密不可分（如图 8.1 所示），经济体制改革决定着区域创业孵化网络平台的宏观环境，代表着中国经济转型与产业调整过程，科技体制改革决定着区域创业孵化网络平台发展的整体方向，代表着科技发展对孵化服务支持的需求，金融体制改革决定着区域创业孵化网络平台发展的速度和能力，代表着金融对科技发展的供给。我国区域创业孵化网络平台正随着经济社会的进步而不断完善，从最初单一的房租客发展到现在的多层次综合性的区域创业孵化网络体系。近年来，我国区域创业孵化网络平台资源投入不断增加，区域创业孵化网络平台资源存在着逐年"累积效应"；区域创业孵化网络平台经费指数呈现逐年上升趋势，科技经费、研发投入、财政拨款等方面的绝对量和相对量都在提高；区域创业孵化网络平台产出指数显现下降趋势，尽管我国科技金融产出的绝对量在逐步提高，但是区域创业孵化网络平台产出效率方面却有待进一步改善。

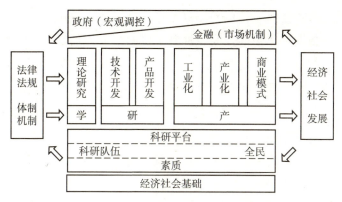

图 8.1　科技金融融入经济社会发展关系

8.1　科技成果商业化困境

科技创新是一个经济概念，强调的是科技市场价值的实现，从科技创新的角度来看，市场的最大功能在于能自发地培育创新，即市场过程是一个对科技创新进行自我强化的过程。由于成熟经济体生产要素的流动比较自由，市场准入门槛比较低，因此发达国家用市场机制推进科技创新本来恰如其分，但是在新兴经济体的市场机制并非完美无缺，市场失灵将导致资源无法有效分配，科技成果转化陷入资本与科技难以融合的困境，表现为科技中小企业融资难。基于对市场机制在资源配置中所起的、应该起的基础性作用的认识，科技中小企业融资市场失灵表现为以下情形：

（1）受金融机构自身经营理念、历史传统等因素影响，在自然演进过程中也可能形成一个相对独立的、并受到金融机构歧视性待遇的科技中小企业融资市场。同时倘若政府过度干预金融资源配置，市场机制运行空间就会被压缩，统一市场也就不复存在，并会形成按两种不同机制配置金融资源的市场分割局面，大多数情况下，政府的金融资源配置偏好不利于科技中小企业。在这种情况下，一国即使拥有完整的现代金融体系，科技中小企业融资难也会普遍存在。

（2）科技中小企业融资的供给价格应该包括一个风险溢价，以覆盖资金供给者所承担的较高风险。市场自身是可以为风险定价的。但是，价格管制封闭了价格机制发挥作用的空间，抑制了供给，人为加剧科技中小企业融资难。在较长时期里，我国的利率市场化改革，尤其是贷款利率的市场化定价机制改革滞后，直接导致了银行服务科技中小企业的利益动机不足。

（3）产权缺陷削弱市场交易基础，明确界定的产权及其法律保护是市场交易的基础。科技中小企业融资市场的产权问题涉及两个方面：一是科技中小企业自身的产权界定和产权保护；二是放贷人、债权人、投资者等资金供给方的产权界定和保护。

（4）市场不是在真空中运行，"使用"市场有交易费用。交易费用过高不仅会改变市场交易行为，还会直接导致科技中小企业融资市场萎缩。

综上所述，科技中小企业融资难本质上是科技中小企业融资市场缺失，或市场机制不健全导致的市场失灵现象。在公共政策、市场自然演进规律双重力量推动下，建立健全各类科技中小企业融资市场，完善市场机制，是解决科技中小企业融资难的根本途径，也是区域创业孵化网络支持体系实现可持续发展的必由之路。

因此，建设区域创业孵化网络体系，是对科技融资难的制度性反应。一套高效的区域创业孵化网络体系应该具备以下内在功能：（1）提供多元化融资渠道以满足科技中小企业分阶段融资需求；（2）保持自身的稳定性，以保证兑现分阶段融资中的隐性承诺；（3）能够生成高质量价格信号，引导金融资源在科技中小企业群体优化配置；（4）建立透明高效的政府项目筛选机制；（5）为解决突出的信息不对称问题提供解决方案；（6）促进科技中小企业融资成本降低；（7）促进产权清晰界定和良好的法律保护，并以此为基础给科技中小企业的不确定性现金流提供交易机会；（8）扶持创业，同时要保护并促进自由企业精神发育。

同时，发展区域创业孵化网络支持体系，促进其对于充分就业、促进经济增长、促进技术进步、促进出口等方面的积极功能：（1）促进科技中小企业投资活动，为国民经济有效需求管理提供增量"投资"；促进科技中小企业创造更多就业机会，带动国民经济收入分配结构变化，为国民经济有效需求管理提供增量"消费"。（2）迎接新一轮技术革命，通过对2008年全球金融危机的实体经济背景、生成机理的深入研究，越来越多的证据指向了由技术革命主导的长周期。只有一场新的技术革命才能促成新一轮的高速经济增长。这场新的技术革命无论选择何种技术方向作为突破口（如新能源或范围更广的"碳经济"），它一定会以大批技术创新型科技中小企业的形成、发展为重要内容。中国已经开始实施自主创新战略，在新一轮技术革命的背景下，我国区域创业孵化网络平台体系的外在功能除了指向"保稳定"这一短期目标外，更为重要的是在我国迎接新一轮技术革命的"调结构"中发挥出重要作用。

8.2 基于价值网的科技金融平台案例分析

价值网（Value Net）是一种新业务模式，它将顾客日益提高的苛刻要求与灵活及有效率、低成本的制造相连接，采用数字信息快速配送产品，避开了代价高昂的分销层；将合作的提供商连接在一起，以便交付定制解决方案；将运营设计提升到战略水平，适应不断发生的变化。价值网这种新的业务模式，是由客户、供应商、合作企业和他们之间的信息流构成的动态网络，如图8.2所反映的网络关系。

价值网（Value Net）

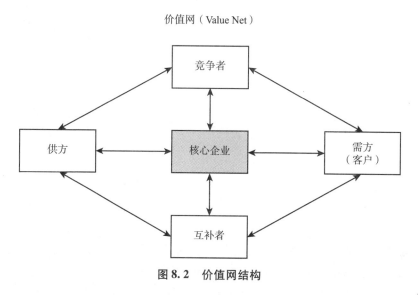

图 8.2 价值网结构

与价值网的基本原理相类似，区域创业孵化网络平台同样反映的是价值产生、创造、增值的过程，其真实反映价值流动、价值增值，资金供需方以及中介机构的作用。基于区域创业孵化网络平台体系内部的价值过程，价值网的本质是在专业化分工的生产服务模式下，通过一定的价值传递机制，在相应的治理框架下，由处于价值链（产业链）上不同阶段和相对固化的彼此具有某种专用资产的企业及相关利益体组合在一起，共同为顾客创造价值。它是产品或服务价值的不可分割性或互补性导致共同创造这一价值的企业联结成为一个整体——价值网。

价值网这种新的业务模式的核心是价值创造和价值增值，可以应用PATRS 模型来分析价值网的体系结构及运作机制。PARTS 模型包括如下几个方面：（1）价值网的参与者（Player）；（2）价值网的价值增值过程（Add value）；（3）价值网内部各个主体的耦合规则（Rules）；（4）价值网参与者的战术策略（Tactics）；（5）价值网的具体涵盖范围（Scope）。结合PARTS 理论与区域创业孵化网络平台的主体内容，应用价值网对我国主要城市的区域创业孵化网络平台作出如下的分析和归纳。

1. 北京

在良好的政策环境的有力支持下，坚持创新驱动其加快转变经济发展方式的战略引擎，拥有丰富人才及知识资源优势的北京成为高新技术产业发展的摇篮。近年来，高科技产业已经成为北京社会经济发展的龙头，具有技术发达、市场领先的优势。以中关村为代表的创意创新基地是国际上科教智力资源最为集中的区域，为高新技术的发展提供了优良的土壤，对北京经济的发展起到非常重要的促进作用。在高新技术蓬勃发展的过程中，北京政府主导的区域创业孵化网络平台体系对产业的发展和经济的推动起着至关重要的作用，形成了具有鲜明特色的科技金融模式，主要表现在：

（1）区域创业孵化网络平台体系发展具有较强的政策导向，创业投资引导基金规模逐步扩大。

在政府政策的有力支持下，近年来，北京创业投资引导基金规模与探索范围逐步扩大。创业投资引导基金股权投资方式是一种全新探索，北京在稳步推进试点的基础上，逐步扩大了引导基金股权投资的规模，支持了更多创业投资机构吸引社会资金投资于初创期科技型中小企业，推动了自主创新和高新技术产业化。

（2）区域与行业试点相结合，科技保险创新取得明显成效。

为促进金融对科技型企业的有力支持，作为科技保险创新试点城市的北京采取区域与行业试点相结合的方法，在科技保险方面取得明显实效，以产品创新为切入点，以专业化经营为保障，积极推动科技保险业务发展，为科技企业创新提供了及时有效的保险支持。

（3）搭建支持创新创业平台，多层次资本市场逐渐形成。

北京形成的以中小板、创业板等为代表的多层次资本市场正成为支持创新创业的基本平台，中关村科技园村股份转让代办试点，不仅为园区非上市股份公司提供了有序的股份转让服务平台，方便了创业资本退出，适应了多元化的投融资需求，而且为探索建立统一监管下的全国性场外市场积累了经验，支持了一大批科技企业的发展。

（4）金融服务创新性强，科技金融产品颇具特色。

为了有效支持北京创意创新型中小企业发展，北京研发了多种创新性科技金融产品，形成了以知识产权贷款、信用贷款、瞪羚计划等为代表特色的金融服务产品以及软件贷、节能贷、创意贷等为代表的针对细分行业的金融服务产品。这些产品在北京的金融体系中扮演着不可或缺的角色，为北京高新企业以及初创企业的发展做出了巨大的贡献。

（5）北京"中关村"。

多方面促进创业孵化网络平台建设，满足企业多层次的孵化需求：面向初创期科技企业，加强专业孵化器建设，强化孵化器的投融资等专业服务能力；面向具有自主知识产权的创新型企业开展知识产权质押贷款试点；面向高新技术企业开展科技保险试点；面向高成长企业推进"新三板"市场建设；面向科技型中小企业，推进国家开发银行政策性贷款；构建全市网络化的孵化服务工作体系。

2. 上海

改革开放 40 年来，上海积极融入世界生产体系，开放型经济取得了多重成就。上海具有深厚的制造业基础，其制造业沿着行业技术轨道不断深化创新，形成了深厚的技术积淀和以企业为主的技术开发结构。此外，上海有效利用全球化机遇，与国际企业合作，注重交叉领域技术突破和构建技术转化平台，新兴产业也得到了快速发展。上海较为完善的金融资本市场对科技发展的推动和支持形成了以下特色：

（1）金融市场开放程度高，区域创业孵化网络平台体系较为完善。

上海是中国金融市场最集中的地区，已经逐步形成了一个由信贷市场、股票市场、债券市场、货币市场、外汇市场、基金市场和期货市场等构成的、初步具备交易场所多层次、交易品种多样化和交易机制多元化等特征的门类较齐全的、适合国内外投资者共同参与、具有国际影响力的金融市场体系。为科技创业孵化网络创新提供了良好的平台，对科技和经济的发展起到了很好的推动和促进作用。

（2）促进科技型中小企业发展，创新融资平台模式。

上海创新性的设立了"科贷通""小巨人信用贷"等融资平台，以便更好地支持和促进科技型中小企业的发展。这些平台的建立降低了科技型中小企业募集资金的难度，从政府的角度对企业的发展给予了有力的支持。

（3）设立专业银行机构，服务特定企业。

上海浦发硅谷银行专门服务于科技型中小企业，其经营模式的独特性表现在服务对象高度集中在特定高科技企业，并且针对不同发展阶段的科技型企业提供定制产品和服务，此外，银行加强了与创业投资公司的联系，实行投贷结合，切实有效地解决了科技型中小企业发展过程中的资本支持问题。

（4）建立专门机构，提供专业性科技金融服务。

上海市建立了一支由海内外科技专家、金融专家、科技企业经营者等组成的"科技金融咨询专家队伍"，解决当前科技金融中介机构的缺失及产融不能有效对接的问题。并且，上海市科技创业中心掌管着该市70多家孵化器，掌握着上千家科技型中小企业的详细情况，作为银行与企业之间的中介为双方服务，解决信息不对称问题，为金融更好地支持科技发展打下了基础。

（5）上海"张江模式"。

上海的科技创业孵化网络平台较为领先，创建了企业及个人信息体系，科技孵化活动都是围绕信息服务平台所展开的，信息平台的建设疏通了科技孵化供需双方的信息渠道，改善了创业难的局面。在政府干预下，金融机构、科技型企业、中介服务机构、个人投资者的信用状况均会被记录，并作为后续投资活动的信息保证，另外，天使投资、风险投资等相关资本的日常投贷融活动都是建立在信息平台之上的。

3. 苏州

苏州毗邻上海，水陆交通便利，接受经济、技术的辐射能力较强，在经济发展的各方面直接接受上海的辐射。近年来，苏州促进产业结构优化升级和经济发展方式加快转变，在一定程度上拉动了制造业产业层次的提升。同时，苏州也是一个中小企业大市，高新技术产业带的形成使得企业具有一定的竞争压力，迫使中小企业加快技术创新，深化专业分工和社会协作，改进产品和服务，从而推动了整个行业的技术进步。为了促进科技型企业的发展，苏州形成了以科技银行为核心的创新型区域创业孵化网络平台体系。

（1）促进科技企业发展，科技银行发展迅速。

科技银行为高科技企业提供以债权为主的贷款债券投资，是向科技型中小企业提供贷款的专业信贷机构，包括银行类科技银行和非银行类科技银行。科技银行的建立主要为科技型企业服务，创新对科技企业的金融支持模式，促进科技企业的发展。

（2）大力开发新型产品，金融创新突破重大。

苏州在金融创新方面有较大突破，首次推出了股权质押、知识产权质押、应收账款质押、股东担保质押、订货单质押等全新放贷产品，并且有效运用"科贷通""科技之星""创业一站通""金科通""点金石"等目前市场上科技银行的主要金融产品来大力支持科技型企业的发展。

（3）建设全面金融服务体系，发展多元化金融模式。

根据"政府引导，市场运作"的原则，建成集科技信贷、融资担保、小额贷款、科技保险、创业投资交易、债券融资为一体的企业成长金融服务体系，共同助力苏州创新驱动。并且通过信贷市场、银行间债券市场、股票市场、商业票据市场、科技投融资机构互相结合的方式发展多元化金融模式，促进科技和经济的发展。

（4）苏州"硅谷银行"。

苏州的科技银行比照"硅谷银行"模式进行本土化创新，建立起"银行担保＋额外风险收益补偿机制"的创新孵化商业模式，同时建立科技孵化专营服务机构，探索孵化器机构服务新模式。

4. 武汉

武汉是国家的重要老工业基地，无论是高新技术制造业，还是传统制造业都有很好的基础。近年来，武汉利用其区位和交通优势以及科技研发能力，承接国内外产业转移，初步实现了从老工业基地向具有产业集聚特色的先进制造业基地转变，并且积极培育壮大新兴产业，积极探索出了具有武汉特色的自主创新与新兴产业发展的道路。在此过程中，科技的进步、产业的发展都离不开金融的支持，武汉着力打造区域金融中心，在促进科技成果转化中取得了显著的成就。

（1）建立多种金融机构，着力打造区域金融中心。

武汉目前已有一定数量的具有全国性或者区域性功能的金融机构聚集，已初步显现出区域性金融中心的雏形。多家银行业金融机构、后台服务中心以及致力于服务科技企业的银行科技支行、创投公司、科技担保公司、科技保险公司和科技产权交易所等专业机构的建立，为武汉的科技金融发展提供了有利的条件。

（2）出台多项科技政策，鼓励金融支持科技发展。

为加大金融支持科技发展力度，近年来，地方政府先后建立了覆盖科技信贷、资本市场融资、创投公司投资、担保租赁和科技保险等业务的贷款贴息、风险补偿和奖励机制。

（3）促进科技成果转化，加大对科技企业支持力度。

针对科技型中小企业，一方面，武汉建立了孵化器、加速器、科技园，围绕高新技术产业分别为企业在初创期、成长期、成熟期提供系统的服务。另一方面，汉口银行致力于打造中国的"硅谷银行"，不断探索科技金融特色化服务。

5. 深圳

深圳的经济发展模式特点在于优化利用外部资源、以高新技术产业为推动力。近年来，深圳注重自主知识创新，增强自身的科研力量并应用于生产实践，对外依赖程度逐渐降低。深圳高新技术迅猛发展推动了外贸商品结构不断升级，现在深圳的加工贸易产品正在以低技术含量的劳动密集型产品为主向以资本与技术密集型的高新技术产品为主转变。深圳利用开放的市场优势，探索多渠道的创业孵化网络平台建设。

（1）依托开放性市场，建立多渠道多层次的科技投入体系。

经过多年努力，深圳初步建立了以政府为导向，企业为主体，创业投资、产权交易、证券等为依托的科技投融资体系。政府在初期发挥了积极的引导和示范作用，建立了以政府为龙头，企业为主体，风险投资为后盾的多渠道多层次的科技创业孵化网络体系。

（2）资本市场相对完备，融资方式多样。

深圳企业在利用国内外股票市场进行融资方面也取得了积极进展，创业资本发展迅速，创投机构的数量和创投资本规模均居全国前列，相对完备的资本市场为创业孵化网络平台提供多渠道融资方式，担保模式的创新以及资信评估机构的介入为推动中小企业自主创新起到了积极的促进作用。创业投资、股权投资已成为中小企业的强大推动力，尤其创业板在深交所推出，深圳科技金融的发展更是全面提速。

（3）政府充分发挥资金的引导作用，带动深圳市风险投资的发展。

创业投融资孵化广场是深圳高新区为解决区内创业者融资难而建立的，形成了从资金借贷，到包括股改、担保、风投、私募、境内外上市等创新金融服务，全程为企业提供投融资服务供应链。此外，政府出资组建了中科融投资顾问有限公司、深圳市高新技术创业投资公司和深圳市创新科技投资有限公司，进一步发挥市政府在创业孵化网络平台中的引导和放大作用，支持各区政府设立创业孵化引导基金，引导创业投资机构投资处于初创期、成长期的战略性新兴产业领域企业。

基于上述主要创业孵化生态体系的分析，从价值网PARTS模型的视角总结如表 8.1 所示。

表 8.1　　　　　　　　　典型科技金融价值网的特征总结

典型生态体系		深圳	上海	苏州/武汉	北京
生态体系架构分析	P 参与主体	市场主导	信息市场主导，政府辅助	银行核心，其他机构联动	孵化器加速主导，市场化程度较高
	S 范围规模	区域生态完善，体系成熟	区域生态体系涵盖信息平台	半区域生态体系，以银行为主	区域生态体系涵盖机构、政府
生态体系运行机制分析	A 重点针对价值增值过程	孵化服务渠道多样，资本市场全面，风投完善	完善的信用体系，知识产权质押融资	围绕银行产品创新、机制创新、服务创新	投保贷联动，银政企合作，融资渠道多

基于价值网理论上述对于四大主要创业孵化生态体系的分析，无论是资本市场市场化程度较高还是市场化程度较低的生态体系都需要运营主体的作用，市场化程度较低的价值网络一般运营主体是实体性质的政府通过行政手段维持创业孵化生态体系的运营；或者是诸如科技银行主导等，围绕银行搭建科技金融生态体系。而在市场化程度较高城市中则更多的是虚拟的市场化运作如信息平台，多层次多元化的资本市场运作。

更为重要的是从创业孵化生态系统的运行机制来看，与其他城市对比，无论是科技体系的完备性还是市场的层次性，深圳都明显强于国内的其他主要城市，因此构建国内生态、设计金融产品工具和制度也应当符合多元化、信息化、全面化的发展趋势。同时，上海、北京、苏州、武汉各具特色，银行主导符合苏州市场程度不足，信息平台顺应上海市场化程度，孵化器主导贴合北京技术高速流动特色。因此，创业孵化生态体系的搭建过程必须符合区域的产业特色，也就是 PARTS 模型对于 S（scope）的分析。

另外，从较为典型成功的价值增值过程中，后续的生态搭建应当有如下可行性的方案：①搭建过程注重整体的协调和全面；②合理处理政府与市场的定位；③在产品设计方面应当更加注重股权融资和债权融资的融合；④注重信息平台的构建，疏通信息的沟通渠道；⑤发挥科技银行的重要作用、其他金融机构协调发展，市场的多层次建设。

8.3 区域创业孵化网络平台建设的关键问题

从总体上看，我国创新能力虽然整体提升，但是企业创新能力增速相对缓慢，促进企业创新的体制机制尚未真正建立起来，主要表现在三个方面：一是企业研发投入不足；二是企业自主研发、技术集成能力薄弱，本土企业的技术创新能力和核心技术自主率仍然不高；三是支持高新技术企业发展的政策环境有待优化，高新技术企业减按 15% 的所得税率优惠政策，激励力度明显不足，目前各地方区域创业孵化网络平台的瓶颈可概括为"六缺六不缺"，分析如下。

8.3.1 不缺具体措施缺顶层设计

长期以来，我国绝大多数领域的改革都采取的是"摸着石头过河"的方式，都是在局部取得突破后再全面铺开，区域创业孵化网络平台建设也延续了这一"自下而上"的改革模式，建设了以"股权投资"为核心、以"融资担保"为辅助、以"银行贷款"为助推、以"财政补贴"为导向、以"创投服务"为支撑，具有"投、保、贷、补、扶"全方位服务功能，服务于科技型中小微企业的区域创业孵化网络平台。但需要看到的是，我国正处于培育和发展战略性新兴产业阶段，全球具有革新性的技术创新正在孕育，产业发展的技术路线仍未确定。面对技术不确定性和市场不确定性，数量庞大的科技型中小企业显然能够在创新方面发挥更重要的作用，而开展科技创新创业孵化工作发掘中小企业创新优势，面临的最大挑战还是科技体制改革的滞后。

8.3.2　不缺支持政策缺协同机制

2006 年以来科技部、银监会、证监会、保监会、财政部、发改委等部门单独或者联合出台了一系列文件，内容涉及创业投资、科技担保、科技保险、创业板市场、创业投资引导基金等方面。但是，这些政策不够系统全面，政策效果仅在某一方面显现，对区域创业孵化网络平台的发展缺乏整体的、系统的指导，管理区域创业孵化网络工作的部门责权模糊不清，各地区都曾出现政府、科技部门、发改委管理混乱的情形，缺乏统筹协调，责任难以落实。负责科技创新的科技主管部门与金融机构之间缺乏有效的信息沟通，导致科技资源和金融资源没有有效配置，风险和收益难以合理共担。

8.3.3　不缺社会资金缺策略机制

中国的货币供应量已超过百万亿元，不管贷款市场、债券市场还是风险投资市场，资金量非常充足，只是缺少把资金优化配置的机制。现有的信贷管理体制与科技贷款不适应，商业银行和创新企业双方在操作中很难实现对接，极大地影响了科技贷款发放的时效性，进而影响到企业科技创新的成功概率；由于缺乏风险补偿机制，创业企业办理科技贷款业务存在困难，科技企业、科技创业企业难以获得资金支持，同时限制了科技专营机构的规模和发展动力。

8.3.4　不缺投融机构缺运营主体

我国公共孵化器机构与商业孵化器机构的经营高度同质化，科技专营机构缺乏，没有科技与资本投入的结合主体。以银行为主的金融中介机构占据大量金融资源，但是国家信贷政策对银行信贷工具的创新有很大的制约，银行自身也缺乏足够的动力面向科技企业尤其是小型科技企业提供多样化的信贷工具，从而难以满足科技成果转化以及科技企业发展的需要。

8.3.5 不缺孵化产品缺商业模式

现有的孵化产品包括科技创业风险投资、科技贷款、科技保险产品，但缺乏"全链条式"服务整合模式，缺乏适合不同区域和产业特征的科技型小微企业发展的、政府引导的市场化运作商业模式，解决创业孵化注重物理平台、政策支撑，但缺乏创新型参与模式，导致成活率低下的问题。

8.3.6 不缺技术来源缺投资项目

一方面是科技型企业缺乏资金来源，另一方面是孵化网络找不到合适的投资项目，缺乏合理完善的科技项目发现评估机制，对于科技成果的转化缺乏预见性的技术判断。

区域创业孵化网络平台体系希望能建立起功能丰富、运作专业、统一高效、紧贴区域产业与企业需求的服务平台，通过资本市场化运作，在科技与主导产业结合的关键领域进行先行投入，积极探索科技金融创新模式，成为重庆市孵化产品的主要设计者和供给者，促进区域创业孵化网络平台大体系的不断完善，推动创新链和产业链融合发展。

8.4 重庆市区域创业孵化网络平台建设案例

重庆市科技金融集团运用项目研究结果指导日常工作，基于科技金融平台搭建区域创业孵化网络，重点聚焦于行业领域，以技术价值为核心，以资本运营为手段，通过整合全球技术、品牌、人才及市场资源，推动科技成果转化，提升产业研发水平，升级产业发展能力，拓展国内外市场。

重庆市区域创业孵化网络平台探索创新科技成果转化方式，完成组建了科鑫新模式科技公司，在产业链前端为企业解决关键设备购置难题，支持生产企业首台（套）设备的推广运用，提高科技成果转化效率；推动组建了重庆两江新区创业六环科技孵化有限公司，促进科技成果转化；探索组建了新型市场化技术集成研发公司，推动了知识产权股权化、技术成果资本化，真正培育技术价值的创造、输出能力；探索对接了国家和市级重点产业、科技计划的方式。与获得国家科技计划支持的香港科技大学软物质领域专家温维佳教授合作组建公司；建立了引入国际先进创新资源渠道；参股组建了蔚源创新研究院；与乌克兰国家科学院合作组建了中乌技术创新中心；与匈牙利合作组建了中国匈牙利两江创新创业中心，与以色列合作基金组建了管理公司。

8.4.1　明确区域创业孵化网络平台的功能定位

重庆市科技金融集团建设区域创业孵化网络平台搭建科技金融生态体系满足科技型中小企业的金融支持，弥补金融市场空缺。区域创业孵化网络平台的具体功能如下：

1. 动员多元化渠道资本满足多样化的孵化需求

科技型创业企业处于不同成长阶段会有不同的孵化需求，种子期、初创期、成长期对于孵化产品的需求、不同行业科技型中小企业对于孵化产品的需求都是不尽相同的，这就需要区域创业孵化网络平台可以为科技型中小企业提供多元化的孵化产品，以满足处于不同成长阶段和不同行业的科技型中小企业需要。

2. 生成引导服务资源优化配置的高质量价格信号

价格是市场的灵魂，能否生成高质量的价格信号，是中小企业融资市场运行效率、可持续发展的微观基础。在外部，高质量的价格信号决定了中小企业群体公平竞争孵化服务的能力，以及该体系自身可持续发展的能力；在内部，高质量的价格信号决定了孵化产品在不同行业、不同类型中小企业间的配置效率。高风险是中小企业的特点，中小企业在孵化器内生成高质量价格信号的核心内容是风险定价，进入资本市场后，表现为对企业成长过程的风险识别和风险定价能力。

3. 完善全面的信息沟通功能需求

信息直接决定着科技型中小企业的生存，高风险的科技型中小企业发展问题众多，信息不对称永远存在，解决信息不对称是搭建科技金融生态体系所必要的部分功能，尽管问题不可能完全解决，但缓解信息不对称带来的负面影响在任何时候都是有空间的。科技型中小企业的资本需求比较特殊，资金的需求差异明显，需要畅通的信息保证，一定程度解决信息不对称。确保风险投资、天使投资与科技型企业信息的交流沟通，缓解科技金融当前不缺项目缺资金的现状。

4. 实现透明高效的项目筛选功能

创业孵化网络平台在决定政策优惠性质资金分配时，参考创业投资机构对企业的支持情况，即创业孵化网络平台倾向于认为能够获得资本市场青睐的企业，也是创业孵化网络平台应该支持的企业。

5. 降低科技型中小企业的融资成本

在理论上，没有融资成本约束也就不存在融资难。在实践中，可获得融资的成本，决定了可获得融资渠道的意义。创业孵化网络平台体系应该促进市场交易费用降低，培育竞争机制来促进中小企业融资成本降低。

6. 创造知识产权的交易机会

创业孵化网络平台的搭建，在逐步推进知识产权界定、知识产权价值衡量的基础之上，借助创业孵化网络平台的信息优势和资金优势，合理分配安排知识产权的交易活动，并以创业孵化网络平台生态运作机制为知识产权提供风险控制和技术支持。

8.4.2 以技术价值为核心的区域创业孵化网络

科技金融集团探索的以技术价值为核心的区域创业孵化网络，是通过体制创新和运营创新，基于技术创新的路径选择和技术价值投资方法，实现不同类别的创新成果从生产到产业化不同阶段的无缝对接和全方位服务，具体案例如下：

1. 创客空间支持创意导向技术价值投资创新模式

科技金融集团鉴于资本、技术市场与产品服务市场的差异性，引进一流团队，联合国内知名孵化器"起点创业营"的管理人——软银中国旗下的起点创业营管理团队发起孵化器基金，构建了基于资本市场与技术市场的商业孵化器商业模式，推动商业孵化器的孵化链条延伸至新兴产业的科技前期，盈利来自投资收益。该基金通过"起点创业营"的特色服务，聚集国内外知名天使投资人及优秀创业团队汇聚重庆，每年孵化不少于 100 家的创业企业或团队，开拓了与金融机构联合组建天使基金对早期项目进行孵化的新路子。

起点创业营在国内有"企业投资孵化器"之称，入驻重庆天安数码城云谷项目，助力重庆天安数码城在企业创业平台服务，将更好地为园区内成长型中小企业服务。起点创业营一方面除了自身拥有强大的专业核心团队和运营模式以外，其助力成长型中小企业腾飞梦想的概念和对提升区域创新意识、提升城市价值化竞争水平有着与天安数码城共同的价值理念。而重庆天安数码城云谷在为企业提供良好的发展平台上，通过高成长企业服务体系、城市化配套服务体系、数字化园区服务体系，全方位针对中小型企业配置金融、政策、技术、人力、信息等各种服务平台，助力中小企业腾飞。不仅影响天安数码城的成长性企业，更是重庆唯一一个具有国际视野和专业化水平的创新型成长企业孵化机构。对在天安数码城园区入驻的企业有着极大的帮助，对整个重庆创新型产业发展和提升城市化竞争水平有着举足轻重的作用。作为国内一流的产业地产综合运营商天安数码城，在为成长型中小企业服务方面已有多年的实践经验。23 余年的创新发展，13 座大中型城市、14 座产业园区，服务近 5000 家成长型企业，致使天安数码城成为国内领先的产业地产综合运营商。天安数码城目前已成功孵化上市企业近 40 家，拟上市企业 50 余家，是中国成长型企业的最佳合作伙伴。起点创业营在重庆天安数码城的入驻，无疑将更好地为成长型中小企业提供更为广阔的企业发展前景。

2. 创业孵化器支持技术导向技术价值投资创新模式

战略产业的关键性核心技术创新输出的目标是结构优化转型，科技金融集团作为主导产业的助推器锁定战略产业助推传统产业变革，遵循主导产业的科技范式专注于发展期企业并以发展的眼光发展孕育期中的新兴产业，以掌握孕育期中战略主导产业的科技轨道。科技金融集团组建重庆两江新区创业六环科技发展有限公司（创业六环），定位于国际化的科技成果产业转化孵化平台，这不仅是一个物理平台，也是一个管理平台，通过对创新过程的管理，优先支持掌握科技轨道的科技企业家实现科技转换并加速其产业化进程，实现科学科技成果的产业化以及将外部资源融合形成的资产化和证券化。

科技成果转化中心的载体是创业六环，它是一家以创业服务为主题，兼具投资功能的孵化器公司，用其独特的技术价值投资方式去帮助应用创意成果的科技创业团队，促进项目能在重庆市两江新区水土园区微型企业创业孵化园落地，并帮助科技创意成果产业化的全方位、多层次服务，围绕先进制造产业和电子信息产业等主导产业，采用政府引导、公司化运作、市场化服务的模式，通过"六环"——比天使快半步的种子基金支持、专家级评估指导及快速样机制造、全方位的企业运营管理贴身服务、两江创业政策专项扶持、后顾无忧的创业配套保障、品类齐全的金融快速投融资保障，推动创新创意成果产品化、商业化，创建高效、高回报率的项目和公司，打造收集、展示、交易、试制、评估、育成几大环节的创新创业新体系，弥补科技创新创业与金融服务之间的空白。

温维佳教授为香港科技大学教授、重庆大学物理学院院长、重庆大学特聘教授，主要研究领域涉及凝聚态物理，微米及纳米材料的研究，先进功能结构材料，纳米电（磁）流变液，微流控制，软物质物理及光电子功能结构材料等。重庆科技金融集团对于温教授在软物质领域积累的独创性研究成果进行技术价值投资评估，认为其科技成果创新难度增大，内部非定向性技术创新被抑制，定向性技术创新速度快速增加，主导设计趋于成型，此时的技术创新更需要依赖于科学家及核心技术专家，技术价值实现也需围绕处于技术导向产业阶段的科技企业进行投资。因此科技控股集团引入香港科技大学在软物质领域享有盛誉的温维佳教授团队，通过组建重庆前智科技有限公司，为温教授在重庆提供进行产品化、商业化的平台，对处于成长期的重庆前智科技有限公司提供规模化、扩大化的融资安排，使财富创造过程获得加速度，进而促进投资标的进入资本市场或产权市场，实现资产的证券化。

3. 创新创业孵化基金支持轨道导向技术价值投资创新模式

重齿公司和重液机电公司均于 2009 年开始进入工程机械市场，近年来在工程机械产业方面也都有一定发展。但是由于缺乏核心技术，特别是机电液匹配技术，目前工程机械传动系统市场还是主要由进口品牌占据，替代进口的难度较大。为解决工程机械液压传动系统与机械传动系统核心技术来源，实现工程机械市场的有效突破，重齿公司设立创业孵化基金，积极在全球范围内寻找机会，探索获取核心技术来源、工程机械关键元器件实现替代进口的有效方式和途径。经过反复筛选，2013 年重齿公司了解到意大利 PMP 集团公司有找寻战略合作伙伴促进助力其快速发展的意向。PMP 公司有 20 多年液压传动行业的经验和秘诀，近 5 年每年投入营业额的 6% 用于产品研发，产品拥有全球领先技术，等同或超越行业大牌同类产品技术。

重齿公司和重液机电公司拟通过创业孵化基金联合参股意大利 PMP 公司，利用其在工程机械传动系统中的全球领先技术和领先市场资源，解决重齿公司和重液机电公司在工程机械核心传动系统的核心技术来源，并利用其成熟的市场营销，借助其国际优势品牌，迅速打开重齿公司和重液机电公司在工程机械传动系统领域的市场。通过轨道导向的技术并购，使两家企业正在进行的工程机械能力建设项目发挥出更大的作用，提升企业效益，为企业发展培育出新的经济增长点。

8.4.3 区域创业孵化网络建设启示

1. 相对完善的区域创业孵化网络平台体系对经济的发展有着重要意义

区域创业孵化网络平台体系的构建是一个不断探索和发展的过程，就目前看来，我国的创业孵化网络呈现了片段化、缺乏整体性的特点，还未形成完善的体系。但从各个城市的创业孵化网络探索实践看来，北京、上海、深圳的创业孵化网络发展系统性较强，结构比较完善，对经济的促进作用较为明显，取得了较为显著的成就。可见，相对完善的区域创业孵化网络平台体系对科技的促进和经济的发展都有着非常重要的意义。

2. 创业孵化网络的建设需要政府和市场的双重推动

创业孵化网络平台建设本身具有较强的政策性，政府的政策引导对其发展至关重要。无论是从建立政府引导基金、政府专项拨款等直接金融支持还是搭建政府服务平台、建立科技成果转化中心等间接支持，创业孵化网络平台建设都离不开政府的推动。同时，金融市场对创业孵化网络平台建设也有着重要的意义。

3. 孵化网络参与主体的相互合作对平台的发展有着重要促进作用

创业孵化网络平台的发展需要政府、银行、担保、孵化器、创业者、大企业、投资公司、资本市场等多种主体的通力合作才能被有效推动，其中重点支持的科技型企业尤其是科技型中小企业有着自身的发展特点，高新技术的巨大发展潜能同时带来了巨大的风险，只有各主体相互合作，打通资本进出的通路，才能有效地促进科技型企业的发展，推动高新技术产业的进步与变革。

4. 金融工具和产品的创新是创业孵化网络平台建设的重要内容

金融工具和产品是区域创业孵化网络平台体系中对科技型企业有着最直接的作用和影响要素，不同的金融工具和产品适用于不同的科技型企业及其发展阶段。从我国主要城市的创业孵化网络平台实践看来，不同地区根据自身发展的不同情况创新出了不同的金融工具和产品，对科技型企业以及经济的发展起到了重要的促进作用。

第 9 章

结论与展望

　　本书在已有研究的基础上，考虑了新兴产业创新特征和众创环境背景。首先，结合新兴产业不同的创新导向，理顺了基于新兴产业创新下的我国孵化器产业化脉络；其次，实证检验了新兴产业创新与孵化器市场化之间的互动演化关系，并构建演化博弈模型寻求我国孵化器产业市场结构的动态演化均衡点；最后，构建了基于资本与技术市场的商业孵化器商业模式的描述性框架，厘清商业孵化器商业模式的核心要素与创新路径，并探讨了创客空间这一商业模式创新中的投资决策；另外，还研究了大企业参与创业孵化业务对于孵化器产业的补充及其具有的创业孵化导向。

9.1　研究结论

　　（1）现如今的新兴产业将是第四次工业革命孕育期中的主导产业，正由高速流动阶段朝过渡阶段转变且主导设计尚未完成。我国产业的二次创新模式选择面临挑战，大企业选择设立创业并购基金，参与创业孵化活动应对新兴产业创新。处在产业创新不稳定阶段的新兴产业以创意导向为主，依赖于技术创业者；处在产业创新过渡阶段的主导产业以技术导向为主，依赖于掌握技术轨道的科技。产业不同的创新导向对孵化器的创业服务提出不同的要求，推动了我国孵化器产业化初现端倪。

（2）我国孵化器产业的市场结构在新一轮科技革命背景下将发生变化，孵化器市场化和技术创新之间具有明显的非线性关系特征：科技革命的兴起推动了商业孵化器的孵化链条延伸至创意导向产业的产品创新前期，技术导向产业的技术创新驱动了公共孵化器需要锁定传统产业变革的需求。在孵化器市场化过程中，其发展对产业创新的影响是显著的，但是技术创新对市场化的发展却具有相对滞后性。孵化器产业化循环路径是满足利基产业创业需求——产业的市场结构调整——商业模式创新——市场结构调整，商业孵化器与公共孵化器在市场结构中的动态转化均衡关系，是孵化器产业化的内在要求。

（3）在移动互联网创业浪潮，科技创新与金融支持日益深化的背景下，孵化器近年来呈现出具有投资功能的商业化运作趋势。商业模式创新使多元化的投资主体更关注孵化器的商业化特征，引发了孵化器的突破性创新，孵化器、合作伙伴与目标客户之间的价值实现，成为商业孵化器突破性创新方向。商业孵化器更加关注实现孵化器、入驻企业、目标客户及外部利益相关者之间的均衡。

（4）创客空间是商业孵化器中的一种创新型商业模式，创客与创客空间的双向双赢是协同创业网络的帕累托最优。其中创客所需的产品创新服务为创客空间提供市场，产品化服务投资是各类创客空间的核心竞争能力。影响创客空间产品化服务投资力度的两个主要因素是：技术成熟度与创新成本。创客空间仅限参与 A – U 扩展模型中的创客创意导向产品创新活动，可促进创客的产品创新活动往 A – U 扩展模型的创意导向前端推进。

（5）参与创新创业活动虽然不是大企业的主营业务，却成为我国孵化器产业的一种参与补充。但是，与以创业孵化服务为主营业务的孵化器存在着明显的差异性，大企业创业并购基金并非都具备创业孵化导向。技术轨道与创新创业环境都会影响大企业的创业孵化导向。"供应商为主导"与"规模密集型"的企业通常不具备创业孵化导向，"以科学为基础"与"专业化供应商"的企业更加倾向于具备创业孵化导向，另外，根据传统技术轨道标准筛选的"信息密集型"企业样本数据无法解释新一轮信息技术产业普遍存在的创业孵化导向活动。"科技政策""产业发展""人才环境""研发环境"

"科技金融""中介服务"这六个要素对企业创业孵化导向的正向影响显著，但是"贸易环境"与"媒体知名度"对企业创业孵化导向的影响并不显著，主要原因在于企业并购基金并不会在某一特定地理位置产生贸易往来活动，另外媒体以关注创意导向产业的创新创业活动为主，而本书的样本数据不足以解释。

9.2　研　究　展　望

（1）我国孵化器于近 5 年来才呈现出产业化特征，因此关于孵化器产业的市场结构研究尚处于起步阶段，孵化器市场化和技术创新之间互动关系特征的时间序列数据稍显不足，还需长期观察再展开更完善的研究。

（2）我国第一家商业孵化器成立于 2010 年，商业模式的研究刚刚处于起步阶段。本书采取的框架分析与案例分析方法只是初步研究，商业模式创新引发的关于创意与科技成果转化过程中的技术转换与吸收问题、天使投资参与孵化器经营的利益分配机制等问题，都需要等待我国第一批入驻商业孵化器的创业企业"毕业"后，才能进行实证分析。

（3）2016 年以后，创客空间在我国的商业实践逐渐丰富。伴随着更多的创客空间的现实实践，其商业模式创新必将呈现出更加多样化的类型，创客空间与创客之间可能出现更加多样化的协同创新情境，还需要将创客空间放在一个较长的时间段内进行考察。

（4）作为本书的探索性研究，我国大企业设立的创业并购基金，不仅是我国孵化器产业的补充，也是大企业的一种全新的探索性战略，本书仅作了探索性研究，相关研究正由导师与学术团队中的其他同学进行开展。

参 考 文 献

［1］毕克新，艾明晔，李柏洲．产品创新与工艺创新协同发展分析模型与方法研究［J］．中国管理科学，2007，15（4）：138－148．

［2］蔡国良，胡赛全．产业环境影响企业技术创新的机制和路径［J］．技术经济，2014，33（7）：17－23．

［3］蔡莉，崔启国，刘静．基于网络视角的创业环境：概念，体系构成和分析框架［J］．管理现代化，2007（3）：26－28．

［4］成力为，戴小勇．研发投入分布特征与研发投资强度影响因素的分析——基于我国30万个工业企业面板数据［J］．中国软科学，2012（8）：152－165．

［5］陈晨．我国科技人才创新创业环境研究［D］．渤海大学，2013．

［6］陈劲，王方瑞．中国本土企业自主创新的路径模式探讨［J］．自然辩证法通讯，2007，29（3）：49－58．

［7］陈劲，张平，尹金荣等．中国大学科技园建园与运作模式的研究［J］．研究与发展管理，2001，13（6）：1－7．

［8］陈海华，陈松．从产业集群到创新集群的演化过程及机制研究［J］．中国软科学，2010（S1）：227－232．

［9］陈忠卫，曹薇．创业环境与创业活动关系的研究视角及其进展［J］．科技进步与对策，2009，26（18）：156－159．

［10］陈忠勇．利用产业并购基金推进上市公司并购重组的研究［J］．财会学习，2013（8）：17－18．

［11］陈晓红，马鸿烈．中小企业技术创新对成长性影响——科技型企业不同于非科技型企业？［J］．科学学研究，2012，30（11）：1749－1760．

［12］陈昆玉．企业自主创新的融资行为及其对成长的影响：来自中国A股市场的经验证据［J］．管理工程学报，2015，29（2）：10－18．

［13］陈丽兰，戚安邦．基于全生命周期的科技企业孵化器筛选体系构建［J］．科学学与科学技术管理，2013，34（005）：134－141．

［14］陈粟，钟卫东．企业孵化器与我国技术创新政策［J］．科技管理研究，2007，27（6）：69－71．

［15］陈兴红，武春友，匡海波．基于VAR模型的绿色增长模式与企业成长互动关系研究［J］．科研管理，2015，4（4）．

［16］程源，高建，杨湘玉．电视行业演化创新分布模式：A－U模型的新解释［J］．科研管理，2005，26（1）：42－46．

［17］储德银，张同斌．自主研发、技术引进与高新技术产业成长［J］．科研管理，2013，34（11）．

［18］杜跃平，高雄，赵红菊．路径依赖与企业顺沿技术轨道的演化创新［J］．研究与发展管理，2004，16（4）：52－57．

［19］杜洪涛．国家大学科技园建设和发展的政策研究［J］．中国行政管理，2014（6）：025．

［20］段利民，杜跃平，孟蕾．新兴技术商业化绩效影响因素实证研究［J］．科学学研究，2012（9）：1354－1362．

［21］董华强，梁满杰．我国企业孵化器发展的问题与有效对策［J］．科学学与科学技术管理，2003，24（5）：110－113．

［22］范蓓蕾．对北京和上海的高新技术园区的比较分析［J］．南京大学学报：自然科学版，2008，42（3）：242－256．

［23］高旭东．技术创新能力培养：特定的培养顺序还是有效的R&D［J］．科学学与科学技术管理，2005，26（6）：64－68．

［24］高旭东．"后来者劣势"与我国企业发展新兴技术的对策［J］．管理学报，2005（3）：291－294．

［25］高旭东．摸着石头上岸——对中国企业创新实践的思考［J］．北大商业评论，2011：62－69．

［26］高伟，缪协兴，吕涛，等．基于区际产业联动的协同创新过程研

究 [J]. 科学学研究, 2012 (2): 175-185.

[27] 郭继东, 马书刚. 应急救援团队成员协作关系演化博弈 [J]. 数学的实践与认识, 2015 (17).

[28] 郭京京, 吴晓波. 产业集群的演进: 二次创新和组织学习 [J]. 科学学研究, 2009, 26 (6): 1310-1315.

[29] 郭俊峰, 霍国庆, 袁永娜. 基于价值链的科技企业孵化器的盈利模式分析 [J]. 科研管理, 2013, 34 (2).

[30] 苟燕楠, 董静. 风险投资进入时机对企业技术创新的影响研究 [J]. 中国软科学, 2013 (3): 132-140.

[31] 龚丽敏, 魏江, 董忆, 等. 商业模式研究现状和流派识别: 基于 1997~2010 年 SSCI 引用情况的分析 [J]. 管理评论, 2013, 25 (6): 131-140.

[32] 和矛, 李飞. 行业技术轨道的形成及其性质研究 [J]. 科研管理, 2006, 27 (1): 35-39.

[33] 何琼, 王铮. 跨国 R&D 投资在中国的区位因素分析 [J]. 中国软科学, 2006 (7): 113-120.

[34] 何立华, 杨崇琪. 人才环境及其影响因素——来自武汉的数据 [J]. 经济与管理评论, 2014, 30 (1): 17-23.

[35] 侯合银, 葛芳芳. 科技企业孵化器可持续发展研究: 文献综述与研究框架设计 [J]. 系统科学学报, 2010, 18 (1): 13-18.

[36] 胡贝贝, 王胜光, 任静静. 互联网时代创业活动的新特点——基于创客创业活动的探索性研究 [J]. 科学学研究 2015.

[37] 胡河宁, 孟海华. 企业二次技术创新的困境与对策 [J]. 华东经济管理. 2006, 20 (1).

[38] 胡海青, 张旻, 张宝建, 张道宏. 网络交互模式与创业支持类型——基于中国孵化产业的实证分析 [J]. 科学学研究, 2012 (2).

[39] 胡汉辉, 马立新. 科技 "孵化器" 系统目标与建设方式初探 [J]. 科学学与科学技术管理, 1990 (5): 17-18.

[40] 华国平, 沈荣芳. 引进技术中采用 "技术孵化器" 的设想 [J].

管理工程学报，1990（3）.

[41] 黄紫微，刘伟. 公共孵化器 VS 商业孵化器——孵化器市场结构演进过程［J］. 科学学研究，2015（12）：1813－1820.

[42] 黄永春，魏守华. 后发国家企业实现新兴产业赶超的时机选择研究——基于 GVC 视角下的技术创新 A－U 模型［J］. 南京社会科学，2014（6）：7－15.

[43] 黄涛. 科技企业孵化器建设和发展中的若干关系探讨［J］. 科学学与科学技术管理，2004，25（5）：33－35.

[44] 黄扬杰，邹晓东，侯平. 学术创业研究新趋势：概念、特征和影响因素［J］. 自然辩证法究，2013，29（1）：79－83.

[45] 景俊海. 企业孵化器的科学分类及社会关系分析［J］. 科学学与科学技术管理，2001，22（1）：53－6.

[46] 纪晓丽. 地区法制化进程对企业专利投资的影响研究——基于产权特征的实证分析［J］. 中国软科学，2010（10）：37－46.

[47] 金加林，李玲，刘喜华. 高新技术产业孵化器模式的比较选择研究［J］. 科学管理研究，2004，22（3）：76－79.

[48] 贾凌民等，（中国行政管理学会课题组）. 加强规范我国社会中介机构和服务监管之研究［J］. 中国行政管理，2015（2）：16－20.

[49] 贾宁，李丹. 创业投资管理对企业绩效表现的影响［J］. 南开管理评论，2011（1）：96－106.

[50] 李岱松，王瑞丹，马欣. 孵化器产业特征及我国孵化器营运模式探析［J］. 科研管理，2005，26（3）：8－12.

[51] 李垣，刘益. 基于价值创造的价值网络管理（I）：特点与形成［J］. 管理工程学报，2001，15（4）：38－41.

[52] 李杰，李捷瑜，黄先海. 海外市场需求与跨国垂直并购［J］. 经济研究，2011（5）.

[53] 李华，王鹏. "天使投资"在 OECD 国家的运作——兼论"天使投资"在我国的发展前景［J］. 世界经济研究，2004（4）：51－56.

[54] 李瀚平. 技术孵化器：高新技术商品化的风险管理［J］. 科技进

步与对策，1997（3）：37－38.

[55] 李名梁，刘婧竹．科技型小微企业发展环境及政策支持体系研究[J]．科学管理研究，2014（3）：80－84.

[56] 李曜，曾翔东．并购基金合伙人的综合型企业家精神[J]．证券市场导报，2014（2）．

[57] 李正卫，吴晓波．制造业全球化与我国制造业的二次创新战略[J]．科学学研究，2004（z1）：68－72.

[58] 李振华，赵黎明．多中心治理区域孵化网络特征与动态能力建设[J]．科研管理，2014（6）：77－83.

[59] 李正卫，吴晓波．制造业全球化与我国制造业的二次创新战略[J]．科学学研究，2004（22）：68－72.

[60] 李志强，赵卫军．企业技术创新与商业模式创新的协同研究[J]．中国软科学，2012（10）：117－124.

[61] 林锋．美国一种新的企业机构——企业孵化器[J]．科学学与科学技术管理，1988（1）：45－47.

[62] 林强，姜彦福．中国科技企业孵化器的发展及新趋势[J]．科学学研究，2002，20（2）：198－201.

[63] 林德昌，廖蓓秋，陆强．科技企业孵化器服务创新影响因素研究[J]．科学学研究，2010，28（6）：920－925.

[64] 林媛媛．技术创新与市场营销模式创新的互动研究[J]．工业技术经济，2003，22（1）：103－104.

[65] 林元旦．美国的小企业与企业孵化器[J]．中国行政管理，1997（5）．

[66] 梁云志，司春林．孵化器的商业模式研究：理论框架与实证分析[J]．研究与发展管理，2010，22（1）：43－51.

[67] 司春林，梁云志．孵化器的商业模式与自身发展——典型案例分析[J]．经济管理，2010（10）：169－179.

[68] 柳卸林．技术轨道和自主创新[J]．中国科技论坛，1997（2）：30－33.

[69] 刘凤朝，傅瑶，孙玉涛．基于专利的美国技术创新领域分布结构演变 [J].科学学研究，2013，31（007）：1086-1092.

[70] 刘爱东，刘文静．我国家电产业集群升级的战略思考——以青岛家电集群分析为例 [C] //2011 年第六届中国管理学年会——创业与中小企业管理分会场论文集.2011：133-138.

[71] 刘伟，谢龙燕．技术轨道对创业板上市企业董事会结构的影响分析 [J].中国科技论坛，2014（1）：101-107.

[72] 刘伟，黄紫微，丁志慧．商业孵化器商业模式创新描述性框架——基于技术与资本市场的创新 [J].科学学与科学技术管理，2014（5）.

[73] 刘伟，程俊杰，敬佳琪．联合创业投资中领投机构的特质，合作模式，成员异质性与投资绩效——基于我国上市企业的实证研究 [J].南开管理评论，2013，16（6）：136-148.

[74] 刘伟，杨贝贝，刘严严．制度环境对新创企业创业导向的影响——基于创业板的实证研究 [J].科学学研究，2014，32（3）：421-430.

[75] 刘伟，罗公利．基于组织生态理论的科技企业创业环境构成要素模型研究 [J].青岛科技大学学报（社会科学版），2015（1）：014.

[76] 刘旭，柳卸林，韩燕妮．海尔的组织创新：无边界企业行动 [J].科学学与科学技术管理，2015，36（6）：126-137.

[77] 刘友金，黄鲁成．技术创新与产业的跨越式发展——A-U 模型的改进及其应用 [J].中国软科学，2001（2）：37-41.

[78] 刘建新，王毅．后发国家产业技术追赶模式与绩效的关系研究 [J].科研管理，2013，34（8）.

[79] 刘广平，陈立文，戚安邦．科技企业孵化器投资决策与运营模式研究 [J].科学学与科学技术管理，2013（7）：150-155.

[80] 吕炜．论风险投资机制的技术创新原理 [J].经济研究，2002（2）：48-56.

[81] 卢锐，盛昭瀚，袁建中．政府主导与我国企业孵化器的发展 [J].

科研管理，2001，22（2）：15 - 21.

[82] 卢锐，盛昭瀚. 核心资源与企业孵化器的创新 [J]. 中国管理科学，2002，10（2）：71 - 75.

[83] 卢珊，赵黎明. 政府税收和补贴政策对孵化器与创投合作行为影响的研究 [J]. 软科学，2011，25（11）：69 - 72.

[84] 倪义芳，葛朝阳，吴晓波. 我国制造业全球化的二次创新战略 [J]. 科学技术与工程，2004（2）：36 - 39.

[85] 欧庭高. 企业孵化器促进技术创新社会生成的研究 [J]. 科技管理研究，2006，26（2）：8 - 10.

[86] 欧忠辉，朱祖平. 区域自主创新效率动态研究——基于总体离差平方和最大的动态评价方法 [J]. 中国管理科学，2014（S1）.

[87] 彭新敏，吴晓波，吴东. 基于二次创新动态过程的企业网络与组织学习平衡模式演化——海天 1971 ~ 2010 年纵向案例研究 [J]. 管理世界，2011（4）：138 - 149.

[88] 蒲欣，李纪珍. 中国彩电企业跨技术范式的技术发展过程——以长虹为例 [J]. 管理案例研究与评论，2008（3）：1 - 11.

[89] 蒲欣，李纪珍. 中国彩电产业的技术演进路径研究 [J]. 创新与创业管理，2015.

[90] 钱平凡，李志能. 孵化器运作的国际经验与我国孵化器产业的发展对策 [J]. 管理世界，2000（6）：78 - 84.

[91] 邱国栋，马鹤丹. 创新孵化与风险投资互联的区域创新系统研究 [J]. 中国软科学，2010（2）：97 - 106.

[92] 秦军，殷群. 孵化器与风险投资融合模式研究 [J]. 科学学与科学技术管理，2009，30（5）：105 - 110.

[93] 任秀峰. 后发经济体技术赶超中的转型陷阱 [J]. 技术经济与管理研究，2015（2）：29 - 33.

[94] 瞿群臻. 论孵化器与风险投资融合的博弈决策 [J]. 运筹与管理，2005，14（6）：149 - 154.

[95] 瞿群臻. 论我国孵化器与风险投资融合的环境模型构建 [J]. 科

技进步与对策，2005，22（8）：1517.

［96］瞿群臻. 我国孵化器与风险投资融合发展研究［J］. 工业技术经济，2006，25（3）：146 – 148.

［97］瞿群臻. 孵化器与风险投资融合的原因探究［J］. 科技管理研究，2008，28（2）：131 – 133.

［98］清华大学启迪创新研究中心，中国城市创新创业环境评价研究报告［R］. 2013.

［99］清华大学启迪创新研究中心，中国城市创新创业环境评价研究报告［R］. 2014.

［100］清华大学启迪创新研究中心，中国城市创新创业环境评价研究报告［R］. 2015.

［101］任荣伟，申旭斌，张武保. 欧美创业教育的新趋势及对中国的启示［J］. 管理世界，2005（9）：164 – 165.

［102］沈琛，赵黎明. 风险投资资本配置与科技企业孵化器投资回报率的相关性分析［J］. 天津大学学报：社会科学版，2013，15（2）.

［103］孙琦，张昕光. 企业孵化器经营能力的一种模糊评价方法［J］. 科研管理，2005（4）：129 – 133.

［104］孙圣兰，夏恩君. 突破性技术创新对传统创新管理的挑战［J］. 科学学与科学技术管理，2005（6）：72 – 76.

［105］孙永波. 商业模式创新与竞争优势［J］. 管理世界，2011（7）：182 – 183.

［106］宋耘，曾进泽. 后发企业从模仿创新到自主创新的演化路径研究［J］. 现代管理科学，2007（5）：36 – 39.

［107］唐明凤，李翠文，程郁. 基于创新工厂案例的新型孵化器商业模式研究［J］. 科研管理，2015（S1）.

［108］田华，田中. 美国国防高级研究计划局如何跨越"死亡之谷"？［J］. 科学学研究，2012（11）：1627 – 1633.

［109］魏江，刘洋，应瑛. 商业模式内涵与研究框架建构［J］. 科研管理，2012，33（5）：107 – l14.

[110] 魏江, 朱海燕. 高技术产业集群创新过程模式演化及发展研究——以杭州软件产业集群为 [J]. 研究与发展管理, 2007, 18 (6): 116 - 121.

[111] 魏炜, 朱武祥. 发现商业模式 [M]. 机械工业出版社, 2009.

[112] 魏枫. 模仿陷阱、自主创新与经济赶超 [J]. 中国软科学, 2014 (5): 182 - 192.

[113] 万君康, 董俊武, 黄江圳. 专利成果的企业孵化器研究 [J]. 科学学与科学技术管理, 2002 (8): 103 - 104.

[114] 王铮, 毛可晶, 刘筱. 高技术产业聚集区形成的区位因子分析 [J]. 地理学报, 2006, 60 (4): 567 - 576.

[115] 王红梅, 邱成利. 技术创新过程中多主体合作的重要性分析及启示 [J]. 中国软科学, 2002 (3): 76 - 79.

[116] 王国红, 贾楠, 邢蕊. 创新孵化网络与集群协同创新网络的耦合研究 [J]. 科学学与科学技术管理, 2013, 08 - 0073 - 1034.

[117] 王国红, 周建林, 邢蕊. 孵化器 "内网络" 情境下社会资本对在孵企业成长的影响——基于大连双 D 港创业孵化中心的案例研究 [J]. 管理案例研究与评论, 2015 (1): 84 - 96.

[118] 王国红, 王景霞, 邢蕊. 面向集群中小企业的创新孵化网络发展路径研究 [J]. 科技进步与对策, 2015 (1): 94 - 97.

[119] 王路昊, 王程韡. 孵化器的概念及其角色演变——基于《人民日报》数据库的扎根理论分析 [J]. 科学学研究, 2014 (4).

[120] 王路昊, 王程韡, 曾国屏. 孵化器企业之分层机制探析: 以深圳清华大学研究院为例 [J]. 中国科技论坛, 2013 (9): 44 - 50.

[121] 王力. 我国并购基金运作模式研究 [D]. 对外经济贸易大学, 2014.

[122] 王雪原, 武建龙, 董媛媛. 基于技术成熟度的成果转化过程不同主体行为研究 [J]. 中国科技论坛, 2015 (6): 49 - 54.

[123] 王宏起, 徐玉莲. 科技创新与科技金融协同度模型及其应用研究 [J]. 中国软科学, 2012 (6): 129 - 138.

[124] 王吉武，黄鲁成，卢文光. 新兴技术商业化潜力的含义及评价方法探讨 [J]. 科学学与科学技术管理，2008（4）：32 – 35.

[125] 王少永，霍国庆，孙皓等. 成长期新兴产业的生命周期及其演化规律研究——基于英美主导产业回溯的案例研究 [J]. 科学学研究，2014，32（11）：1630 – 1638.

[126] 王丛虎. 论我国政府采购促进自主创新 [J]. 科学学研究，2006，24（6）：967 – 970.

[127] 王利明，王吉林. 国内创业投资引导基金运作的现状，问题及对策研究 [J]. 现代管理科学，2010（2）：112 – 114.

[128] 王伟光，马胜利，姜博. 高技术产业创新驱动中低技术产业增长的影响因素研究 [J]. 中国工业经济，2015（3）：70 – 82.

[129] 王忠，赵黎明. 企业孵化器与创投合作类型、管理成本与信息租的博弈分析 [J]. 科学学与科学技术管理，2011，32（2）：117 – 120.

[130] 汪小雯. 多边贸易体制下的中国国际贸易环境与效果研究 [D]. 南开大学，2009.

[131] 翁建明. 制度变迁与科技企业孵化器发展的路径选择 [J]. 科学学与科学技术管理，2008（7）：44 – 47.

[132] 吴晓波. 二次创新的进化过程 [J]. 科研管理，1995，16（2）：27 – 35.

[133] 吴晓波，许庆瑞. 二次创新竞争模型与后发优势分析 [J]. 管理工程学报，1995（1）：7 – 15.

[134] 吴晓波，倪义芳. 二次创新与我国制造业全球化竞争战略 [J]. 科研管理，2001，22（3）：43 – 65.

[135] 吴晓波，马如飞，毛茜敏. 基于二次创新动态过程的组织学习模式演进——杭氧 1996 ~ 2008 纵向案例研究 [J]. 管理世界，2009（2）：152 – 164.

[136] 吴晓波，窦伟，吴东. 全球制造网络中的我国企业自主创新：模式、机制与路径 [J]. 管理工程学报，2010（S1）：21 – 30.

[137] 吴晓波，朱培忠，吴东，等. 后发者如何实现快速追赶？——一

个二次商业模式创新和技术创新的共演模型 [J]. 科学学研究, 2013, 31 (11): 1726 – 1735.

[138] 吴贵生, 林敏. 广义轨道理论探讨 [J]. 技术经济, 2012, 31 (2): 1 – 5.

[139] 吴文清, 赵黎明. 科技企业孵化器与创投合作管理研究 [J]. 管理科学, 2008, 21 (4): 2 – 7.

[140] 吴文清, 张海红, 赵黎明. 基于学习的孵化器与创投协同知识创造资源共享研究 [J]. 管理学报, 2015, 12 (7): 1038 – 1044.

[141] 吴文清, 张海红, 赵黎明. 科技企业孵化器与创投知识共享博弈及政策研究 [J]. 软科学, 2014, 28 (1): 39 – 43.

[142] 夏清华, 易朝辉. 不确定环境下中国创业支持政策研究 [J]. 中国软科学, 2009 (1): 66 – 72.

[143] 夏若江, 徐承志, 黄骋. 基于行业技术轨道差异性的创新机会分布特征研究 [J]. 科技进步与对策, 2010, 27 (24): 5 – 11.

[144] 肖强. 科技企业孵化器的投资收益模式研究 [J]. 科技管理研究, 2013 (6): 197 – 200.

[145] 谢菲, 赵黎明, 吴文清. 科技企业孵化器与创业投资合作及治理 [J]. 天津大学学报: 社会科学版, 2009, 11 (6): 490 – 493.

[146] 谢菲, 赵黎明, 吴文清. 科技企业孵化器、创投、创业者三方博弈分析 [J]. 软科学, 2009, 23 (3): 37 – 39.

[147] 谢伟, 吴贵生. 彩电产业的技术学习过程 [J]. 中国软科学, 2005 (1).

[148] 谢伟, 孙忠娟, 李培馨. 影响技术并购绩效的关键因素研究 [J]. 科学学研究, 2011, 29 (2): 245 – 251.

[149] 熊鸿儒, 王毅, 林敏, 等. 技术轨道研究述评与展望 [J]. 科学学与科学技术管理, 2012, 33 (7): 21 – 28.

[150] 徐思彦, 李正风. 公众参与创新的社会网络: 创客运动与创客空间 [J]. 科学学研究, 2014, 32 (012): 1789 – 1796.

[151] 徐诗诗. 创业型企业商业模式创新研究——以李开复"创新工

场"为例〔D〕.中国海洋大学,2014.

〔152〕邢小强,仝允桓.新技术商业化过程中的不确定性、学习与投资决策〔J〕.中国管理科学,2010(5):137-144.

〔153〕肖广岭.跨越"死亡之谷"的新尝试——美国"概念验证中心"及对中国的启示〔J〕.中国科技论坛,2014(2):131-137.

〔154〕肖洪钧,姜照华,刘媛.高新技术园区投入产出综合实力评价〔J〕.科学学研究,2003,21(S1):132-135.

〔155〕薛捷,张振刚.技术及市场环境动荡中企业动态学习能力与创新绩效关系研究〔J〕.科技进步与对策,2015,32(1):98-104.

〔156〕游达明,朱桂菊.区域性科技金融服务平台构建及运行模式研究〔J〕.中国科技论坛,2011(1):40-46.

〔157〕杨刚,宁婧.科技企业孵化器营运模式选择及优化〔J〕.工业技术经济,2007,26(5):61-63.

〔158〕杨震宁,李东红,王玉荣.科技园"温床"与"围城"效应对企业创新的影响研究〔J〕.科研管理,2015(1):005.

〔159〕杨省贵,顾新.我国构建区域创新体系的战略重点研究〔J〕.经济问题探索,2011(9):012.

〔160〕杨中楷,刘佳.基于专利引文网络的技术轨道识别研究——以太阳能光伏电池板领域为例〔J〕.科学学研究,2011,29(9):1311-1317.

〔161〕杨旭才.中国创业投资的资金来源与委托代理问题研究〔D〕.天津大学,2008.

〔162〕杨迎平,李军.科技孵化器机制的创新——北京北航天汇科技孵化器有限公司孵化实践评析〔J〕.研究与发展管理,2000,12(5):42-46.

〔163〕于喜展,隋映辉.基于生命周期的资源型产业创新过程分析〔J〕.科技管理研究,2010,30(6):132-135.

〔164〕尹淑娅.风险投资中的创业企业价值评估模型及其运用〔J〕.中国软科学,1999(6):78-79.

〔165〕曾萍,邬绮虹,蓝海林.政府的创新支持政策有效吗?——基于

珠三角企业的实证研究 [J]. 科学学与科学技术管理, 2014, 35 (4): 10 - 20.

[166] 曾鑫, 赵黎明. "科技企业孵化器、风险投资、创业企业" 三方合作网络研究 [J]. 中国科技论坛, 2011 (8): 62 - 66.

[167] 瞿海燕, 肖仙桃, 郑文江, 等. 基于用户需求的参考文献管理软件的竞争力及发展趋向研究 [J]. 情报理论与实践, 2014 (12): 026.

[168] 赵黎明, 卢珊. 科技企业孵化器与创业投资合作模式比较研究 [J]. 科学学与科学技术理, 2011, 32 (5): 131 - 135.

[169] 赵黎明, 张玉洁. 基于外部治理的虚拟孵化器与创投的合作研究 [J]. 科学学与科学技术管理, 2011, 32 (11): 100 - 104.

[170] 赵黎明, 张玉洁. 基于网络治理的科技企业孵化器网络与单创投合作研究 [J]. 科学学与科学技术管理, 2012, 33 (3).

[171] 赵黎明, 曾鑫. "科技企业孵化器—风险投资—在孵企业" 三方合作绩效影响因素的路径分析 [J]. 科学学与科学技术管理, 2012, 33 (2).

[172] 赵黎明, 曾鑫. 科技企业孵化器、风险投资、在孵企业三方合作网络演化过程的系统动力学分析 [J]. 科技进步与对策, 2012, 29 (14): 69 - 74.

[173] 赵黎明, 曾鑫. "科技企业孵化器、风险投资机构、创业企业" 三方合作网络结构与合作绩效关系研究 [J]. 中国科技论坛, 2012 (10): 69 - 73.

[174] 赵黎明, 张涵. 基于 Lotka - Volterra 模型的科技企业孵化器与创投种群关系研究 [J]. 软科学, 2015, 29 (2): 136 - 139.

[175] 赵明剑, 司春林. 突破性技术创新与技术发展的制度主导战略 [J]. 科研管理. 2003 (26).

[176] 赵武, 李晓华, 孙永康, 等. 企业孵化器与风险投资的融合机制——基于博弈决策模型 [J]. 科技管理研究, 2015 (12): 101 - 105.

[177] 张蓓佳, 侯合银. 基于集成论的创业风险投资与科技企业孵化器的集成机理研究 [J]. 科技管理研究, 2009, 29 (1): 34 - 37.

[178] 张换高, 赵文燕, 檀润华. 基于专利分析的产品技术成熟度预测

技术及其软件开发 [J]. 中国机械工程, 2006, 17 (8): 823 – 827.

[179] 张际平, 许亚锋. 新媒体, 新技术体验学习的设计与实践 [J]. 教育基本理论, 2012: 97.

[180] 张根明, 李琳. 孵化器、风险投资与创业绩效关系的实证研究 [J]. 科技进步与对策, 2010, 27 (17): 94 – 98.

[181] 张来武. 科技创新驱动经济发展方式转变 [J]. 中国软科学, 2012 (12): 1 – 5.

[182] 张涵, 赵黎明. 基于合作博弈理论的科技企业孵化器网络稳定性分析 [J]. 科学管理研究, 2013 (3): 57 – 61.

[183] 张震宇, 史本山. 科技企业孵化器发展风险投资功能的利弊分析 [J]. 科学学与科学技术管理, 2007, 28 (8): 112 – 114.

[184] 张卫东, 王萍. 科技中介服务网络平台建设研究 [J]. 情报科学, 2011, 29 (7): 1071 – 1074.

[185] 张卫星, 霍国庆, 张晓东. 科技型中小企业技术创新基金的价值及其测度研究 [J]. 中国软科学, 2012 (11): 123 – 131.

[186] 张帏, 成九雁, 高建, 等. 我国大学科技园最新发展动态、评价及建议——以中关村地区为例 [J]. 研究与发展管理, 2009, 21 (1): 95 – 101.

[187] 张五常. 经济解释: 收入与成本——供应的行为 (上篇). 卷二 [M]. 中信出版社, 2011: 68 – 70.

[188] 张宝建, 胡海青, 张道宏. 企业孵化器组织的网络化机理研究述评 [J]. 科学学与科学技术管理, 2011, 32 (10): 80 – 84.

[189] 郑玉航, 李正辉. 中国金融服务科技创新的有效性研究 [J]. 中国软科学, 2015 (7): 127 – 136.

[190] 朱建新, 冯志军. 高新技术企业自主创新环境要素构成及测度研究 [J]. 科学学与科学技术管理, 2009 (8): 65 – 71.

[191] 朱淑珍, 陈丽娟. SV 模型下中国股票型开放式基金杠杆效应分析 [J]. 统计与信息论坛, 2010, 25 (8): 64 – 69.

[192] 朱鸿鸣, 赵昌文, 付剑峰. 中国科技贷款三十年: 演进规律与政

策建议 [J]. 中国科技论坛, 2012 (7): 20 - 26.

[193] 周程. "死亡之谷"何以能被跨越? ——汉字激光照排系统的产业化进程研究 [J]. 自然辩证法通信, 2010 (2): 30 - 42.

[194] 周程, 张杰军. 跨越创新过程中的"死亡之谷"——科技成果产业化问题刍议 [J]. 科学学与科学技术管理, 2010, 31 (3): 50 - 55.

[195] 周敏, 李巍, 邵云飞. 新一代信息技术企业协同创新要素 [J]. 技术经济, 2014, 33 (3): 1 - 7.

[196] 钟卫东, 孙大海, 施立华. 企业孵化器投资的动机与模式: 一个探索性案例研究 [J]. 中国科技论坛, 2008 (6): 46 - 50.

[197] 邹再进. 欠发达地区区域创新模式的选择 [J]. 昆明理工大学学报: 社会科学版, 2009, 9 (8): 53 - 59.

[198] Abernathy W J, Utterback J M. Patterns of innovation in technology [J]. Technology review, 1978, 80 (7): 40 - 47.

[199] Abetti P A. Government - Supported Incubators in the Helsinki Region, Finland: Infrastructure, Results, and Best Practices [J]. Journal of Technology Transfer, 2004, 29 (1): 19 - 40.

[200] Aernoudt R. Incubators: Tool for Entrepreneurship? [J]. Social Science Electronic Publishing, 2004, 23 (2): 127 - 135.

[201] Alain Thierstein, Beate Willhelm. Incubator, technology, and innovation centres in Switzerland: features and policy implications [J]. Entrepreneurship & Regional Development, 2001, 13 (4): 315 - 331.

[202] Albert P, Gaynor L. Incubators - Growing Up, Moving Out: A Review of the Literature [J]. ArpentAnnual Review of Progress in Entrepreneurship, 2000.

[203] Alexe C G, Alexe C M. Computer Solutions of Management for the Development Process of New Products [J]. Procedia Technology, 2015, 19: 1031 - 1037.

[204] Altshuller G S. Creativity as an Exact Science: The Theory of the Solution Inventive Problems [J]. Etc A Review of General Semantics, 1984.

[205] Al – Mubaraki H M, Muhammad A H, Busler M. Categories of incubator success: a case study of three New York incubator programmes [J]. World Journal of Science, Technology and Sustainable Development, 2015, 12 (1): 2 – 12.

[206] Amparo San José, Juan Roure, Rudy Aernoudt. Business Angel Academies: Unleashing the Potential for Business Angel Investment [J]. Venture Capital, 2007, 7 (2): 149 – 165.

[207] Amsden A H. Asia's Next Giant: South Korea and Late Industrialization [M]. Oxford University Press, 1989.

[208] águila – Obra A R, Padilla – Meléndez A, Serarols – Tarrés C. Value creation and new intermediaries on Internet. An exploratory analysis of the online news industry and the web content aggregators [J]. International journal of information management, 2007, 27 (3): 187 – 199.

[209] Aṣcıgil S F, Magner N R. Is Individualism a Predictor of Social Capital in Business Incubators? [J]. Journal of Management, 2013, 14 (5): 113.

[210] Avnimelech G, Bar – El D S R. Entrepreneurial High-tech Cluster Development: Israel's Experience with Venture Capital and Technological Incubators [J]. European Planning Studies, 2007, 15 (9): 1181 – 1198.

[211] Barrow C. Incubators: a realist's guide to the world's new business accelerators [M]. Wiley, 2001.

[212] Barbero J L, Casillas J C, Ramos A, et al. Revisiting incubation performance: How incubator typology affects results [J]. Technological Forecasting and Social Change, 2012, 79 (5).

[213] Barbero Jose L., Casillas Jose C., Wright Mike. Do different types of incubators produce different types of innovations? [J] Journal of Technology Transfer, 2014, 39: 151 – 168.

[214] Baycan T, Stough R R. Bridging knowledge to commercialization: the good, the bad, and the challenging [J]. Annals of Regional Science, 2013, 50 (2): 367 – 405.

［215］ Bergek A，Norrman C. Incubator best practice：A framework ［J］. Technovation，2008，28（1）：20－28.

［216］ Berkhout G，Hartmann D，Trott P. Connecting technological capabilities with market needs using a cyclic innovation model ［J］. R & D Management，2010，40（5）：474－490.

［217］ Benamati J，Lederer A L. Managing the Impact of Rapid IT Change ［J］. Information Resources Management Journal，2010，23（1）：1－16.

［218］ Bi X G，Wang D. Role of single largest investors：Examples of mutual funds and acquisitions ［J］. Finance Research Letters，2015，14：104－110.

［219］ Bouchard B，Pham H. Optimal consumption in discrete-time financial models with industrial investment opportunities and nonlinear returns ［J］. Annals of Applied Probability，2005，15（4）：2393－2421.

［220］ Bodt B A，Camden R S. Technology readiness level six and autonomous mobility ［J］. Proc SPIE，2004：302－313.

［221］ Bøllingtoft A，Ulhøi J P. The networked business incubator—leveraging entrepreneurial agency? ［J］. Journal of Business Venturing，2005，20（2）：265－290.

［222］ Bruneel J，Ratinho T，Clarysse B，et al. The Evolution of Business Incubators：Comparing demand and supply of business incubation services across different incubator generations ［J］. Technovation，2012，32（2）：110－121.

［223］ Bustamante M C. Strategic investment and industry risk dynamics ［J］. Review of Financial Studies，2015，28（2）：297－341.

［224］ Burhop C，Luebbers T. Incentives and Innovation? R&D Management in Germany's High－Tech Industries During the Second Industrial Revolution ［J］. Ssrn Electronic Journal，2008（38）.

［225］ Caiazza R. Benchmarking of business incubators ［J］. Benchmarking An International Journal，2014，21（6）：1062－1069.

［226］ Cavicchi A，Rinaldi C，Santini C. Fostering entrepreneurial education in Agribusiness through experiential learning ［J］. Proceedings in Food System Dynamics, 2015: 470 - 476.

[227] Chan K F, Lau T. Assessing technology incubator programs in the science park: The good, the bad and the ugly [J]. Technovation, 2005, 25 (10): 1215 - 1228.

[228] Charry G P, Pérez J E A, Barahona N E L. Business incubator research: a review and future directions [J]. Pensamiento & Gestiã³n, 2014: 41 - 65.

[229] Chesbrough H. The Logic of Open Innovation: Managing Intellectual Property [J]. California Management Review, 2003, 45 (3): 33 - 58.

[230] Chesbrough H. Business Model Innovation: Opportunities and Barriers [J]. Long Range Planning, 2010, 43 (s 2 - 3): 354 - 363.

[231] Chesbrough H, Rosenbloom R S. The role of the business model in capturing value from innova-tion: evidence from Xerox Corporation's technology spin-off companies [J]. Industrial & Corporate Change, 2002, 11 (3): 529 - 555.

[232] Christensen C M. The Innovator's Dilemma, Harvard Business School Press [J]. Organization Science, 1997, 8 (Spring): 382.

[233] Clausen T, Korneliussen T. The relationship between entrepreneurial orientation and speed to the market: The case of incubator firms in Norway [J]. Technovation, 2012, 32 (9): 560 - 567.

[234] Corman J, Perles B, Vancini P. Motivational Factors Influencing High - Technology Entrepreneur-ship [J]. Journal of Small Business Management, 1988, 26 (January).

[235] Cole M A, Elliott R J R. Determining the trade - environment composition effect: the role of capital, labor and environmental regulations [J]. Journal of Environmental Economics and Management, 2003, 46 (3): 363 - 383.

[236] Colombo M G, Delmastro M. How effective are technology incubators?: Evidence from Italy [J]. Research Policy, 2002, 31 (7): 1103 - 1122.

[237] Cooper A C. The role of incubator organizations in the founding of

growth-oriented firms [J]. Journal of Business Venturing, 1986, 1 (1): 75 – 86.

[238] Cooper C E, Hamel S A, Connaughton S L. Motivations and obstacles to networking in a university business incubator [J]. Journal of Technology Transfer, 2012, 37 (4): 433 – 453.

[239] Conrad C A, Cates T A. Entrepreneur in a Can: A Qualitative Review of Small Business Opportunities [C] //Proceedings of the 1999 Academy of Marketing Science (AMS) Annual Conference. Springer International Publishing, 2015: 262 – 262.

[240] Dahlander L, O'Mahony S. Progressing to the center: Coordinating project work [J]. Organization Science, 2011, 22 (4): 961 – 979.

[241] Debresson C, Lampel J. Beyond the Life Cycle: Organizational and Technological Design. I. An Alternative Perspective [J]. Journal of Product Innovation Management, 1985, 2 (3): 170 – 187.

[242] Dewes M D F, Dalmarco G, Padula A D. Innovation policies in Brazilian and Dutch aerospace industries: How sectors driven by national procurement are influenced by its S&T environment [J]. Space Policy, 2015.

[243] Desplaces D E, Steinberg M, Coleman S, et al. A Human Capital Model: Service – Learning in the Micro Business Incubator Program [J]. Michigan Journal of Community Service Learning, 2006, 13 (1): 66 – 80.

[244] Guardo C D, Harrigan K R, Marku E. Quantity at Expense of Quality? Measuring the Effects of Technological M&A on Innovation and Firm Performance [J]. Social Science Electronic Publishing, 2015.

[245] Dibrell C, Craig J B, Kim J, et al. Establishing how natural environmental competency, organizational social consciousness, and innovativeness relate [J]. Journal of Business Ethics, 2014, 127 (3): 591 – 605.

[246] Dosi, Giovani. Technical change and economic theory [M]. Pinter Publishers, 1988.

[247] Durão D, Sarmento M, Varela V, et al. Virtual and real-estate sci-

ence and technology parks: a case study of Taguspark [J]. Technovation, 2005, 25 (3): 237 – 244.

[248] Dushnitsky G, Lenox M J. When does corporate venture capital investment create firm value? [J]. Journal of Business Venturing, 2006, 21 (6): 753 – 772.

[249] Durst S, Poutanen P. Success factors of innovation ecosystems – initial insights from a literature review [C] //Proceedings of Co – Create 2013: The Boundary – Crossing Conference on Co – Design in Innovation. Espoo, Finland: Aalto University, 2013: 16 – 19.

[250] Ehlers V J. Science Education and Our Nation's Future [J]. Bioscience, 2009, 50 (9): 731.

[251] Eisenhardt K M. Building theories from case study research [J]. Academy of management review, 1989, 14 (4): 532 – 550.

[252] Elkan R V. Catching up and slowing down: Learning and growth patterns in an open economy [J]. Journal of International Economics, 1996, 41 (1 – 2): 95 – 111.

[253] Etzkowitz H, Mello J M C D, Almeida M. Towards "meta-innovation" in Brazil: The evolution of the incubator and the emergence of a triple helix [J]. Research Policy, 2005, 34 (4): 411 – 424.

[254] Faggian A, Partridge M, Malecki E, et al. Creating an environment for economic growth: creativity, entrepreneurship or human capital? [J]. 2011.

[255] Fenn, Jackie, and Mark Raskino. Mastering the hype cycle: how to choose the right innovation at the right time [J]. Harvard Business Press, 2008.

[256] Fenn J, LeHong H. Hype cycle for emerging technologies, 2011 [J]. Gartner, July, 2011.

[257] Feldman, M. P., Francis, J. L. Fortune Favours the Prepared Region: The Case of Entrepreneurship and the Capitol Region Biotechnology Cluster [J]. European Planning Studies, 2003, 11: 765 – 788.

[258] Forbes D P, Kirsch D A. The study of emerging industries: Recogniz-

ing and responding to some central problems [J]. Journal of business venturing, 2011, 26 (5): 589 – 602.

[259] Foster R N, Mcdonough E F. Innovation [J]. R & D Management, 1986, 18 (3): 287 – 288.

[260] Foders F. Why is Germany's Manufacturing Industry so Competitive? [J]. Kiel Policy Brief, 2013.

[261] Freeman, Christopher, and Luc LG Soete, eds. The economics of industrial innovation [J]. Psychology Press, 1997: 585 – 586.

[262] Frenkel A, Shefer D, Miller M. Public versus private technological incubator programmes: privatizing the technological incubators in Israel [J]. European Planning Studies, 2008, 16 (2): 189 – 210.

[263] Furfine C. Internal medicine incubator. An internal medicine interest group helps students explore career possibilities. [J]. Journal of Financial Services Research, 2014, 97 (6): 8 – 9.

[264] Gao, Xudong. Technological capability catching up : follow the normal way or deviate [J]. Massachusetts Institute of Technology, 2005.

[265] Gabarret I, Jaouen A, Nakara W A, et al. Why are small public incubators "lagging behind"? Learning from disability in the selection practices of a French incubator [J]. International Journal of Entrepreneurship & Small Business, 2014, 23 (4).

[266] Gerlach S, Brem A. What determines a successful business incubator? Introduction to an incubator guide [J]. International Journal of Entrepreneurial Venturing, 2015, 7 (3).

[267] Gopalakrishnan S, Damanpour F. A review of innovation research in economics, sociology and technology management [J]. Omega, 1997, 25 (1): 15 – 28.

[268] Gordijn J, Osterwalder A, Pigneur Y. Comparing two business model ontologies for designing e-business models and value constellations [J]. Proceedings of the 18th Bled eConference, Bled, Slovenia, 2005: 6 – 8.

［269］ Goorbergh R W J V D, Vlaar P J G. Value-at – Risk analysis of stock returns：Historical simulation, varinace techniques or tail index estimation？［J］. Wo Research Memoranda, 1999.

［270］ Goss F. George Spencer：FFT pioneer, industry incubator, and Rumpelstiltskin.［J］. Newsletter on Newsletters, 2003（June）.

［271］ Grimaldi R, Grandi A. Business incubators and new venture creation：an assessment of incubating models［J］. Technovation, 2005, 25（2）：111 – 121.

［272］ Gulbranson C A, Audretsch D B. Proof of concept centers：accelerating the commercialization of university innovation［J］. Journal of Technology Transfer, 2008, 33（3）：249 – 258.

［273］ Guerrieri P, Pietrobelli C. Industrial districts' evolution and technological regimes：Italy and Taiwan［J］. Technovation, 2004, 24（11）：899 – 914.

［274］ Gyamfi G D. Assessing the Effectiveness of Credit risk Management Techniques of Microfinance firms in Accra［J］. Journal of Science & Technology, 2012.

［275］ Hackett S M, Dilts D M. A Systematic Review of Business Incubation Research［J］. Journal of Technology Transfer, 2004, 29（1）：55 – 82.

［276］ Hansen N K, Güttel W H. Human resource management systems, dynamic capabilities and environmental dynamics：a practice-theoretical analysis［C］//4th International Conference on Organizational Learning, Knowledge and Capabilities（OLKC）, Amsterdam, The Netherlands. 2009.

［277］ Hallam C R A, Devora N. Technology-based business incubation：A study of the differences and similarities between private, university, and government incubation［C］// Management of Engineering & Technology, 2009.

［278］ Hempel J. Reinventing the Incubator［J］. Fortune, 2009.

［279］ Helen Lawton Smith, Sharmistha Bagchi – Sen. University – Industry Interactions：the Case of the UK Biotech Industry［J］. Industry & Innovation, 2006, 13（4）：371 – 392.

［280］ Hess S, Siegwart R Y. University Technology Incubator: Technology Transfer of Early Stage Technologies in Cross – Border Collaboration with Industry ［J］. Business and Management Research, 2013, 2 (2): 22.

［281］ Hitt M A, Ireland R D, Sirmon D G, et al. Strategic entrepreneurship: creating value for individuals, organizations, and society ［J］. The Academy of Management Perspectives, 2011, 25 (2): 57 –75.

［282］ Hung S W, Tang R H. Factors affecting the choice of technology acquisition mode: An empirical analysis of the electronic firms of Japan, Korea and Taiwan ［J］. Technovation, 2008, 28 (9): 551 –563.

［283］ Huizingh E K R E. Open innovation: State of the art and future perspectives ［J］. Technovation, 2011, 31 (1): 2 –9.

［284］ Hudson J, Khazragui H F. Into the valley of death: research to innovation ［J］. Drug Discovery Today, 2013, 18 (s 13 –14): 610 –613.

［285］ Hobday M. Innovation in East Asia: The Challenge to Japan ［J］. E Elgar, 1995.

［286］ Iammarino S, Padilla – Pérez R, Tunzelmann N V. Technological Capabilities and Global – Local Interactions: The Electronics Industry in Two Mexican Regions ［J］. World Development, 2008, 36 (10): 1980 –2003.

［287］ Jarvenpaa H, Makinen S J. Empirically detecting the Hype Cycle with the life cycle indicators: An exploratory analysis of three technologies ［C］ // Industrial Engineering and Engineerin Management, 2008.

［288］ Jarunee Wonglimpiyarat. The Process of Entrepreneurial Revolution: Case Study of the National Research University of Thailand ［J］. International Journal of Innovation & Technolog Mana-gement, 2015, 12 (5): 1 –14.

［289］ Johnson M W, Christensen C M, Kagermann H. Reinventing your business model ［J］. Harvard business review, 2008, 86 (12): 57 –68.

［290］ Jones L. Venture capital group creates unique business incubator ［J］. Enterprise/salt Lake City, 2000.

［291］ Jun S P. An empirical study of users' hype cycle based on search traffic: the case study on hybrid cars [J]. Scientometrics, 2012, 91 (1): 81 – 99.

[292] Jenkins M, Floyd S. Trajectories in the Evolution of Technology: A Multi – Level Study of Competition in Formula 1 Racing [J]. Organization Studies, 2001, 22 (486): 945 – 969.

[293] Kera D. NanoŠmano Lab in Ljubljana: disruptive prototypes and experimental governance of nanotechnologies in the hackerspaces [J]. Jcom, 2012, 11 (4).

[294] Kim S, Im K. Business model characterization by analyzing business model components of Patenet Data [J]. Applied Mathematics & Information Sciences, 2012, 6 (1): 303 – 309.

[295] Kobayashi H, Jin Y. The CLMV Automobile and Auto Parts Industry [J]. Working Papers, 2015.

[296] Kumar U, Kumar V. Technological innovation diffusion: the proliferation of substitution models and easing the user's dilemma [J]. IEEE Transactions on Engineering Management, 1992, 39 (2): 158 – 168.

[297] Lasrado V, Sivo S, Ford C, et al. Do graduated university incubator firms benefit from their relationship with university incubators? [J]. Journal of Technology Transfer, 2015: 1 – 15.

[298] Lai H C, Shyu J Z. A comparison of innovation capacity at science parks across the Taiwan Strait: the case of Zhangjiang High – Tech Park and Hsinchu Science-based Industrial Park [J]. Tech-novation, 2005, 25 (25): 805 – 813.

[299] Lajoie E W, Bridges L. Innovation Decisions: Using the Gartner Hype Cycle [J]. Library Leader-ship & Management, 2014, 28 (4).

[300] Lee K, Lim C. Technological Regimes, Catching – Up and Leapfrogging: Findings from the Korean Industries [J]. Research Policy, 2001, 30 (3): 459 – 483.

[301] Lee K, Lim C, Song W. Emerging digital technology as a window of opportunity and technolo-gical leapfrogging: Catch-up in digital TV by the Korean

firms [J]. International Journal of Technology Management, 2005, 29 (1 - 2):
40 - 63.

[302] Leblebici H, Shah N. The birth, transformation and regeneration of
business incubators as new organisational forms: understanding the interplay be-
tween organisational history and organisational theory [J]. Business History,
2004, 46 (3): 353 - 380.

[303] Lesáková L'. The Role of Business Incubators in Supporting the SME
Start-up [J]. Acta Polytechnica Hungarica, 2012, 9 (3).

[304] Lichtenthaler U. Open Innovation in Practice: An Analysis of Strategic
Approaches to Technology Transactions [J]. IEEE Transactions on Engineering
Management, 2008, 55 (1): 148 - 157.

[305] Lindtner S, Li D. Created in China: the makings of China's hack-
erspace community [J]. interacttions, 2012, 19 (6): 18 - 22.

[306] Loch C H, Huberman B A. A Punctuated - Equilibrium Model of
Technology Diffusion [J]. Management Science, 1999, 45 (2): 160 - 177.

[307] Martino J P. A review of selected recent advances in technological fore-
casting [J]. Technological Forecasting & Social Change, 2003, 70 (8): 719 -
733.

[308] Magretta, J. Why Business Models Matter [J]. Harvard Business Re-
view, 2002.

[309] Mäkimattila M, Melkas H, Uotila T. Dynamics of Openness in Inno-
vation Processes—A Case Study in the Finnish Food Industry [J]. Knowledge &
Process Management, 2013, 20 (20): 243 - 255.

[310] Mahmood N, Cai J, Jamil F, et al. Snapshot of Technology Business
Incubators in China [J]. International Journal of u-and e - Service, Science and
Technology, 2015, 8: 235 - 242.

[311] Manyika J, Chui M, Bughin J, et al. Disruptive technologies: Ad-
vances that will transform life, business, and the global economy [J]. McKinsey
Global Institute, May, 2013.

[312] Mcadam M, Mcadam R. High tech start-ups in University Science Park incubators: The relationship between the start-up's lifecycle progression and use of the incubator's resources [J]. Technovation, 2008, 28 (5): 277 – 290.

[313] Medeiros J F D, Vidor G, Ribeiro J L D. Driving Factors for the Success of the Green Innovation Market: A Relationship System Proposal [J]. Journal of Business Ethics, 2015: 1 – 15.

[314] Mendonça S. The "sailing ship effect": Reassessing history as a source of insight on technical change [J]. Research Policy, 2013, 42 (10): 1724 – 1738.

[315] Miller D, Friesen P H. A Longitudinal Study of the Corporate Life Cycle [J]. Management Science, 1984, 30 (10): 1161 – 1183.

[316] Morris M, Schindehutte M, Allen J. The entrepreneur's business model: toward a unified perspective [J]. Journal of business research, 2005, 58 (6): 726 – 735.

[317] Morsink M. Design and Implementation of an Incubator Support Service Model [C] // Health Care Management (WHCM), IEEE, 2007: 1 – 6.

[318] Morrison T. J&J Launches Incubator with No Strings – Attached Biz Model [J]. Bioworld Today, 2011.

[319] Morgan H. Venture Capital Firms and Incubators: Corporations Can Work with Venture Capitalists to Leverage the Strengths of Both Worlds [J]. Research – Technology Management, 2014, 57.

[320] Namba M. Accelerating Commercialization of University Output by Translating It into Social Value [C] // Technology Management for the Global Future, 2006. PICMET 2006. IEEE, 2006: 794 – 802.

[321] Nursamsu S, Faisal Hastiadi F. Analysis of International R&D Spillover from International Trade and Foreign Direct Investment Channel: Evidence from Asian Newly Industrialized Countries [R]. Faculty of Economics, University of Indonesia, 2013.

[322] Nelson R R. Bringing institutions into evolutionary growth theory [J].

Journal of Evolutionary Economics, 2002, 12 (1－2): 17－28.

[323] Oakey R P. High-technology entrepreneurship [M]. Routledge, 2012.

[324] Ochoa A R, Delong H, Kenyon J, et al. Accelerating the commer-cialization of university technologies for military healthcare applications: the role of the proof of concept process [J]. Proc Spie, 2011, 8029 (22): 1191－1211.

[325] Olja A, Milan V. Business incubator factor of economic and technology growth: Case study business incubator in Zrenjanin [J]. Industrija, 2011, 39 (3): 153－174.

[326] Osterwalder A. The Business Model Ontology—A Proposition in a De-sign Science Approach [J]. Ecole Des Hautes Etudes Commerciales Universite De, 2004.

[327] Osterwalder A, Pigneur Y, Tucci C L. Clarifying business models: Origins, present, and future of the concept [J]. Communications of the associa-tion for Information Systems, 2005, 16 (1): 1－25.

[328] Osterwalder A, Pigneur Y. Business Model Generation: A Handbook for Visionaries, Game Changers, and Challengers [J]. African Journal of Busi-ness Management, 2010, 29 (6): 2549－2557.

[329] O'Reilly L. Kodak has lost its moment in the frame [J]. Marketing Week, 2012.

[330] O'Gorman C. Commercialisation activity and the emergence of a univer-sity incubator in a public university in Ireland [J]. Piccola impresa: = Small Bus-iness, 2008.

[331] Pacheco D F, York J G, Hargrave T J. The coevolution of industries, social movements, and institutions: Wind power in the United States [J]. Organi-zation Science, 2014, 25 (6): 1609－1632.

[332] Patton, D, Warren, L, & Bream, D. Elements that underpin high-tech business incubation process [J]. Journal of Technology Transfer, 2009, 34: 621－636.

[333] Patton D. Realising potential: The impact of business incubation on

the absorptive capacity of new technology-based firms [J]. International Small Business Journal, 2014, 32 (32): 897 – 917.

[334] Park K H, Lee K. Linking the technological regime to the technological catch-up: analyzing Korea and Taiwan using the US patent data [J]. Industrial & Corporate Change, 2006, 15 (4): 715 – 753.

[335] Park D, Jung J, Kim S. A Study onthe Dynamic Nature of Co-evolution Between Technology and Society: Hype Cycle Management Issues [J]. Indian Journal of Science and Technology, 2015, 8 (25).

[336] Patel D, Ward M R. Using patent citation patterns to infer innovation market competition [J]. Research Policy, 2011, 40 (6): 886 – 894.

[337] Perez C, Soete L. Catching up in technology: entry barriers and windows of opportunity [J]. Technical change and economic theory, 1988: 458 – 479.

[338] Perez C. Technological revolutions and techno-economic paradigms [J]. Cambridge journal of economics, 2009: bep051.

[339] Pervan S, Al – Ansaari Y, Xu J. Environmental determinants of open innovation in Dubai SMEs [J]. Industrial Marketing Management, 2015.

[340] Prahalad, C. K. , & Hamel, G. Strategy: The search for new paradigms [J]. Strategic Management Journal, 1994 (11).

[341] Phillips S A M, Yeung W C. A place for R&D? the singapore science Park [J]. Urban Studies, 2003, 40 (40): 707 – 732.

[342] Prajogo D I. The strategic fit between innovation strategies and business environment in delivering business performance [J]. International Journal of Production Economics, 2015.

[343] Pugatch M, Teubal M, Zlotnick O. Israel's High – Tech Catch – Up Process: The Role of IPR and Other Policies [J]. IPR, 2010.

[344] Quintas P, Wield D, Massey D. Academic-Industry Links and Innovation: Questioning the Science Park Model [J]. Technovation, 1992, 12 (3): 161 – 175.

[345] Ramon C, Feng Z. Business model innovation and competitive imitation: The case of sponsor-based business models [J]. Strategic Management Journal, 2013, 34 (4): 464 – 482.

[346] Reboud S, Mazzarol T, Soutar G. Low-tech vs high-tech entrepreneurship: A study in France and Australia [J]. Journal of Innovation Economics & Management, 2014 (2): 121 – 141.

[347] Robinson D F. The Co-evolution of Business Incubators and National Incubator Networks in Emerging Markets [J]. Journal of Technology Management & Innovation, 2010, 5 (3): 1 – 14.

[348] Robertson P L, Casali G L, Jacobson D. Managing open incremental process innovation: absorptive capacity and distributed learning [J]. Research policy, 2012, 41 (5): 822 – 832.

[349] Robert Hassink, Dong – Ho Shin. South Korea's shipbuilding industry: From a couple of Cathedrals in the desert to an innovative cluster [J]. Asian Journal of Technology Innovation, 2005, 13 (2): 133 – 155.

[350] Roco M C, Mirkin C A, Hersam M C. Nanotechnology research directions for societal needs in 2020 [J]. J Nanoparticle Res, 2011, 13 (3): 897 – 919.

[351] Rothwell, R. (1994). Towards the fifth-generation innovation process [J]. International Marketing Review, 11 (1): 7 – 31.

[352] Sá C, Lee H. Science, business, and innovation: understanding networks in technology-based incubators [J]. R&D Management, 2012, 42 (3): 243 – 253.

[353] Salomon R, Martin X. Learning, Knowledge Transfer, and Technology Implementation Performance: A Study of Time-to – Build in the Global Semiconductor Industry [J]. Management Science, 2008, 54 (7): 1266 – 1280.

[354] Sangmoon Park. The effects of entry timing and business model innovation on performance: the case of the global MP3 player market [J]. Asian Journal of Technology Innovation, 2011, 19 (1): 133 – 147.

［355］Sako M. Business Models For Strategy And Innovation ［J］. Communications of the Acm Cacm Homepage, 2012, 55 (7): 22 –24.

［356］Sako M. Suppliers' Associations in the Japanese Automobile Industry: Collective Action for Technology Diffusion ［J］. Cambridge Journal of Economics, 1996, 20 (6): 651 –71.

［357］Savaneviciene A, Venckuviene V, Girdauskiene L. Venture Capital a Catalyst for Start – Ups to Overcome the "Valley of Death": Lithuanian Case ［J］. Procedia Economics & Finance, 2015 (26): 1052 –1059.

［358］Schade C. Dynamics, Experimental Economics, and Entrepreneurship ［J］. Journal of Technology Transfer, 2005, 30 (4): 409 –431.

［359］Schwartz M. Beyond incubation: An analysis of firm survival and exit dynamics in the post-graduation period ［J］. Journal of Technology Transfer, 2008 (34): 403 –421.

［360］Schwartz M. A control group study of incubators' impact to promote firm survival ［J］. Journal of Technology Transfer, 2013, 38 (3): 302 –331.

［361］Scillitoe J L, Chakrabarti A K. The sources of social capital within technology incubators: the roles of historical ties and organizational facilitation ［J］. International Journal of Learning & Intellectual Capital, 2005 (4): 327 –345.

［362］Scillitoe J L, Chakrabarti A K. A Conceptual Model of the Incubation of New Technology – Based Ventures: a Social Capital Perspective ［J］. Review of International Comparative Management, 2009, 10 (3): 468 –482.

［363］Scillitoe J L, Chakrabarti A K. The Role of Incubator Interactions in Assisting New Ventures ［J］. Technovation, 2010, 30 (3): 155 –167.

［364］Smith, P. G. From experience: Reaping benefit from speed to market. Journal of Product Innovation Management ［J］. 1999 (1603): 222 –230.

［365］Smith D J, Zhang M. Introduction: the evolution of the incubator concept ［J］. International Journal of Entrepreneurship & Innovation, 2012, volume 13: 227 –234 (8).

［366］Smith B R, Matthews C H, Schenkel M T. Differences in Entrepreneurial Opportunities: The Role of Tacitness and Codification in Opportunity Identi-fication [J]. Journal of small business management, 2009, 47 (1): 38 – 57.

[367] Sofouli E, Vonortas N S. S&T Parks and business incubators in mid-dle-sized countries: The case of Greece [J]. Journal of Technology Transfer, 2007, 32 (5): 525 – 544.

[368] Souitaris V. Technological trajectories as moderators of firm-level deter-minants of innovation [J]. Research Policy, 2002 (31): 877 – 898.

[369] Somsuk N, Wonglimpiyarat J, Laosirihongthong T. Technology busi-ness incubators and industrial development: resource-based view [J]. Industrial Management & Data Systems, 2012, 112 (2): 245 – 267.

[370] Steinert M, Leifer L. Scrutinizing Gartner's hype cycle approach [C] //Technology Management for Global Economic Growth (PICMET), 2010 Proceedings of PICMET'10: . IEEE, 2010: 1 – 13.

[371] Stuart F I. Purchasing in an R&D environment: effective teamwork in business [J]. Journal of Supply Chain Management, 1991, 27 (4): 29.

[372] Tang M, Baskaran A, Pancholi J, et al. Technology Business Incu-bators in China and India: A Comparative Analysis [J]. Journal of Global Informa-tion Technology Management, 2013, 16 (2): 33 – 58.

[373] Tao J. Tech-innovation Connect with Venture Investment [C] // Challenges in Environmental Science and Computer Engineering. IEEE, 2010: 451 – 454.

[374] Tamásy C. Rethinking Technology – Oriented Business Incubators: Developing a Robust Policy Instrument for Entrepreneurship, Innovation, and Re-gional Development? [J]. Growth & Change, 2007, 38 (3): 460 – 473.

[375] Teng J T C, Grover V, Guttler W. Information technology innova-tions: general diffusion patterns and its relationships to innovation characteristics [J]. Engineering Management IEEE Transactions on, 2002, 49 (1): 13 – 27.

[376] Terjesen S, Patel P C, Covin J G. Alliance diversity, environmental context and the value of manufacturing capabilities among new high technology ven-

tures [J]. Journal of Operations Management, 2011, 29 (1): 105 – 115.

[377] Tidd J. Innovation management in context: environment, organization and performance [J]. International Journal of Management Reviews, 2001, 3 (3): 169 – 183.

[378] Tidd J, Pavitt K. Managing innovation : integrating technological, market and organizational change [M]. Wiley, 1997.

[379] Tzokas N, Kim Y A, Akbar H, et al. Absorptive capacity and performance: The role of customer relationship and technological capabilities in high-tech SMEs [J]. Industrial Marketing Management, 2015, 47: 134 – 142.

[380] Utterback J M, Abernathy W J. A dynamic model of process and product innovation [J]. Omega, 1975, 3 (6): 639 – 656.

[381] Utterback, James, M. , Mastering the Dynamics of Innovation, Harvard Business School Press, 1994.

[382] Van de Vrande V, Vanhaverbeke W, Duysters G. Technology insourcing and the creation of pioneering technologies [J]. Journal of Product Innovation Management, 2011, 28 (6): 974 – 987.

[383] Vanderstraeten J, Matthyssens P. Service-based differentiation strategies for business incubators: Exploring external and internal alignment [J]. Technovation, 2012, 32 (12): 656 – 670.

[384] Vadnjal J. Understanding venture capital role among university incubator companies [J]. Conradi Research Review, 2007, 4.

[385] Venkatesh V, Davis F, Morris M G. Dead Or Alive? The Development, Trajectory And Future Of Technology Adoption Research [J]. Journal of the association for information systems, 2007, 8 (4): 1.

[386] Vertova G. National technological specialization and the highest technological opportunities historically [J]. Technovation, 2001 (21): 605 – 61.

[387] Vrande V V D, Lemmens C, Vanhaverbeke W. Choosing governance modes for external technology sourcing [J]. R&D Management, 2006, 36 (3): 347 – 363.

[388] V. V. Titov. Problems and mechanisms to promote the innovation entrepreneurship in industries [J]. Journal "Region: Economics and Sociology", 2011, 1.

[389] Weiblen T, Chesbrough H W. Engaging with Startups to Enhance Corporate Innovation [J]. California Management Review, 2015, 57 (2): 66 – 90.

[390] Woolley J L. The creation and configuration of infrastructure for entrepreneurship in emerging domains of activity [J]. Entrepreneurship Theory and Practice, 2014, 38 (4): 721 – 747.

[391] Wessner C W. Driving innovtion across the valley of death [J]. Research Technology Management, 2005, 48 (1): 9 – 12.

[392] WU X, XU G, LIU H. Secondary Innovation Strategy in the Globalization——The Case Study of the Technological Evolution of Haier Refrigerator [J]. R&D Management, 2003, 6: 002.

[393] Xie F, Zhao L, Wu W. A study on reinvestment of technology business incubator based on grey control model [C] // IE&EM'2009. 16th International Conference on. IEEE, 2009: 1927 – 1930.

[394] Yin R K. Case study research: Design and methods [M]. Sage, 2009.

[395] Yu Z, Lingling S. The entrepreneurial system environment of the High-level talents by government construction—Case of Guangdong province [C] //Artificial Intelligence, Management Science and Electronic Commerce (AIMSEC), 2011 2nd International Conference on. IEEE, 2011: 1663 – 1668.

[396] Zedtwitz M. Classification and management of incubators: aligning strategic objectives and competitive scope for new business facilitation [J]. International Journal of Entrepreneurship and Innovation Management, 2003, 3 (1): 176 – 196.

[397] Zhu J, Liang X, Xu Q. The cause of secondary innovation dilemma in chinese enterprises and solutions [C] // Engineering Management Conference,

2005. Proceedings. 2005 IEEE International, 2005: 297 – 301.

［398］Zott C, Amit R. The fit between product market strategy and business model: implications for firm performance ［J］. Strategic Management Journal, 2008, 29 （1）: 1 – 26.

后　记

自 2013 年起，我在恩师刘伟老师的指导下开始追踪孵化器市场化的研究，这几年来，中国孵化器产业的发展始终是我感兴趣的话题，《基于技术价值投资的创业孵化网络创新研究》是我阶段性研究成果的总结，在本书付梓之际，我要说几句感谢的话。

在本书完成的那一刻，我总算松了一口气。在写作过程中，我深刻体会到了学术研究的艰辛与美好。在此，我要特别感谢我的恩师、重庆大学工商管理系教授刘伟先生，在恩师的指引和教诲下，我才一步步地走上了科研之路。恩师的独特视野与悉心指导引领着我学术研究的方向，从选题到最终定稿，无不凝聚着恩师的智慧与心血，没有他的支持和鼓励，没有与他如切如磋、如琢如磨的研讨，不可能有本书的顺利出版。我不仅钦佩于恩师踏实严谨的治学态度和渊博扎实的专业知识，更敬仰于恩师广博精深的学术造诣、科学严谨的治学态度、求实创新的工作作风。对恩师的感激之情，不能形诸笔墨，唯有牢记教诲，奉效于行。

本书的成稿与出版更关键的是受安徽财经大学著作出版基金与工商管理学院经费共同资助。由衷感谢安徽财经大学校领导、教务处、科研处和工商管理学院各级领导对本书出版所给予的大力支持；感谢安徽财经大学科研处与工商管理学院，组织了学院教授委员会、科研处形式审查会、同行专家评审会、校学术委员会及校长办公会，为书稿多方评估、认真把关；感谢来自胡登峰院长的鼓励与支持，让我在宽松的工作环境中能有较充裕的时间收集论文资料、撰写书稿，即便是平常的交流，他豁达的性格与乐观的心态亦使我受益良多。

本书的写作吸收了不少专业机构与业内人士的思想观点，并得到科大讯飞－讯飞开放平台、重庆可实梦成长空间等机构与朋友的大力支持，本书才得以顺利完成，十分感谢！

　　感谢本书的责任编辑黄双蓉老师。为了本书的顺利出版，她做了大量的工作：建议、增删、补充和完善，在本书的每一处都留下她辛勤的汗水与努力。在此，我要郑重地说一句：黄老师辛苦了！

　　本书中还引用了不少研究机构的研究成果，我在书中都已注明，在此一并致敬感谢！

黄紫微

2018 年 12 月